资助说明

本书受到

安徽省哲学社科规划青年项目“互联网发展水平与安徽省制造业绿色创新效率提升研究”（项目编号：AHSKQ2019D040）

安徽省教育厅人文社科重点研究项目“创新价值链视角下科技服务业集聚与安徽省制造业绿色创新效率提升研究”（项目编号：SK2019A0106）

安徽省高校优秀青年人才支持计划重点项目“科技服务业FDI与中国制造业技术创新能力提升研究”（项目编号：gxyqZD2021028）

2023年安徽省高校哲学社会科学优秀科研创新团队“长三角一体化与产业高质量发展”（项目编号：2023AH010014）

国家社科基金一般项目“多中心城市网络驱动区域经济增长的机制、路径及引导策略研究（项目编号：22BJL064）

安徽省自然科学基金面上项目“面向多中心城市网络的长三角经济一体化驱动机制研究”（项目编号：2108085MG245）

安徽省高校哲学社会科学研究重点项目“双碳目标下长三角城市群碳减排：潜力评估、动力机制及责任分摊”（项目编号：2023AH050877）

等项目资助，在此表示感谢。

Keji Fuwuye Jiju dui Zhizaoye Jishu
CHUANGXIN
de Yingxiang Yanjiu

科技服务业集聚对制造业技术创新的影响研究

钱 龙 ◎著

中国财经出版传媒集团
经济科学出版社
Economic Science Press
·北京·

图书在版编目（CIP）数据

科技服务业集聚对制造业技术创新的影响研究/钱龙著. --北京：经济科学出版社，2023.11

ISBN 978-7-5218-4892-2

Ⅰ.①科… Ⅱ.①钱… Ⅲ.①科技服务-服务业-产业集群-影响-制造工业-技术革新-研究-中国 Ⅳ.①F426.4

中国国家版本馆 CIP 数据核字（2023）第 118532 号

责任编辑：李 雪
责任校对：孙 晨
责任印制：邱 天

科技服务业集聚对制造业技术创新的影响研究

钱 龙 著

经济科学出版社出版、发行 新华书店经销

社址：北京市海淀区阜成路甲 28 号 邮编：100142

总编部电话：010-88191217 发行部电话：010-88191522

网址：www.esp.com.cn

电子邮箱：esp@esp.com.cn

天猫网店：经济科学出版社旗舰店

网址：http://jjkxcbs.tmall.com

固安华明印业有限公司印装

710×1000 16 开 19.5 印张 250000 字

2023 年 11 月第 1 版 2023 年 11 月第 1 次印刷

ISBN 978-7-5218-4892-2 定价：98.00 元

（图书出现印装问题，本社负责调换。电话：010-88191545）

PREFACE ▷

前　言

随着中国经济步入新常态，制造业发展面临日益严峻的资源能源约束、要素成本上升、人口红利消失殆尽以及环境规制趋紧等严重挑战，以往依靠低成本低价格的竞争模式渐趋乏力和难以为继，创新驱动转型迫在眉睫。由于创新生产活动的高复杂性、高投入性、高风险性以及创新成果的高外溢性，完全依靠自身资源提高创新能力愈发艰难和不适时宜，无法适应技术变革步伐和动态变化的市场。在此背景下，探究制造业技术创新提升路径和增长源泉成为政策制定者、学术界、企业界共同关注的重要现实命题和焦点问题。

科技服务业是现代产业体系和科技创新系统的重要组成部分，以信息技术和高新技术为手段向企业创新活动提供外部知识源和技术支持。而集聚是科技服务业发展过程中的典型特征，也是当前科技服务业的基本空间组织形式。因此，科技服务业集聚被视为解决制造业技术创新、价值创造、生产率提升和竞争力增强的重要手段。

本书结合中国创新驱动发展战略的现实背景和科技服务业

集聚发展的客观事实，在已有国内外相关文献基础上，通过借鉴产业关联理论、分工理论、产业集聚理论、资源基础理论、空间经济学理论和吸引外资理论，从企业层面、产业层面和区域层面分别考察科技服务业集聚促进制造业技术创新的内在影响机理。接下来，采用区位熵、经济活动密度、空间基尼系数等指标多维测度和分析中国科技服务业集聚水平，分别从企业、产业和区域三个层次，系统考察中国科技服务业集聚对制造业技术创新的影响，得到主要研究结论如下：

第一，我国科技服务业集聚态势明显。从经济活动密度来看，中国科技服务业绝对经济活动密度由2003年的0.7184人/平方千米快速上升至2019年的1.7189人/平方千米，中国科技服务业相对经济活动密度由2003年的1.6002稳步上升至2019年的1.8207。

虽然中国科技服务业集聚发展特征明显，但仍存在集聚规模偏低问题。以区位熵为例，2019年中国科技服务业区位熵整体均值仅为0.5863，绝大部分中小城市和欠发达地区科技服务业集聚程度较低。

第二，微观层面实证研究表明，科技服务业区位熵每增加1个单位可以使制造业企业参与技术创新活动的概率提高22%，可以使参与创新活动的制造业企业新产品创新产出增加4.7%。科技服务业集聚能够促进制造业企业创新的二元边际开展，不仅在广延边际上吸引更多制造业企业参与技术创新，激发制造业企业创新动力，而且在集约边际上推动已有制造业企业技术创新强度提高，增进制造业企业创新收益。科技服务业集聚是制造业企业创新决策和创新绩效改善的重要决定因素。

第三，产业层面实证研究表明，科技服务业集聚显著促进了制造业细分行业技术创新，但作用效果小于制造业内部研发，一定程度上回答了内源创新和外源创新谁更有效的问题。吸收能力调节作用分析表明，科技服务业集聚的创新功能发挥需要制造业具备一定内部研发实力，加强内部研发积累方可充分吸收科技服务中间投入品中内嵌的前沿知识和先进技术，科技服务业集聚的创新能量才能真正释放和发挥。制造业需要协调好内外部创新投入，发挥多种创新投入的协同促进作用，实现内外部创新资源的充分利用。

基于制造业要素密集度划分，科技服务业集聚的创新促进作用主要体现在资本密集型制造业和技术密集型制造业，对劳动密集型制造业技术创新影响较小。基于科技服务业功能划分，科技服务业中的科技研发服务业集聚未能促进制造业技术创新，科技服务业中的科技扩散服务业集聚显著推动制造业技术创新，中国尚未形成覆盖制造业创新生产“产前、产中和产后”的全产业链条科技服务体系。基于中介效应模型，证实科技服务业集聚可以通过中间品供给和中间品需求进而积极作用制造业技术创新。

第四，区域层面实证研究表明，科技服务业集聚的创新促进作用在大城市和高行政等级城市表现尤为明显。基于时间效应研究表明，科技服务业集聚对制造业技术创新的积极影响不仅表现在当期，还具有长期性和持续性特点，这将有助于促进制造业创新升级的持续。非线性关系研究表明，只有当科技服务业集聚规模超过一定临界值，方能对制造业技术创新产生促进作用。

第五，区域层面影响机制检验表明，科技服务业集聚还可以通过提高专业化分工、促进知识溢出、吸引外商直接投资和释放空间溢出效应等间接推动制造业技术创新，从而实现制造业高质量发展。基于中介效应模型和空间杜宾模型，证实科技服务业集聚对制造业技术创新的间接影响机理。

第六，科技服务业集聚具有显著的正向空间相关性。空间溢出效应分析显示，科技服务业集聚不仅促进本地制造业技术创新，还会对周边地区和邻近地区产生空间溢出效应，但存在一定的地理边界和显著的空间衰减特征。在 650 千米距离阈值内科技服务业集聚对制造业创新发展的空间溢出效果最强，科技服务业集聚的最远空间溢出边界是 875 千米，超过 875 千米距离阈值科技服务业集聚的空间溢出效果不明显。

综合来看，本书以科技服务业集聚对制造业技术创新的影响为主题，主要创新点体现在如下几个方面：

第一，拓展制造业技术创新驱动因素的研究视角。现有研究尚未充分认识到科技服务业集聚对改善制造业创新绩效可能扮演的积极角色。本书强调科技服务业这一新型外部创新主体对制造业创新绩效的影响，拓宽制造业创新能力提升的路径选择，丰富制造业外部创新资源获取渠道，为中国制造业技术创新动力不足和能力薄弱等问题的解决引入一条新思路，也是对制造业技术创新驱动因素研究视角的有力拓展。

第二，在企业层面归纳出科技服务业集聚促进制造业企业技术创新的直接影响机制，并实证检验科技服务业集聚对制造业企业技术创新概率和技术创新强度的影响，验证了直接影响机理的存在。研究结论表明，科技服务业集聚程度越高，制造业企业越有动力从事研发创新活动，越有能力创新投资新产品投放市场。已有的科技服务业研究文献多集中在国家、省域等宏观层面，尚未有文献在微观企业层面考察科技服务业集聚对制造业企业技术创新的影响。

因此，本书在理论分析基础上进一步将科技服务业集聚与制造业企业技术创新结合起来。在企业层面实证研究中，使用世界银行2012年中国企业调查数据库实证检验科技服务业集聚对制造业企业技术创新的影响，弥补在微观企业领域科技服务业集聚的创新影响研究的不足，完善制造业企业创新动机理论，提供科技服务业集聚创新促进作用的微观证据。本书研究成果有利于制造业企业学会从科技服务企业等外部主体获取稀缺的创新资源，缓解自身资源与能力的不足，提升企业创新成功可能性，对于制造企业创新管理实践同样具有重要启示作用，即企业在创新实践中需要重视与科技服务企业的合作和交流。

第三，在产业层面归纳出科技服务业集聚促进制造业细分行业技术创新的作用机制，并使用制造业细分行业数据对理论推论进行实证检验。在中观产业层面，将科技服务业集聚与制造业内部研发一并纳入创新生产函数分析框架，以此考察科技服务业集聚的创新驱动效应，并与制造业内部研发对比创新贡献。另外，结合吸收能力理论考察制造业内部研发对科技服务业集聚创新驱动作用的调节影响。

既有文献实证研究多集中在国家、省域等层面，尚未在产业层面关注科技服务业集聚的创新效应，而且未能探讨与制造业内部研发的创新贡献对比，以及如何处理好内源式创新与外源式创新的关系。科技服务业集聚对制造业细分行业技术创新影响的实证研究有利于弥补科技服务业集聚的中观研究的不足，对制造业科学配置创新资源，发挥多种创新投入的协同促进作用，实现内外部创新资源的高效使用，具有较强的实践指导价值。

第四，在区域层面归纳出科技服务业集聚促进制造业技术创新的间接作用机制，并对理论推论进行实证检验。现有研究尚未关注到科技服务业集聚促进制造业技术创新的间接作用机理。

本书进一步丰富科技服务业集聚对制造业技术创新的影响机理，弥补科技服务业集聚创新促进作用的间接影响机理相关研究的不足，深化对科技服务业集聚与制造业技术创新之间关系的认识和理解，延伸产业集聚理论和技术创新理论在中国情境下的应用，为政府科学制定科技服务业集聚区政策、加强科技服务业空间分工、疏通科技服务业集聚传导机制提供重要指导和经验借鉴。

此外，已有文献大多在国家、州、省域等较大地理层面考察科技服务业集聚的创新效应，相对而言空间尺度偏大，势必难以精确把握区域科技服务业集聚与区域制造业技术创新之间关系，本书提供了来自更加细粒度地理区域——城市领域的证据。

钱　龙

2023 年 10 月

CONTENTS ▷

目　录

1 导　　论

1.1 研究背景

1.1.1 理论背景

长期以来，传统观点认为创新仅仅属于制造业，服务业的创新作用和创新影响往往被忽视。随着服务经济时代的到来和生产性服务业的快速发展，服务业已经成为国家创新系统和区域创新系统不可或缺的重要组成部分，现实发展需要高度重视现代服务业尤其是科技服务业的创新驱动作用。

通过研究科技服务业集聚对制造业技术创新的影响，将科技服务业纳入创新分析框架，可以深刻认识和洞悉科技服务业集聚影响制造业技术创新的作用机理，揭示科技服务业的创新功能，进一步完善科技服务业的经济要素影响和服务业的创新效应，深化认识科技服务业在创新型国家建设进程中的创新价值和创新功能，进一步丰富服务业与创新关系相关理论研究。

另外，由于创新生产活动的高复杂性、高投入性、高风险性以及创新成果的高外溢性，完全依靠自身资源提高创新能力愈发艰难和不适时宜，无法适应技术变革步伐和动态变化的市场。随着消费者个性化需求程度提高，知识快速更新换代，消费需求日益升级，企业迫切需要由封闭式创新走向开放式创新，增强产业创新活动开放性势在必行。在开放式创新趋势下，创新主体迫切需要利用诸如高校、科研机构、政府和科技服务业等外部创新资源缓解自身资源与能力的不足。

因此，利用科技服务业等外部创新资源是制造业突破组织边界、践行开放式创新理论的内在要求和实践运用。研究科技服务业集聚与制造业技术创新关系，有利于将科技服务业纳入制造业创新生态系统，获取和挖掘外部创新资源，拓展制造业与科技服务业两大产业创新合作空间，实现跨界知识交流和技术吸收，进一步丰富开放式创新理论内容和实践。

1.1.2 现实背景

随着中国经济发展步入新常态，制造业发展面临日益严峻的资源能源约束、环境污染加重、要素成本上升、人口红利消失殆尽、环境规制趋紧、内需不足、外需疲软、全球贸易保护主义持续升温和国际经贸摩擦加剧等内外部环境剧烈挑战，以往依靠低成本低价格竞争模式渐趋乏力和难以为继，传统发展优势逐渐消失，制造业发展步履艰难，传统制造产品难以满足快速升级的居民消费需求和人民日益增长的美好生活需要。面对日益严峻的国内国际环境，制造业创新驱动转型和高质量发展迫在眉睫。在这一背景下，探寻制造业技术创新促进路径，对于制造业转型升级和高质量发展具有重要的现实意义。

他山之石，可以攻玉。制造业竞争力很大程度上取决于相关和支持性行业发展。作为国家创新体系的重要组成部分，科技服务业特有的知识密集型、技术密集型、低资源消耗、高专业人力资本投入等优势较好地契合和满足制造业提质增效需求，与科技创新紧密相关。科技服务业以知识和技术为基础，高效整合各种内外部创新资源，及时沟通创新主体间信息技术交流，提高应对技术环境的快速变化能力，推动科技与经济深度融合，其专业服务、系统服务和技术支持能够提高制造业附加值和产品技术含量，有力支撑制造业技术进步和效率改善。

然而现阶段，中国科技服务业发展比较滞后，不仅阻碍服务业自身发展，还制约与之存在紧密产业关联的制造业创新发展。从表 1－1 可以看出，中国科技服务业增加值规模稳步增长，由 2004 年的 1759. 5 亿元增长至 2020 年的 24166. 2 亿元，年均增速接近 20%，超过同期服务业增加值增速和 GDP 增速。从相对规模来看：科技服务业增加值占服务业增加值比例由 2004 年的 2. 64% 上升至 2020 年的 4. 38%，科技服务业不断助推服务业产业结构优化；科技服务业增加值占 GDP 比例由 2004 年的 1. 09% 上升至 2020 年的 2. 38%，科技服务业对中国经济行稳致远具有重要贡献。

表 1－1　　中国科技服务业发展水平　　单位：亿元/%

年份	科技服务业增加值	服务业增加值	GDP	科技服务业增加值占服务业增加值比例	科技服务业增加值占 GDP 比例
2004	1759. 5	66648. 9	161840. 2	2. 64	1. 09
2005	2050. 6	77427. 8	187318. 9	2. 65	1. 09
2006	2684. 8	91759. 7	219438. 5	2. 93	1. 22

续表

年份	科技服务业增加值	服务业增加值	GDP	科技服务业增加值占服务业增加值比例	科技服务业增加值占 GDP 比例
2007	3441.3	115784.6	270092.3	2.97	1.27
2008	3993.4	136823.9	319244.6	2.92	1.25
2009	4721.7	154762.2	348517.7	3.05	1.35
2010	5636.9	182058.6	412119.3	3.10	1.37
2011	6965.8	216120	487940.2	3.22	1.43
2012	8241.1	244852.2	538580	3.37	1.53
2013	11010.2	277979.1	592963.2	3.96	1.86
2014	12250.7	308082.5	641280.6	3.98	1.91
2015	13479.6	346178	685992.9	3.89	1.96
2016	14590.7	383373.9	740060.8	3.81	1.97
2017	16198.5	425912.1	820754.3	3.80	1.97
2018	20175.3	489700.8	919281.1	4.12	2.19
2019	22624.3	535371.0	986515.2	4.23	2.29
2020	24166.2	551973.7	1013567.0	4.38	2.38

数据来源：《中国统计年鉴》《中国第三产业统计年鉴》。

根据《国务院关于加快科技服务业发展的若干意见》这一里程碑式政策文件，到 2020 年科技服务业增加值规模力争达到 8 万亿元，而 2020 年我国科技服务业增加值实际为 24166.2 亿元，距离 8 万亿目标相差甚远，科技服务体系距离覆盖科技创新全链条的目标仍有很大欠缺。因此，如何通过加快科技服务业发展来促进中国制造业技术创新能力提升，就已成为现实难题。

集聚是众多经济活动的突出地理特征，产业集聚是一种相对有效的环境营造方式和产业发展载体，诸多研究证实它是一种比较有效的空间组织方式，也是促进经济增长的重要引擎。科技服务业发展与科技服务业集聚密切相关，随着信息通信技术的快速发展和广泛应用，科技服务业集聚已经成为经济发展的典型事实和现实趋势，是科技服务业发展过程中呈现的主要区位模式和空间组织方式，是加快科技服务业发展的重要载体、良性发展方式和长期竞争优势培育的源泉，也是被视作加快科技服务业发展所要坚持的基本发展形式和基本发展原则之一。

有鉴如此，促进科技服务业集聚，很可能是破解中国制造业创新能力低下的重要突破口和重要渠道。在能源资源硬约束和创新驱动要求下，在大众创业万众创新背景下，科技服务业集聚促进制造业技术创新的机理何在？中国科技服务业集聚能否促进制造业技术创新能力提升？这些问题的科学回答，对于加快科技服务业发展、优化科技服务业空间布局、培育制造业创新发展新动能、实现中国经济创新驱动转型，促进先进制造业与现代服务业深度融合，构筑现代化经济体系，破解科技服务业滞后发展问题与制造业创新乏力关联困境，增强产业链韧性，提升产业链水平，推动区域创新发展和国家创新能力提升均具有十分重要的现实意义。

1.2 研究价值

1.2.1 理论价值

本书研究具有一定的理论价值，主要体现在以下两个方面。

（1）拓展了产业关联理论和产业集聚理论的研究范围。研究科技服务业集聚与制造业技术创新有利于促进服务业与制造业产业关联和产业融合，科技服务业集聚能够推动制造业中间投入结构软化，提高制造业科技服务化水平，强化科技服务业与制造业之间的垂直合作关系，助力制造业由生产制造型向服务制造型转变。同时，还有利于推进服务业与制造业跨界融合、协同创新和有效协调，加强科技服务业与制造业之间跨产业合作平台建设，催生新产业新业态，形成两化融合的产业体系，构建多元发展、多级支撑的现代化经济体系，提高科技进步对制造业增长的贡献率。

科技服务业集聚与制造业技术创新关系研究也扩大了产业集聚理论研究范围。现有产业集聚理论研究多集中在制造业和生产性服务业领域，对与创新密切相关的科技服务业领域研究不足，本书扩展了产业集聚理论的囊括范围，充分认识科技服务业集聚与创新关系，推动产业集聚理论研究与时俱进。

（2）丰富了企业开放式创新理论。本书拓宽了制造业企业技术获取路径和知识获取渠道，深化了制造业创新发展影响因素研究，补充了制造业技术创新问题的解决途径。

在开放式创新背景下，除了同业竞争者、高校、科研机构是企业重要的技术获取路径外，科技服务业也是制造业可供利用的重要外部创新资源。因此，研究科技服务业集聚对制造业创新能力的影响，可以拓宽制造业企业技术获取路径和创新资源获取渠道，促进制造业企业创新资源来源多元化和技术进步路径多样化，拓展制造业创新发展影响因素研究，一定程度上缓解制造业自身创新资源缺乏和创新能力不足的问题，优化企业创新驱动发展实现路径体系和技术进步的路径选择，也为制造企业创新实践和创新管理提供了启示。

1.2.2 应用价值

除了理论价值，本书研究还具有一定的现实应用价值，主要体现在：

（1）有利于更好地认识科技服务业的创新驱动作用，加快现代服务业发展。通过探讨科技服务业集聚对制造业技术创新的促进作用，有利于重视科技服务业的创新驱动功能，更加积极地推动科技服务业集聚发展，为制造业技术创新打造完善的创新服务体系，更好地统筹谋划科技服务业空间发展模式和有效发挥科技服务业的创新增值作用。

另外，通过研究科技服务业集聚的创新影响，达到重视科技服务业发展目的，借此提高科技服务业产值规模和结构占比，加快弥补高端服务业短板和驱动现代服务业发展，增强国内高端生产性服务生产能力和供给能力，以内生增长的提高对冲外部服务供应链和国际贸易摩擦的冲击，改变我国现代服务业供给滞后问题，构建自主可控的服务供应链，优化服务业内部结构，进而推动服务业产业结构优化升级，配合推进供给侧结构性改革，实现服务业又好又快发展。

（2）有利于推进制造业高质量发展和经济转型升级。研究科技服务业集聚对制造业创新的作用，能够提高中国制造业技术创新能力、科技要素支撑、产品技术含量、产业附加值和全球价值链分工地位，弥补制造业创新短板，有效应对发达国家技术脱钩和供应链调整布局，降低对传统生产要素依赖和低端生产要素束缚，减弱要素成本上升压力带来的不利挑战，提高制造业企业技术水平和综合竞争力。技术创新是经济转型升级的首要动力，故还有利于实现我国制造业高质量发展和转型升级，加快新旧动能转换，推动经济发展迈向中高端。

（3）有利于构建协同创新模式，营造出良好的创新生态环境。科技服务业能够有效沟通和匹配创新供给者与创新需求者之间的供需信息，促进企业构筑研发战略联盟和创新合作平台，打造区域创新服务系统，推进企业、大学、科研机构、政府、金融机构、社会公众等多主体协同创新和跨界合作创新。科技服务业能够激发多元主体创新活力，获取互补性和异质性创新成果，推动制造业由封闭式创新走向开放式创新、由单个创新走向协同创新，形成跨行业、跨领域、跨空间、跨部门的大体量和大协作网络型创新框架和创新体系，更有利于构建创新要素通畅流动、和谐共生、高效配置、协同作用的开放式产业创新生态系统。

（4）有利于加快发展技术要素市场。科技服务业是活跃技术市场和技术要素的重要产业。通过研究科技服务业集聚对制造业技术创新的重要推动作用，可以加快培育发展技术转移机构，提高技术转移专业服务能力，增强技术转化能力，完善技术人才培养体系，加快发展技术要素市场，弥补其他生产要素不足，推进科技体制改革，更好地构建完善的要素市场化配置体制机制。

1.3　研究内容与研究方法

1.3.1　研究内容和结构安排

结合产业集聚和技术创新等理论，通过梳理相关研究动态，分别从企业层面、产业层面和区域层面归纳科技服务业集聚对制造业创新能力提升的直接影响机理和间接影响机理，厘清科技服务业集聚影响制造业创新的内在逻辑和传导机制。在此基础上，对科技服务业内涵界定及其集聚测度进行分析，并就科技服务业集聚影响制造业创新能力提升的作用效果进行经验分析。具体从企业层面、产业层面和区域层面分别进行实证分析，实证检验科技服务业集聚对制造业技术创新的作用机制，并对其理论推论进行检验。针对如何进一步发挥和释放科技服务业集聚对制造业创新能力提升的积极作用，提出具体政策建议。

概言之，本书遵从观察现象—提出问题—分析问题—解决问题的思路展开，研究思路的具体表述如图 1 - 1 所示。

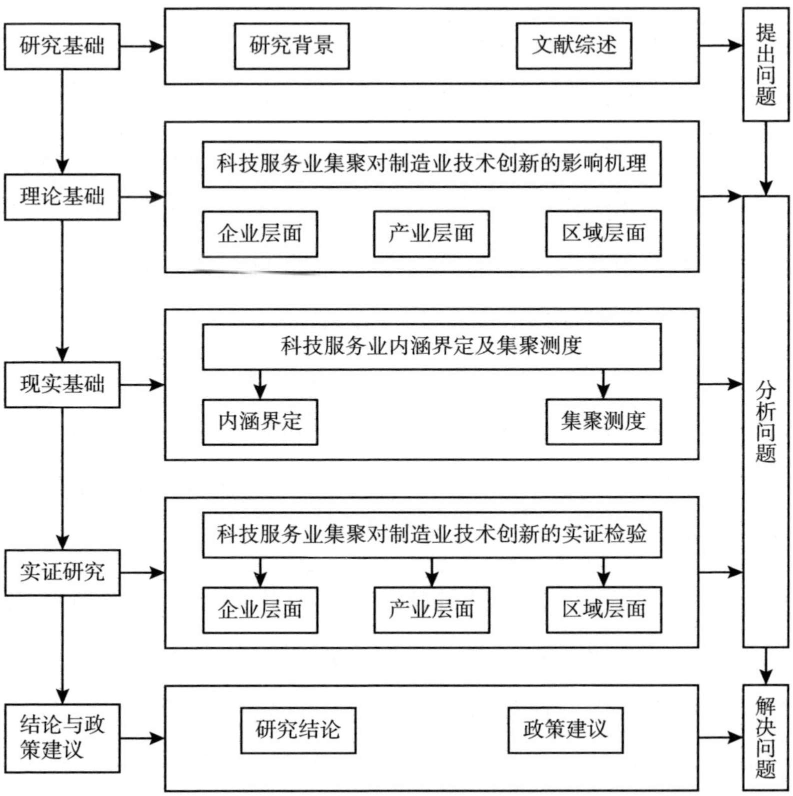

图 1 - 1　研究思路

本书共有9章，其中的第3章、第5章、第6章、第7章、第8章为本书的主体部分。

第1章为导论。导论部分首先交代本书的研究背景及其研究价值，突出研究的必要性和紧迫性；其次交代研究内容与研究方法，展示研究的具体段落设计和内在逻辑，以及使用哪些研究方法；最后归纳本书的创新点与不足之处。

第2章为相关理论与文献综述。主要汇总相关理论和进行文献综述，具体包括产业集聚及产业集聚理论、技术创新和技术创新理论、科技服务业集聚与制造业技术创新研究动态。总结相关问题研究进展状况，进而确立本书研究内容，为后续研究提供相关基础。

第3章为科技服务业集聚影响制造业技术创新的机理分析。本章基于企业层面、产业层面和区域层面，分别从理论上阐释科技服务业集聚如何积极影响制造业技术创新，以此刻画科技服务业集聚影响制造业创新能力提升的作用机理，凝练科技服务业集聚推动制造业技术创新的理论框架，深入理解科技服务业集聚与制造业技术创新之间的关系，为本书后续实证研究提供理论依据。

第4章为科技服务业集聚测度。主要明晰科技服务业内涵和外延，随后使用区位熵、经济活动密度、空间基尼系数等指标多维度测度科技服务业集聚事实，这将为后续实证研究提供数据基础、统计支撑和现实铺垫。

第5章为科技服务业集聚对制造业技术创新影响的实证研究：企业层面。本章是从微观制造业企业层面探讨科技服务业集聚的创新促进效果，检验科技服务业集聚汇聚的异质性资源能否直接助推制造业企业技术创新，并对其理论推论进行了检验，具体内容包括科技服务业集聚对制造业企业创新产出倾向和创新产出强度的影响效果，以及是否经得起内生性和稳健性检验。

第 6 章为科技服务业集聚对制造业技术创新的实证研究：产业层面。本章从制造业细分行业层面探讨科技服务业集聚的创新效果，对第 3 章相关理论推论进行了检验，具体内容包括：科技服务业集聚与制造业内部研发的差异化创新贡献；比较内源创新与外源创新的作用效果；科技服务业集聚对不同技术水平制造业创新的影响；不同创新功能下差异化科技服务业集聚的创新影响；进一步探索吸收能力对科技服务业集聚创新效果的调节影响。在作用机制方面，使用中介效应模型验证科技服务业集聚是否通过中间品供给和中间品需求间接作用于制造业技术创新。

第 7 章为科技服务业集聚对制造业技术创新影响的实证研究：区域层面。本章以城市数据为样本，探讨科技服务业集聚在区域层面的创新效果，并在不同规模城市、不同行政等级城市、时间效应等方面总结科技服务业集聚创新效应的差异化表现，以及归纳相应特征。

第 8 章为区域层面影响机制检验。结合第 3 章区域层面科技服务业集聚对制造业技术创新的理论分析，对科技服务业集聚如何影响制造业技术创新的间接作用机理进行机制检验，具体采用中介效应模型对专业化分工效应、知识溢出效应和吸引外资效应进行验证，使用空间杜宾模型对空间溢出效应进行验证。

第 9 章为研究结论与政策建议。在前述理论研究和实证研究基础上，总结科技服务业集聚对制造业技术创新的作用效果；在此基础上，提炼如何完善科技服务业集聚和相关措施，以期更大程度上发挥和释放科技服务业集聚对制造业创新发展的驱动效果。

1.3.2 研究方法和技术路线

本书研究方法主要有以下几点：

（1）理论归纳法。在总结科技服务业集聚影响制造业技术创新提升的作用机理方面，借鉴产业关联理论、产业集聚理论、资源基础理论、分工理论、空间经济学理论和吸引外资理论等，分别在企业层面、产业层面和区域层面归纳科技服务业集聚积极影响制造业技术创新的机理，为研究科技服务业集聚对制造业技术创新的影响提供理论基础。

（2）文献梳理法。文献是前人研究成果的集中体现，通过阅读、整理和提炼可以使研究站在巨人肩膀之上。通过查阅国内外产业集聚、技术创新、集聚与创新研究等相关文献，进行全面梳理，继而提出本书研究的差异之处。在实证研究中，针对研究结论并结合已有研究文献，总结其内在缘由。在政策建议部分，结合研究结论提出相应的政策建议。

（3）比较研究法。为深入揭示科技服务业集聚对制造业创新能力提升的影响，本书在实证研究部分比较科技服务业集聚在不同规模城市、不同时间段和不同类型行业的异质性创新影响，深刻认识科技服务业集聚创新促进效果的异质性特征和差异化影响效果，为细化政策提出和精准措施制定提供参考和借鉴。

（4）空间计量研究方法。为证实科技服务业集聚创新促进作用的空间外部性存在及其地理边界，采用考虑空间效应的空间杜宾模型（SDM）探究科技服务业集聚的本地创新促进效果和异地创新促进效果，并进行对比分析，在此基础上考察科技服务业集聚创新空间外部性存在的地理边界和有效作用距离。

（5）微观计量研究方法。在微观制造业企业层面分析科技服务业集聚的创新促进作用，结合数据内在特征，使用 logit/probit 等微观计量研究方法考察科技服务业集聚对制造业企业创新积极性调动和创新强度的影响，克服单纯 OLS 估计下的偏误问题，从微观层面提供科技服务业集聚创新影响的经验证据。

本书研究的技术路线按照以下顺序渐次展开：

第一步，提出问题。在导论部分提出问题由来，强调科技服务业集聚是解决制造业创新能力提升的重要手段，突出科技服务业集聚发展的重要性。

第二步，梳理问题，进行文献综述。通过对产业集聚理论、技术创新理论以及科技服务业集聚与制造业技术创新研究动态的梳理，总结既有研究存在的不足，提出本书研究的贡献性和差异性，为后续研究做好铺垫工作。

第三步，分析问题。本部分内容分为两块，分别为理论研究和实证研究。理论研究主要论证科技服务业集聚如何推动制造业创新能力提升，实证研究分别从企业层面、产业层面和区域层面验证科技服务业集聚对制造业创新发展的作用效果，验证科技服务业集聚对制造业技术创新的影响机理，总结存在的问题和不足，为后续政策建议打好基础。

第四步，解决问题。结合前述内容分析，尝试有针对性地提出政策建议，力求精准发力、因企而异、因行施策、因地制宜和动态优化，为更好发挥和释放科技服务业集聚的产业创新促进作用提出科学化政策措施。

1.4 本书创新及不足之处

1.4.1 创新之处

本书以理论分析为先导，以实证分析为支撑，紧扣理论和实证，力求实现理论研究与实证研究的相互映衬。

(1) 突出科技服务业这一新型外部创新主体的驱动作用，为探讨制造业技术创新的驱动因素引入新视角。现有研究已经从企业规模、企业公司治理、企业文化、融资约束、环境规制、政府研发补贴、知识产权保护、进出口、外商直接投资、对外直接投资等层面研究制造业创新发展问题，但尚未充分认识到科技服务业集聚对改善制造业创新绩效可能扮演的积极角色。

本书将科技服务业集聚与制造业创新联系起来，强调科技服务业这一新型外部创新主体对制造业创新绩效的影响，拓宽了制造业创新能力提升的路径选择，丰富了制造业外部创新资源获取渠道，完善了产业发展创新驱动机制，认识了科技服务业的创新功能，为中国制造业技术创新动力不足和能力薄弱等问题的解决引入一条新思路，对如何提升制造业技术创新和推行创新驱动发展战略具有较强借鉴价值，对我国建立现代化经济体系、实现经济高质量发展以及促进现代服务业与制造业深度融合提供了科学决策参考。

(2) 借鉴资源基础理论，在企业层面归纳科技服务业集聚促进制造业企业技术创新的直接影响机理——异质性资源效应，并对理论推论进行了实证检验。现有对科技服务业集聚的实证研究，大多基于国家数据、省域数据等宏观研究，关于科技服务业集聚对制造业企业技术创新的微观研究甚为缺乏。

以世界银行中国企业调查数据为样本，构造了微观与宏观相结合的横截面数据，将科技服务业集聚创新效应研究拓展至微观企业层面，使用 logit/probit 等微观计量技术考察科技服务业集聚对制造业企业创新积极性调动和创新强度的影响，一定程度上弥补了科技服务业集聚创新影响研究在微观企业领域的不足，为实施科技服务业集聚发展战略提供了微观层面证据和决策支持。

（3）借鉴产业关联理论，在产业层面归纳科技服务业集聚促进制造业技术创新的影响机理——产业关联下的中间品供给和中间品需求效应，并对理论推论进行了实证检验。使用制造业细分行业样本，探讨科技服务业集聚对制造业技术创新的影响效应，并与制造业内部研发对比创新贡献；结合吸收能力理论，探讨科技服务业集聚与制造业内部研发之间的关系。

现有研究主要以国家和省级区域等宏观样本为主，缺乏产业层面样本分析，忽略科技服务业集聚对制造业细分行业技术创新影响。本书将科技服务业集聚的创新效应影响进一步拓展至中观产业层面，提供科技服务业集聚促进制造业技术创新的行业层面经验证据，一定程度上弥补了科技服务业集聚在中观产业层面的创新影响研究的不足。

（4）借鉴产业集聚理论、分工理论、FDI 理论和空间经济学理论，归纳科技服务业集聚促进制造业技术创新的间接影响机理，并对理论推论进行了实证检验。使用城市面板数据提供了科技服务业集聚促进制造业技术创新能力提升的更精细化区域层面证据，且验证了科技服务业集聚的创新作用机理。

既有与科技服务业相关研究样本多集中在跨国、省域、州等空间单位，相对而言空间尺度偏大，各区域内城市同质性假设与现实不符。而将城市作为科技服务业集聚发展的空间载体和空间单元，能较为精确地刻画区域科技服务业集聚与区域制造业技术创新的关系，为科技服务业集聚助推制造业创新发展寻找来自更加细化区域样本的证据。

1.4.2 不足之处

（1）科技服务业及其内部细分行业统计数据匮乏，数据统计工作滞后，在一定程度上影响到学术研究的深入开展。本书以科学研究和技术服务业作为科技服务业的表征行业，来探讨其产业创新驱动作用，因受限于细分行业数据制约而缺少对科技服务业中的重点行业进行分析，例如科技金融、技术转移、研发设计、创业孵化等，缺乏科技服务业重点行业的细化分析将会限制学术研究发现，这些问题在未来研究中需要加以克服和深入解决。

（2）科技服务业集聚在发展过程中，会不会给制造业创新发展和经济增长带来负面效应，通过什么渠道和途径产生消极影响，同样需要深入思考和探索。本书主要总结了科技服务业集聚发展给制造业创新绩效改善带来的积极作用，但未能关注科技服务业集聚的负面影响，这在未来研究中需要加以完善。

（3）本书主要从异质性资源效应、中间品供需效应、专业化分工效应、知识溢出效应、空间溢出效应、吸引外资效应等方面总结了科技服务业集聚作用制造业技术创新的影响路径，并没有完全覆盖所有现实或潜在作用渠道，是否还包括其他影响路径和作用机制，值得深入思考和后续研究探索。

2 相关理论及文献综述

2.1 相关理论

2.1.1 产业集聚及产业集聚理论的演进

2.1.1.1 产业集聚的概念

产业集聚概念大致可以分为地理论和产业论：

第一，地理论强调产业集聚的地理特征——地理邻近性。马歇尔（Marshall，1890）认为产业集聚是企业集中在特定地方的一种经济现象，比较典型的是“产业区”。雷德曼（Redman，1994）基于产业链视角，认为产业集聚是同一个或相关产品生产链的地理集中。帕克等（Park et al.，1994）认为产业集聚是在一定空间范围内形成具有一定规模经济的贸易性生产活动。斯旺和普雷韦泽（Swann & Prevezer，1996）认为产业集聚是相同产业内大量企业在特定区位内集中的现象和过程。巴普蒂斯塔（Baptista，1998）认为产业集聚是在较小空间内存在高度密集关联企业分布的经济现象。梁琦等（2009）认为产业集聚是产业资本和经济资源朝特定区域汇聚的经济现象。

第二，产业论强调产业集聚内经济主体存在密切的经济技术联系。巴卡提尼（Bacattini，1978）认为产业集聚本质上是一种社会生产地域联合体，该地域内企业具有共同背景，通过社会网络形成分工和协作关系。斯托佩尔等（Storper et al.，1992）认为产业集聚是在贸易导向下和有界区域内的经济专业化，以制造业为主或以服务业为主等。罗森菲尔德（Rosenfeld，1997）认为产业集聚给区内企业带来协同效应，基于自选择效应吸引大量企业入群，从而促进了经济交易和商业活动。波特（Porter，1998）认为作为产业集聚的高级阶段——产业集群，它是一系列存在紧密投入产出联系的企业、供应商和相关机构的地理集中，这些企业或机构既存在竞争关系也存在合作关系。胡珑瑛等（2007）认为产业集聚是众多企业开展分工协作的空间平台，它是一个复杂的有机体系。

集聚已经成为现代经济布局中的主要特征之一，是一种空间经济组织形式。产业集聚（industry agglomeration）是指产业在空间上集中布局的经济现象和过程，它既可以表现为同一产业集聚，也可表现为不同产业间集聚，反映了产业发展过程中空间分布非均匀状态，是分工和专业化发展的必然结果。产业集聚具有以下特征：

第一，地理集中。多种要素和资源汇聚在有限地理空间，表现为经济活动微观单位的空间非均匀分布状态，具有集中的空间分布态势，反映了产业活动的空间表现和经济活动的空间分布。

第二，产业关联。集聚区内企业间存在错综复杂的经济技术联系和非贸易交流，既有正式的战略联盟、合同契约和上下游经济联系，也存在面对面交流、信任、习俗、沟通、社交活动等非正式关系，专业化分工程度高，协作关系紧密，企业间立体网络特征明显，产业链条互动性较强。

第三，动态性。产业集聚具有生命周期特点，存在形成、发展、成熟、迁移、消亡等演化特征，受到知识技术溢出、技术生命周期、产业特征、国际贸易、消费者需求偏好等内外部因素影响。

第四，路径依赖性。集聚既是产业经济活动在特定地理区域中汇聚和集中的过程，也体现了与当地文化环境、区位因素、历史积累等相互作用的有机过程和结果；既表现为产业规模扩大，也包含了企业、结构、层次、功能等相关结构间有机结合和融合的结果，容易形成共同文化和行业规范，加深企业间相互信任和交流，是经济与社会的有机融合。所以，集聚对于特定区位形成具有一定的路径依赖和根植性特征。

2.1.1.2 产业集聚理论的演进过程

1. 产业集聚理论的渊源

产业集聚现象研究最早可追溯至经济学创始人亚当·斯密，他在《国富论》一书中指出：单独企业并不能够完成产品所有部件生产，这需要分工和生产专业化，为更好促进分工合作完成最终品生产，这些具有分工性质的企业组成一定群体，联合完成某种产品生产。企业集聚保障专业化分工的高效性，分工和专业化成为企业集聚的现实基础，反过来企业集聚又推进了分工与专业化效率。

随后，大卫·李嘉图提出有别于亚当·斯密的相对优势理论，探讨生产特定产品的区位问题，认为区域要素禀赋差异决定产业空间布局，这种观点认为产业区位是由区域先天要素供给和资源禀赋差异造成的。可以说，亚当·斯密和大卫·李嘉图对生产特定产品的区位等经济现象做了初步描述，但并没有完整上升至理论高度。

绝大部分学者认为产业集聚理论最早源于新古典学派代表人马歇尔（Marshall，1890）的《经济学原理》，在该书中他阐述了产业集聚现象、原因和作用，提出工业区位概念（industry districts），详细叙述了集中在特定空间的地方性工业成因。该区域内存在大量紧密专业化分工联系的中小企业，形成了相对区外企业更有竞争力的特定区域。他创造性地提出了内部规模经济与外部规模经济，前者是企业规模扩大带来的生产管理效率提升，后者是产业规模扩大给企业带来的生产管理效率改善。

马歇尔认为企业为追求外部规模经济而集聚，外部性使得产业集聚成为可能，也即获取劳动力蓄水池（labour market pooling），产业聚集形成富有弹性灵活的劳动力市场，产业区内由此可以共享专业化劳动力市场。中间投入品共享（input sharing），产业集聚有利于要素集聚和形成规模经济，产业区可以得到专业化和便利化的中间投入品和生产性服务供应形成的产业关联效应。享受技术溢出（technology spillover），产业区内形成集体式学习组织和交互式学习环境，加快了知识、信息、思想传播和技术扩散，集聚区内行业的秘密不再是秘密，新工艺、新技术容易在集聚区内传播，企业更容易开拓新产品，集聚区内企业生产函数好于区外单独企业生产函数。

后来学者将马歇尔外部性归纳为三点：匹配（match）、共享（share）、学习（learning）（Glaeser，1999），这三种外部性产生地方性工业。经验调查表明集聚在一起的企业相比孤立的企业具有更高的效率，马歇尔的产业集聚只适合解释同一产业集聚——生产制造具有相同或者相似产品的企业空间集合，对于不同产业间集聚则难以解释，而且马歇尔的产业集聚思想忽视了区位与运输成本对产业集聚的影响。

2. 产业集聚理论的形成和发展

产业集聚从微观行为上来说表现为企业区位选择行为，区位理论是产业集聚理论的重要组成部分，因此有些学者从区位层面总结产业集聚。早在1826年，德国学者杜能（Thunen，1826）在《孤立国同农业和国民经济的关系》中最早提出农业区位理论，探讨孤立国情形下土地分配和使用结构。他认为农产地至消费地的空间距离是农业生产布局的关键问题，运费是利润的主要影响因素，在规模经济不变和完全竞争的假设前提下得出农业生产布局围绕外生的中心市场呈现出向心环带状分布圈层形态，即著名的“杜能圈”，揭示了农业区位布局规律。杜能的农业区位理论假设城市为外生变量，难以解释城市为内生变量下的农业生产布局问题和产业布局内生演变机制。该理论对后续产业区位理论产生较大影响。

真正意义上的区位理论研究是德国经济学家韦伯（Webber，1909）在《工业区位论》首提集聚经济（agglomeration economy），由此奠定工业区位理论。他详细总结工业地理集中和空间集中布局原因，归纳决定工业区位成本最小原理，指出最好区位是费用最低的区位。在众多影响因素当中，他认为运输成本、工资成本和集聚经济三个区位因子是工业选择和分布的三大因素。集聚经济是企业规模扩大与产业地理集中给企业带来的规模经济，是内部规模经济的外部表现，产业集聚能够实现成本节约，推动企业地理邻近。企业区位选择原则是：集聚发生在集聚效益超过迁移增加的运输和劳动力成本时，分散发生在分散效益超过迁移增加的运输和劳动力成本时，也即集聚收益和成本对比将会影响企业空间集中。韦伯理论建立在成本最优基础上，主要考虑生产成本因素的影响，对需求、市场、历史沉淀、政府决策、技术进步等因素的影响未能加以重视。

胡佛（Hoover，1937）在韦伯基础上进一步修正工业区位理论，认为集聚是空间区位结构的体现，视本地化经济、城市化经济和规模报酬递增为产业集聚的诱因，强调交通成本与生产成本影响产业区位。产业集聚产生内部规模报酬递增，由此带来地方化经济和城市化经济效益，前者是同一产业内企业集聚产生的外部性，后者是不同产业带来的外部性，强调多样化。他还提出产业集聚的最佳规模论，认为产业集聚必须达到一定程度才会发挥出集聚的经济优势，集聚规模偏低将会制约集聚最佳效果，集聚规模过大又会导致集聚不经济，使得集聚整体效应下降。

产业区位理论过于强调成本因素对产业布局的影响，相对忽略需求因素和市场因素在集聚经济中的作用。市场学派理论认为企业在市场因素基础上应该布局在利润最大的区位，利润取决于市场和需求，来自消费者的作用不容忽视。市场学派理论以克里斯塔勒（Christaller，1933）的中心－地理论为代表，在《德国南部的中心地原理》一书中他探讨了不同等级中心地的空间结构体系：首先，一个区域发展由多个中心地构成，这些中心地是由规模大小不等的城镇构成；其次，各个中心地位于空间六边形这一网络系统的中心、边的中心或者顶点；再次，中心地具有等级色彩，具体取决于其提供服务的能量等级；最后，等级相同的中心地之间的空间距离相等，等级越低的中心地之间的空间距离越近，等级越高的中心地之间的空间距离越远。克里斯塔勒所提出的中心地理论是城市区位论和城市地理学的代表。

洛希（Losch，1940）进一步完善产业的市场区位理论，从利润最大化出发，认为市场规模和需求结构影响企业区位选址和产业空间配置，探讨地方市场规模与地方需求结构对产业集聚的选择影响，得出需求、供给和生产中心是企业最优区位选址。他认为：非农产业点状集聚是城市化的重要原因，区位集聚主要由自由集聚与受场所约束集聚构成，前者反映任何场合均可能产生集聚，后者反映受人口密度、地形等沿袭下来因素的影响。市场规模与需求结构不仅是产业集聚的重要原则，而且还会影响产业集聚方向。

艾萨德（Isard，1956）在《区位与空间经济》中也提出企业布局主要出于利润最大化或者成本最小化，在生产成本与距离消费市场成本之间权衡取舍。弗农（Vernon，1966）提出产品生命周期理论，并将其应用于产业区位和产业集聚，他认为：位于成长期的产业一般具有知识技术密集型特征，倾向于布局在基础设施健全、人力资本丰富、创新资源充沛的大城市地区；位于成熟期的产业一般具有技术定型化和生产标准化特征，大城市居高不下的生产成本迫使成熟期产业异地迁移；位于衰退期的产业面临市场饱和、需求挖掘潜力较小、技术相对过时，导致产业由发达区域向欠发达区域全面转移。弗农的产业集聚生命周期理论较好地诠释了产业梯度转移理论，提醒各地需要根据产业集聚生命周期阶段适时调整产业布局和集聚政策。

区位理论和市场学派理论属于微观的资源空间配置理论，对宏观层面研究不足，故有一些学者从宏观层面来探讨产业集聚现象和产业的空间非均衡增长，并与区域经济增长相结合，克服了以往偏重静态与微观的分析框架，代表性理论有增长极理论、循环累积因果关系理论等传统经济地理理论。佩鲁（Perrous，1955）的经济增长极理论认为区域经济增长往往由主导产业或者经济活动大量集聚在特定区域，形成要素和资源高度区域集中，对外围地区和周边地区产生一定的辐射带动作用，这就是“增长极”。这种由产业集聚形成的增长极促进经济非均衡发展，对其他产业发展和产业间资源优化配置具有一定的关联作用。

佩鲁的增长极理论曾经一度受到政策制定者追捧，该理论较为形象描述了重点产业区位选址与布局模式，强调了产业集聚的辐射带动作用，不同于新古典经济学的自下而上式产业集聚生成。增长极理论依赖政府的自上而下式产业集聚生成，但带来了虹吸周边经济发展的极化效应、过于依赖政策倾斜、夸大政府在集聚发展中的作用以及增长极难保长期可持续性等问题，这往往被一些研究者所诟病。

瑞典经济学家缪尔达尔（Myrdal，1957）提出产业集聚的累积循环因果关系理论，他认为某个产业一旦在某地区布局，将会吸引相关产业。第一，某个产业的区位配置将会增加所在地区居民收入，从而吸引外地人口流入本地，顺势扩大对服务业的需求。第二，某个产业的区位配置将会提升当地熟练劳动力供给规模，这为新产业迁入提供了吸引力。第三，通过产业关联效应吸引上下游产业流入本地。第四，本地基础设施和服务设施完善将会增强外部性和吸引更多企业、产业迁入。整个集聚过程是累积的，增长具有自我可持续性。可以说，佩鲁的增长极理论是缪尔达尔的累积循环因果关系理论的特殊化，后者强调偶然性和市场自发性推动累积循环因果关系，而前者强调是政府有意识推动的结果。

3. 产业集聚理论的进一步发展和完善

然而，无论是区位理论还是传统经济地理理论，它们很多是以空间均质、信息对称性、完全竞争和规模报酬不变为前提，无法处理规模经济与不完全竞争的现实情形，过于看重自然要素禀赋、地理区位等外生因素对产业活动空间布局的影响。很显然，其难以解释产业集聚并不都是发生在区位条件较好区域，产业集聚的内生机制和集聚动力的区域后天因素分析不足，未能将以往忽视的空间因素问题引入经济学殿堂。

通过借鉴 Dixit – Stiglitz 垄断竞争模型，新经济地理学派代表人克鲁格曼（Krugman，1991）以不完全竞争和规模报酬递增为前提，将规模报酬递增、“冰山运输成本”、路径依赖和要素流动引入产业集聚，探讨产业活动的空间分布规律和产业集聚发生机制，构建中心 – 外围模型（Core – Periphery Model），坚持内生决定论，认为市场潜力、上下游产业关联等货币外部性使得企业成本下降、利润增加。即使两个区域没有初始差异，产业和经济活动分布起初是随机无规律的分散状态，随着交通运输条件改善和要素自由流动，工业部门生产者和从业人员逐渐向特定区域集聚，更多企业不断被吸引到特定区域，在地方化规模报酬递增、循环因果累积和正反馈机制作用下推动产业集聚形成和自我增强持续下去，最终形成以工业为中心、以农业为外围的产业空间格局。

货币外部性而不是技术外部性是产业集聚的主要原因，克鲁格曼成功将空间因素纳入一般均衡分析框架并引入主流经济学，改变新古典区位理论、传统经济地理理论分析中以完全竞争和规模报酬不变的苛刻假设前提，认识到诸如规模报酬递增等区域内生的后天因素是产业集聚形成的根本原因。

波特（1990）从企业竞争优势获取分析产业集聚现象，基于竞争视角探讨产业集聚成因，认为竞争引起产业地理区位集中，并在《国家竞争优势》中首提产业集群概念，认为集群是相互联系的经济主体在特定空间内的集中现象，是每个国家、地区和城市经济的显著特征。产业集群体现了产业间、企业间的合作和融合，经济和产业持久竞争优势来自产业集群。产业集群不仅带来同行业技术、人才、信息交流与联系，还会通过配套产业和互补产业产生巨大经济效益，作为企业共同体的空间组织形式已经影响到国家和区域竞争力。

在此基础上，波特（1998）构建了产业集群竞争力钻石模型，具体取决于需求条件、要素保障、企业战略结构与同业竞争、相关和支持性行业、政府及相关机遇，以此推动产业集群竞争力培育。产业集群是培育区域创新优势和竞争优势的重要源泉，是提高产业竞争优势的组织载体。同时，产业集群是国家竞争优势的重要体现，是企业区位选址的重要考虑因素。产业集群不仅仅是自发形成的，政府可以通过完善相关产业政策、加强基础设施建设、增加人力资本供给等主动性措施促进产业集群形成和发展。

产业集聚不仅表现为产业空间集中，也是一种建立在专业化分工等基础上的空间组织表现，故有些学者从交易成本层面分析产业集聚现象的微观基础。早在 1937 年，科斯（Coase，1937）在其经典著作《企业的性质》中第一次提出交易成本概念，用来分析组织的边界问题，他认为：企业和市场是可以进行相互替代的资源配置方式，是可供选择的经济组织形式，两者并无本质区别；企业作为一种交易单位，它将诸多要素组织成一个整体参与市场交易，减少了市场交易主体与交易数量，因而削减了交易成本。当然企业节约交易成本也是有边界的，科斯的交易成本理论暗含产业集聚带来交易成本降低的益处。之后，威廉姆森（Williamson，1975）进一步将交易成本分为事前交易成本和事后交易成本，前者包括交易达成前产生的信息搜寻、谈判、责权利界定等成本费用，后者包括交易达成维护成本、契约变更成本和相关机会成本。

按照科斯和威廉姆森的观点，不健全的市场环境会产生较高的不确定性，导致小数目条件恶化、机会主义盛行和信息不对称吃紧。产业集聚是介于市场和企业之间的中间性组织，既避免大企业制度下高昂的管理成本，也降低了存在于资产专用性、不确定性、搭便车、有限理性、机会主义等市场资源配置机制下的高交易成本，比市场稳定，比科层组织灵活。产业集聚环境下，空间邻近的企业间容易形成分工协作关系，信任机制得以完善，经济交易的监督成本和不确定性降低，企业间敲竹杠等机会主义行为大大缓解，信誉机制容易建立，这使得企业间交易频率提高但交易成本下降，克服了分工与交易成本两难问题。

杨小凯（1991）基于劳动力市场和中间品市场交易效率比较，认为企业本质是劳动市场替代中间品市场，也即组织劳动力集中实现对中间品的外部购买，而非企业组织替代市场组织，如果劳动力市场交易效率大于中间品交易效率，则企业就会产生，反之亦然。

斯科特（Scott，1992）在柔性专业化基础上进一步深化了交易成本分析方法，他认为：交易成本与空间距离正相关，随着社会分工精细化，市场交易量和交易频率大大增加，导致交易成本上升；为减少交易成本上升，企业倾向于本地选择交易对象进行交易，企业内外部交易成本对比导致企业集群产生和发展。可以说，斯科特进一步发展了科斯和威廉姆森的交易成本思想。

从科斯、威廉姆森和杨小凯的观点来看，在企业与市场之间存在大量的中间组织形式，产业集聚是介于市场和企业之间的中间性组织，是解决组织失灵与市场失灵的制度性安排，具有市场的灵活性和企业的稳定性，相当程度上节约了市场交换引起的交易成本和企业内部一体化引发的高管理成本。为减少专业化分工引起的交易成本上升，企业间倾向于集中生产和产生集聚需求。

针对诸如新经济地理学研究产业集聚过度依赖数理模型而忽视制度、政府行为、政策等制度因素对产业集聚的作用，一些学者引入制度经济学理论探索产业集聚驱动机制，例如社会资本、人文因素、政府政策等。哈里森（Harrison，1992）认为企业能够从集聚网络中获益，集聚环境增进企业间社会联系，企业为寻求社会非经济制度根植、身份认同感和信任而进行持续协作，近些年来出现的新产业区并非是传统产业集聚现象。斯托佩尔（Storper，1993）比较了法国、意大利和美国在区域生产网络上的社会关系和制度，认为地方化规则、体制和习俗是生产地理集中的关键。帕克和马库森（Park & Markusen，1995）认为地区社会文化和地方信任推动是建立在柔性专业化之上的中小企业集聚。

坎伯等（Kanbur et al.，2004）认为制度和产业政策通过影响产业集聚进而影响区域不平衡发展。福尔斯利德（Forslid，2005）通过自由资本模型的模拟分析发现，税收负担会抑制产业集聚发展。波克和普卢格（Borck & Pfluger，2006）基于 CP 理论研究发现，税收负担一旦超过阈值，将会导致企业区位迁移，进而导致产业集聚下降。芬格等（Fenge et al.，2009）认为在较低交易成本下，政府间公共支出竞争将会抑制产业集聚。鲁毅等（Lu et al.，2015）认为体现政府干预经济运行的空间载体工具——开发区能够显著影响企业进入或退出等区位选择。泰撒（Tsai，2017）研究显示政府提供的公共物品将会吸引劳动力流入和产业集聚。

2.1.2 技术创新与技术创新理论及模型

2.1.2.1 技术创新概念

在理论上，技术同信息一道是提高生产率的重要手段，它是人类在认识自然和改造自然中不断积累的知识、技能和经验的总和，具有以下主要特征：第一是回报性，技术能够给企业带来成本降低、产出增加或效率提高等经济利益回报；第二是传播性，技术可以通过“干中学”和其他方式进行传递；第三是有目的的投资性，技术通常是企业为提高利润而采取的主动持续投资的结果，技术需要创新才能取得技术进步。

技术创新概念建立在熊彼特创新概念基础之上，熊彼特（Schumpeter，1912）认为创新是经济主体对生产要素和生产条件的全新组合，是将其引入生产过程并获取潜在利润的过程。随后，学术界对技术创新概念展开热烈探讨，代表性观点如表 2－1 所示。

表 2－1　　代表性技术创新概念

索洛（Solo，1951）	新思想的来源以及后续阶段的实现发展，他使用过程和阶段定义技术创新，重视技术创新来源与实施发展，这两个条件决定技术创新成功与否，Solo 的技术创新概念被公认为是具有里程碑式的影响
艾诺斯（Enos，1962）	技术创新是发明项目选用、资金保障、组织构建、用工组织、开拓市场等多种行为的集合结果。这些行为对于创新缺一不可，少一个创新便不会发生，Enos 是从行为集合的角度来界定技术创新
曼斯菲尔德（Mansfield，1977）	技术创新是从新产品构思开始直至新产品市场适销推广的探索性活动
弗里曼（Freeman，1982）	技术创新是新产品、新服务、新系统、新过程等形式第一次商业化、市场化和产业化，包括技术、设计、生产、管理和市场的多个环节
谬斯（Museser，1985）	技术创新是构思新颖原创及其成功实现的有价值非连续性活动，突出技术创新两大特征：活动非常规性和最终成功实现
帕维特（Pavitt，1995）	技术创新是企业技术革新的资源，例如知识、管理经验、技巧、组织架构和联系等
柳卸林（1997）	技术创新是新产品、新工艺或新设备的第一次产业化运用相关的生产制造、技术及商业活动

续表

许庆瑞 (2000)	技术创新是对技术发明所产生的新技术进行首次商业化运用和直接生产力转化，它是技术变革的第二阶段。技术变革一共有技术发明、技术创新和技术扩散三个阶段
赵玉林 (2006)	技术创新是企业家通过要素新组合推出新产品、新工艺、新市场、新原料，以获取潜在利润和盈利机会

综上所述，有关技术创新概念和范围，目前学术界仍未达成一致，主要原因是技术创新是一个特别复杂多维的现象与过程。本书认为技术创新是在一系列制度安排和现实约束下，以科学技术知识和相关资源为基础，通过技术改进和变化取得新的技术成果，应用于生产体系和付诸实践转化为生产力，并预期能够给经济主体产生利润与商业价值的技术经济活动全过程，涉及构思、决策、研发、生产、营销、产业化等诸多环节和步骤的一系列活动，体现技术与经济的关系，目的是满足逐渐升级的生产性需求、消费性需求和提高自身竞争优势。在具体形式上，可以体现为研发经费投入、研发人员投入、专利、新产品等。

技术创新具有以下特征：第一是原创性，技术创新本身需要一定的原创性、新颖性和创造性活动，否则谈不上创新；第二是高投入、高风险与高收益性，相比实物资产投资行为，技术创新活动本身就是一项高资源消耗的投资行为，带有鲜明的高投入与高风险性，一旦创新成功将会给相关创新主体带来不可估量的收益；第三是动态性，技术创新在不同国家、在同一个国家不同发展阶段其概念具有随着经济发展和科技进步呈现出动态变化特征；第四是多维性，技术创新不仅包括众多组成要素及其一系列活动，也包含技术、经济与社会之间的互动关系和由此有机结合的有序系统，需要从多维视角深刻领悟技术创新概念；第五是企业主体性，技术创新主体可以是个人和机构，但最主要的还是企业，企业不仅是生产经营主体，也是技术创新主体，包括技术创新决策、技术创新投入和技术创新组织。

2.1.2.2 主要技术创新理论

1. 亚当·斯密的技术创新理论

技术创新思想最早可以追溯至亚当·斯密（1981），在其《国富论》中提出劳动分工促进发明创造，而发明创造将会替代劳动要素，从而推动社会生产率上升。他认为技术进步推进了劳动者技能素质提高和资本工具改进，与劳动、资本一道均是经济增长的重要驱动因素。

2. 熊彼特的技术创新理论

学者们一致公认熊彼特为技术创新理论的鼻祖。早在 1912 年，技术创新理论创始人熊彼特在《经济发展理论》一书中明确提出创新一词，认为创新是企业在生产系统中对生产要素和生产条件的全新组合，以获取潜在收益和实现价值创造，它是驱动经济增长的根本动力，它是一个经济概念而非技术概念。换言之，创新是建立一种新的生产函数，主要包括采用新生产方法、开拓新市场、引入新产品、控制新原料供给来源、实行新的产业组织形式等。

创新的关键和动力在于企业家而非企业技术员工和发明者，企业家的主要职能是实现生产要素的重新组合，他通过资本使用权优化企业生产经营以及组合生产要素以实现利润最大化和成本最小化。企业家是从事创新活动的实践者和承担者，通过创新获取利益，其创新动力主要来自创新带来的获利机会。企业家的成功经验将会在行业内形成示范模仿效应，吸引更多潜在进入者进入该行业，从而增加企业家群体规模和经济周期性变化，促进知识、经验传播和推广，推动技术创新发展。可以说，企业家推动技术创新价值实现。

在创新与经济周期关系方面，创新通过“创造性破坏”，使得具有创新活力的企业成长壮大，同时使得一些缺乏创新活力的企业不断消亡和淘汰，在这一过程中，生产要素实现优化配置，驱动经济不断发展。由于创新类型多样、创新规模程度不同、创新所需时间不同造成创新对经济增长影响差异较大，创新的阶段性特征如产生、普及、消退和新的产生，均会导致经济偏离与回归均衡等经济周期性变化，特定的创新活动导致经济发展出现长周期、中周期和短周期现象。创新是资本主义最本质特征，没有创新就没有资本主义。

在创新的空间运行规律方面，熊彼特（1939）提出技术创新的空间极化规律，认为创新活动和创新行为并不是随机和偶然发生的，在时间上并非连续产生，而是呈现出突变型和跃迁性，在空间上并非均质分布，而是成群出现和趋于集聚，技术创新与产业集聚密切相关。同时，创新在经济部门中也并非均匀和随机分布，往往集中在某些少数部门或者特定部门。

3. 新古典学派的技术创新理论

熊彼特创新思想和理论一经提出，较长时间内受到理论界冷落和漠视，毕竟技术创新涉及企业长期竞争优势，短期内难以被企业意识和重视。20 世纪 50 年代以来，世界主要发达国家进入经济高速增长的黄金时代，新一轮科技革命和产业革命蓬勃兴起，这一现象无法采用传统经济理论予以解释，所以理论界重新认识到熊彼特创新理论的价值，对传统经济理论忽视创新在经济发展中的作用予以纠正，深入探讨技术进步与经济发展之间关系，由此推动了技术创新理论发展。

索洛（Solow，1956）在《对经济增长理论的一个贡献》中提出新古典经济增长模型，强调技术进步对经济增长的重要性，认为产出增长主要来自两个来源：第一，要素投入数量增长引起的“增长效应”；第二，技术进步水平提高引起的“水平效应”。在《技术进步与总量生产函数》中，他建立了用于测度技术进步的索罗残差，发现美国在 1909 ~ 1949 年总产出增长主要来自技术进步，技术进步对产业和经济增长贡献度较高。

对于政府在技术创新中的作用，索洛认为技术创新存在市场失灵问题，技术具有相当强的公共产品属性，外部性使得私人部门投资收益和投资成本不匹配，造成技术创新仅仅依靠市场机制无法满足经济社会发展需求，故需要政府采取一定手段和措施如补贴、税收、采购、法律、金融等干预技术创新活动，以便更好发挥技术创新对经济增长的促进作用。索洛虽然肯定技术进步是经济增长的主要驱动力，但认为技术进步是经济体系之外的外生因素，仿佛是一个从天而降的外在系数，这与现实不符，其未能意识到技术创新是经济主体有意识创新投资的结果，也没有对技术进步的内部运行机制进行充分探讨。

阿罗（Arrow，1962）基于“干中学”认为技术进步是固定资产投资下资本积累的结果，随资本增长而增长，资本积累伴随着技术进步，是物化形式生产投资带来知识和经验积累的必然结果，他将技术进步视为经济体系的内生变量。

罗默（Romer，1986）在其《收益增长和长期增长》中将技术进步内生化，认为技术进步不是外生的，而是知识累积的结果，也是能被生产出来的，知识可以改变边际报酬递减规律，由知识积累产生的技术创新是经济增长的根本驱动力。在阿罗研究基础上，他将知识分为一般知识与专业知识，前者能够产生外部性，可以使其他企业获得溢出效应，而专业知识不能产生外部性，只会给拥有专业知识的企业带来垄断利润和内部效应，而这恰好为企业研发投资提供激励和原动力。以罗默为代表的内生经济增长理论将技术进步内生化，克服以索洛为代表的新古典经济增长理论的技术进步外生化的缺陷，解决了技术创新作用量化分析问题，对技术创新理论作出了重要贡献。

4. 新熊彼特学派的技术创新理论

熊彼特创新理论形成之后，追随者发展了其技术创新理论，主要以卡米安、施瓦茨、曼斯菲尔德等人为代表，坚持技术创新对经济增长的关键作用，将技术创新视为一个交互作用的复杂过程，对其内部运作机制进行深入挖掘，重点关注市场结构与技术创新关系、技术创新推广与扩散等问题。

卡米安和施瓦茨（Kamien & Schwartz，1975）从垄断竞争视角研究技术创新过程，总结最适宜技术创新的市场结构。他们指出完全竞争市场上企业规模小，创新能力低下，难以保障技术创新的物质条件，企业技术创新意愿较弱，故难以推动技术创新和技术进步。完全垄断市场上企业独家垄断，具有较强的创新实力和能够承担创新失败引起的创新风险问题，但由于不存在潜在市场进入者，缺乏创新动力和外部创新压力，故完全垄断市场结构也难以推动技术创新发展。所以，适宜技术创新的市场结构是位于完全垄断市场与完全竞争市场之间的垄断竞争市场结构，它综合了完全竞争市场结构与完全垄断市场结构的双重优点，既具有完全竞争压力推动的创新，也具有垄断利润预期推动的创新，此种市场结构最适宜诞生重大技术创新成果。

在技术推广和技术变革方面，一般而言，新技术推广在新技术使用初期往往较慢，此时市场接受性不强，随着新技术使用过程中经验累积，技术模仿比率将会越来越高。格里利克斯（Griliches，1957）提出新技术扩散的“S”型曲线：在初期新技术扩散较慢，随后不断加速直至最高峰，接着缓慢下降并逐渐稳定在一定水平。格里利克斯将新技术推广和新技术扩散主要归因于新技术供给、新技术投资成本和使用新技术的盈利预期等经济性因素。

曼斯菲尔德（Mansfield，1977）建立新技术推广模式，以技术模仿率作为新技术推广速率的代表，在完全竞争市场、专利制度不影响技术模仿、新技术推广中其本身不会发生变化、新技术使用不受企业规模影响等前提下，对影响新技术推广的经济因素展开深入探讨：第一，技术模仿率高低和新技术推广速度取决于新技术使用的预期收益率，两者呈现正相关关系；第二，技术模仿率高低取决于新技术投资额，两者呈现负相关关系；第三，模仿比例与新技术推广呈现正相关关系；第四，资本供给容易程度与技术模仿呈现正相关关系。此外，已有设备使用年限、部门销量增长速度、新技术使用的时间间隔、新技术所处的经济周期、企业拥有的情报信息经验等也会影响新技术推广。

5. 新制度学派的技术创新理论

新制度学派以戴维斯和诺斯（Davis & North）为代表，重点关注制度变革和制度安排对技术创新的影响，认为制度创新决定技术创新，是经济增长的内生动力，同时新制度学派并不否认技术创新作用制度创新。某些技术创新可以改变制度运行成本和制度安排收益，使得构建复杂的组织制度具有现实可行性和必要性，技术创新也可以是制度创新的函数。

通过对现行制度进行变革，如股份公司、工会、社会保障制度等，创新者可以获得潜在市场收益，确保经济活动的私人收益与社会收益相等。制度创新推动制度均衡与制度非均衡的交替演变，只有当制度创新带来的收益超过制度创新带来的成本时，制度创新才可能产生，当然它也不可能持续进行下去，会在新的制度均衡上停止。具体而言，戴维斯和诺斯（1971）认为促进制度创新的因素主要有市场规模、预期收益和技术经济性。

因为制度创新涉及面广和情况复杂，故需要较长时间才能产生，存在较为明显的时间滞后性，期间还会遇到现有法律制度的认可和修改障碍。戴维斯和诺斯认为制度创新需经历以下几个阶段。第一，出现第一行动集团阶段。第一行动集团可以由个人、团体和政府予以担任，他们是制度创新的倡导者和推动者，能够预见制度创新给自己带来潜在利益。相比个人和团体，由政府担任第一行动集团主要职责和成为制度创新的主要推动者具有较大优势。第二，制度创新方案提出阶段。第三，在最大利益原则下遴选制度创新方案阶段。第四，产生第二行动集团阶段，主要职责是拥护第一行动集团的组织和个人。第五，两大行动集团协同配合、共同推动，将制度创新付诸实施和转化实现。

6. 创新系统理论

创新活动是一项复杂的系统工程，不再是某些组织的特有活动，它是由多个要素、主体及其相互关系构成的有机系统，也即创新系统。企业不再仅仅是单个生产单元，而是与系统内其他组织相互作用共同完成创新活动，由此开辟技术创新理论新视野。创新系统理论主要分为国家创新系统理论和区域创新系统理论。

国家创新系统理论代表人为弗里曼和纳尔逊（Freeman & Nelson）。弗里曼（1987）通过对日本等发达国家创新活动的实地调研，指出技术创新不只是企业的单一行动和独立行为，还深受国家创新系统影响。创新已演变为一项国家行为，国家创新系统是影响创新主体创新资源配置、利用效率、创新关系网络和运行机制的体系，通过国家制度安排公共部门与私人部门创新行动者之间的相互作用、相互交流和共享知识技术，推动技术创新生产、传播、扩散和应用，突出国家特有因素、政府职能、国家干预对技术创新的影响。该学派较好地将创新主体激励和外部环境联系起来，将技术创新和政府联系起来，重点整合知识创新、技术创新、制度创新与组织创新，强化国家战略科技力量。

伦德瓦尔（Lundavll，1992）在《国家创新系统：创新和交互学习的理论》一书中，将国家技术创新系统划分为狭义和广义两个层面：狭义的国家创新系统主要涉及研发活动机构、大学和研究机构，广义的国家创新系统涉及生产系统、市场系统等所有影响学习研究探讨的部门，它将国家创新系统（NIS）归纳为一国内部各种生产要素及其关系的集合。

纳尔逊（1993）在《国家创新系统：一个比较分析》一书中指出科技发展不确定性高，国家创新系统的制度安排应该具有适应科技发展的适应性与灵活性。国家创新系统不仅需要考虑技术行为因素，还需要将政府投资与规划考虑进去，强调政府在创新资源配置中的重要作用。国家创新系统理论强调应该以国家为创新单元，发挥政府的适度干预和调节作用，促进各创新主体与产业环境有机融合，以此系统化推动技术创新发展。

随着经济区域化特征日益明显，创新对区域经济发展的作用越来越重要。区域创新系统理论主要是指对区域创新发展具有重要影响的企业间在特定空间范围下相互作用的合作网络和支撑体系，它由区域内众多相互作用的企业、机构组成的区域创新网络构成。

库克（Cooke，1992）认为区域创新系统主要由大学、企业和研究机构构成，它对区域创新水平提升具有重要推动作用。不同于库克的观点，梅乌斯等（Meeus et al.，1999）认为企业在区域创新系统中扮演主要角色，包括大学、商会、贸易组织和研究机构均是围绕企业进行技术创新活动。库克（2000）在此基础上完善区域创新系统，认为创新网络及其相关制度保障是区域创新系统的重要组成部分。阿希姆和伊萨克森（Asheim & Isaksen，2002）认为区域创新系统主要由以企业为主体的直接创新主体和以研究机构、技术扩散机构、行业协会、银行等为主体的间接创新主体构成，这种间接创新主体主要发挥支持性创新基础设施作用，由直接创新主体和间接创新主体等支撑机构组成的区域集群就是区域创新系统。

2.1.2.3 技术创新动力机制

1. 供给推动论

在技术创新动力过程研究领域，早期流行技术创新的技术推动理论，主要以弗里曼（Freeman，1982）为代表，该理论认为技术创新是由科学技术进展所决定，科学技术进展决定技术变革，从而产生新的技术原理并推动产品创新等创新活动，导致形成技术创新活动高潮，满足潜在市场需求和创造出新的市场需求。该理论本质上属于“供给推动论”和技术进步推动范畴。因为不同行业技术特征差异较大，导致技术创新机会不同，所以技术创新活跃度具有很强的行业差异性。

2. 需求拉动论

施莫克勒（Schmookler，1966）在《发明和经济增长》一书中提出技术创新的市场需求拉动理论，该理论认为技术创新主要受到市场需求的利润驱使，市场需求引导和制约技术创新。同其他经济活动一样，发明活动是利润导向型的经济活动。技术创新方向和规模应该围绕市场需求进行，市场为技术创新提供构思来源和创新指引，该理论本质上属于“需求拉动论”。

3. 供需决定论

罗森伯格（Rosenberg，1976）则认为技术创新的技术推动说和市场拉动说均过于偏激，创新活动是由两者合力共同决定。市场需求决定创新回报和创新收益，技术则决定技术创新可行性和创新成本，两者相互作用、相互影响，共同对技术创新起作用。技术创新是科技发展推动和市场需求拉动的综合作用结果，是技术可能性与市场机会平衡作用的产物。克莱恩（Klein，1976）在罗森伯格的供需决定论基础上提出技术创新过程的链环－回路模型（Chain－linked Model），系统阐释市场需求和科学知识在技术创新阶段中的关系。

4. 技术范式技术轨道模式

英国学者多西（Dosi，1982）提出技术创新的技术范式技术轨道模式。他认为创新会引起观念的模式化，这会导致解决技术问题时形成技术范式，通过排他性影响研究领域和研究问题。作为解决技术问题的一种模式，如果技术范式长期固定则会固化为技术轨道。企业从事技术创新活动并不是漫无目的地搜索技术知识和使用各种外部知识，在技术规范和技术轨道作用下，位于特定社会技术系统和拥有特定的人力资本使得企业只能发现、解决特定的技术问题，并评估可得的外部知识，持续创新沿着已有创新基础和技术范式技术轨道不断进行。技术创新的技术范式技术轨道模式使得企业在市场上拥有与其他企业不同的专业化竞争优势。

5. 社会需求－资源（N－R）关系模式

日本学者斋藤优（1984）提出技术创新的社会需要－资源（N－R）关系模式，他认为社会需要产生新产品需求或新技术需求，但是现存社会资源无法满足某种技术或者新产品需求时，也即社会需要（N）与社会资源（R）之间缺口越大，技术创新的动力就会越大。具体机制如下：企业家作为技术创新主体，从社会需要与社会资源关系中挖掘创新需求，抓住技术创新机遇，然后拟定技术创新行动方案，对标创新目标和满足社会需要，筹集创新资源。可见 N－R 关系下的技术创新动力机制本质是解决社会需要与社会资源之间矛盾、缩小社会需要与社会资源之间差距以及协调社会需要与社会资源关系的动态过程。

2.1.2.4 技术创新模型

1. 阿罗模型

创新激励问题也即市场结构与创新关系问题是产业组织领域争论最为激烈的话题之一，关注焦点是垄断市场有利于创新还是竞争市场更有利于创新。

阿罗于 1962 年分析了市场结构与创新激励关系问题，对比竞争市场环境下采用新工艺带来的潜在收益与垄断市场环境下采用新工艺带来的潜在收益。研究结果表明，竞争型市场结构下的创新激励高于垄断型市场结构下的创新激励。

垄断既会导致静态福利损失，还会延缓技术进步。如图 2－1 所示，假设创新导致成本大幅度下降，行业需求曲线为 DD，使用新工艺之前的单位成本为 CC（常数），使用新工艺后的单位成本降为 C′C′。在创新发生之前，垄断行业按照边际收益等于边际成本进行定价和确定产量，即为 P_m 和 Q_m，得到 P_mABP_c 表示的利润，竞争行业按照 Pc = C 进行定价，得到零利润。由于采用大幅度降低成本的创新，单位成本线由 CC 向下移至 C′C′。

创新者通过收取特许使用费获取创新利润，对竞争性行业按照每单位产出收取 r 标准，故创新后的竞争价格为 $P' = r + C'$，它必须低于 C，否则厂商不愿意购买此项创新成果。为了使创新收益最大化也即 P′EGC′面积最大，最终选择会把厂量限制在边际收益 MR 等于 C′C′，此时 $r = r^*$，创新收益实现最大化，竞争性行业的均衡价格为 P′，支付给创新者的费用为 P′EGC′。如果创新成本小于 P′EGC′代表的创新收益，就会有产业外的企业家进行创新投资。

对于垄断产业创新激励问题，假设创新者向垄断行业收取一次性总付特许使用费，因为按照每单位产出收取单位使用费会使得垄断厂商限制产量。在垄断环境下，创新者能够收取最大一次性总付特许使用费为垄断厂商在采纳创新后的利润与采纳创新前的利润之差。采纳创新之前，垄断厂商将价格定位在 P_m，均衡产量为 Q_m，获取 P_mABP_c 面积表示的利润；采纳创新之后，垄断厂商将价格定位在 P′，均衡产量为 Q_c，获取 P′EGC′面积表示的利润，此时创新者获取最大创新收益等于 $P'EGC' - P_mABP_c$，也即垄断厂商获取的全部利润增加值。

对于竞争性行业获取的创新收益，创新者在垄断性行业获取的创新收益明显小于竞争性行业获取的创新收益，毕竟 $P'EGC' - P_mABP_c$ 小于 P′EGC′。创新者在竞争性行业下只要创新成本小于 P′EGC′就可以从事创新，但在垄断行业下只有其创新成本小于 $P'EGC' - P_mABP_c$ 才愿意从事创新，故竞争性行业的创新激励高于垄断型行业的创新激励，创新者可以从竞争性行业获取全部创新收益，但在垄断性行业却不能全部获取创新带来的收益，竞争性市场相比垄断型市场更能诱导和激励创新活动的开展。

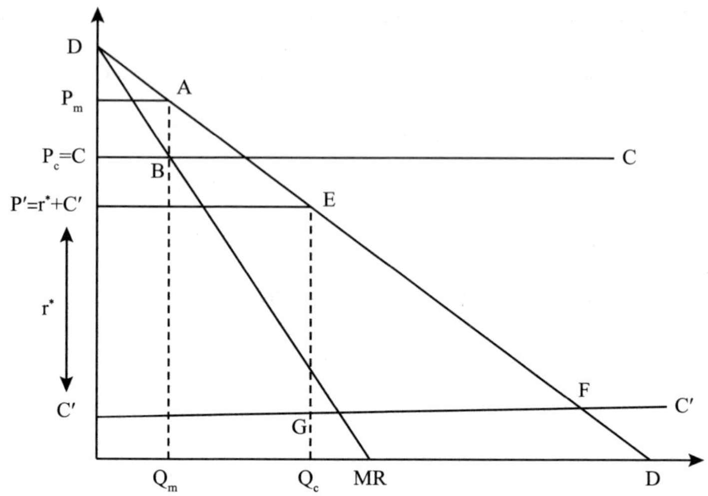

图 2－1　创新导致大幅度成本下降情形

以上分析的是创新导致成本大幅度下降，如果创新导致成本中小幅度下降会是什么样情况呢？阿罗同样做了分析，如图 2－2 所示。对于产生小幅度成本下降的创新而言，成本曲线从 CC 小幅度下移至 C′C′，其移动幅度小于图 2－1。

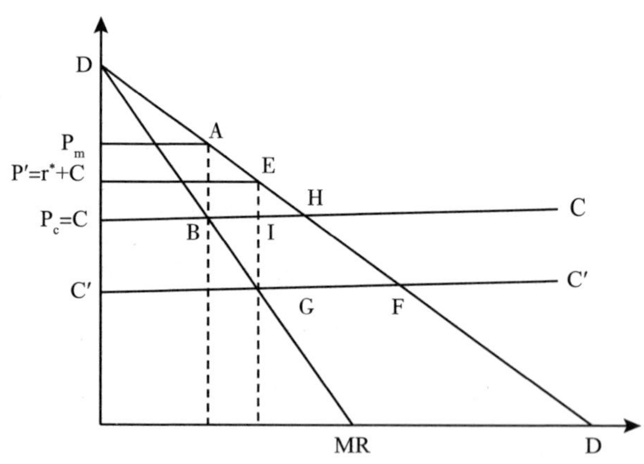

图 2－2　创新导致小幅度成本下降情形

对于竞争性行业，创新者可以获取最高特许使用费为面积 $M = P_cHFC'$；对于垄断性行业，采纳创新前垄断厂商可以获取最大利润为 $N = P_mABP_c$，采纳创新后垄断厂商需要支付 $O - N$，其中 $O = P'EIC'$。与竞争性行业相比，垄断行业给创新者的激励较少，原因在于：O 可以拆分成两部分，一部分为 $P'EIP_c$，另一部分为 P_cIGC'，$P'EIP_c$ 小于 P_mABP_c（N），P_cIGC' 小于 P_cHFC'。$P_cHFC' - (P'EIC' - P_mABP_c) = (P_cHFC' - P_cIGC') + (P_mABP_c - P'EIP_c) > 0$。由此可见，竞争条件下的创新激励在小幅度成本下降的创新情形中仍然高于垄断条件下的创新激励。

2. 德姆塞茨模型

德姆塞茨（Demsetz，1969）认为阿罗无视垄断与竞争这两种市场环境下的均衡产出差异问题，一般而言垄断市场环境下产出小于竞争市场环境下产出。另外，阿罗忽视产生市场势力的创新者可以在不同类型市场上对特许权使用费实施差别化定价。

在图 2－3 中，德姆塞茨认为 MR 是竞争性行业面临的需求曲线，DD 是垄断性行业面临的需求曲线，在任何价格水平下，垄断行业需求是竞争行业需求的两倍。给定不变的单位成本线，在竞争性行业下创新者确定 P′C′，使得 $C' = MR_c$，创新者得到总特许权使用费收入为面积 P′vwC′部分。在垄断性行业下，D 为垄断需求曲线，创新者向垄断厂商收取 P′yxC′减去 PtuC 面积的一次性总付特许权使用费，从图中明显看出面积 vyxw 大于 PtuC。由此可见垄断的创新激励高于竞争的创新激励，垄断者创新激励更大，垄断不仅没有抑制创新还会促进创新。

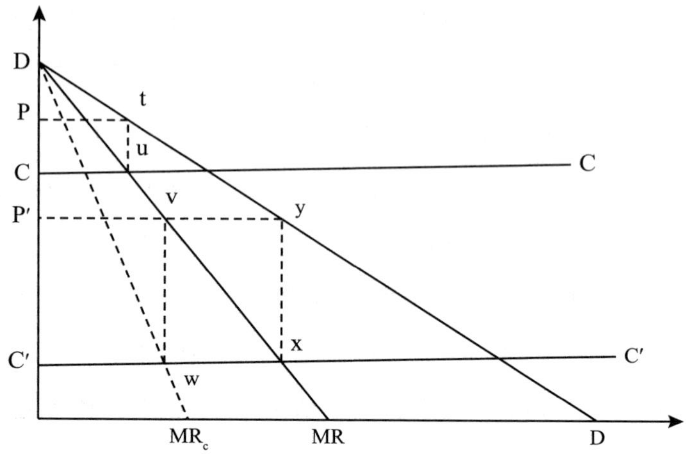

图 2－3 德姆塞茨对创新激励认识

2.2 关于科技服务业集聚与制造业技术创新的研究动态

2.2.1 知识密集型服务业与制造业技术创新

2.2.1.1 理论研究

科技服务业源于知识服务业，后来逐渐演变为知识密集型服务业。在国外，没有科技服务业这一专业称谓和特有名词。科技服务业的源头是知识服务业，随后被纳入知识密集型服务业范畴。丹尼尔·贝尔（Daniel Bell，1974）最早提出知识服务业这一概念，他认为在后工业社会知识将取代传统要素的主导地位，科学和技术日益重要，理论知识居于中心地位，社会重点将转向提供知识的服务业，由此奠定知识服务业的社会地位。随后知识服务业逐渐演变为知识密集型服务业（Knowledge-intensive Business Services），简称为 KIBS。KIBS 概念最早由迈尔斯（Miles，1994）提出，他认为知识密集型服务业是依赖专业知识为基础向社会提供与知识相关的中间品行业，不以私人消费为目的，主要组织形式是私营公司和组织。

从国外研究来看，作为知识密集型服务业的重要组成部分，科技服务业对创新的影响被归入知识密集型服务业与创新关系研究中。关于知识密集型服务业与创新的关系，理论研究大多表明知识密集型服务业对创新发展具有积极作用。基布尔和纳次姆（Keeble & Nachum，2002）认为知识密集型服务业集聚主要通过创新互动式学习氛围和创新环境推动企业创新升级。西米和施特兰巴赫（Simmie & Strambach，2006）认为知识密集型服务业主要通过知识分工、知识转移和知识溢出，促进所在地区制造业升级和经济发展。弗朗西斯科（Francisco，2007）认为知识密集型服务业创新影响是通过服务主体与服务客体之间显性知识与隐性知识的交互作用得以实现，他以技术促进中心为例，认为其是知识密集型服务的供给者，为客户提供广泛而多样的专业化功能服务。

在理论上，知识密集型服务业充当知识需求者、知识供给者和知识转移者角色，具有知识、创新和集聚三个维度，它对制造业创新活动产生积极影响（Muller & Doloreux，2009）。杜拉克和沃兹曼（Drucker & Wartzman，2010）认为知识密集型服务业在国家创新体系中，不仅发挥创新桥梁与载体作用，还充当创新源和创新推动者角色，健全知识密集型服务业体系有助于企业技术创新。梅特卡夫和米尔斯（Metcalfe & Miles，2012）认为服务业中有很多行业属于知识密集型，本身技术水平和创新性较高，对技术创新和技术进步作用较大。

阿斯凯宁（Asikainen，2015）认为知识密集型服务业通过促进科技成果转化进而推动企业创新。魏江（Jiang Wei，2016）使用投入产出法，发现制造业创新与知识密集型服务投入存在紧密相关，高技术制造业对研发服务、信息服务等技术型服务需求更高，知识密集型服务业不仅是知识资源的协同生产者，还是知识的扩散者和传播者，在创新网络体系中发挥重要作用。西里亚奇等（Ciriaci et al.，2016）从垂直整合视角分析知识密集型服务业对制造业部门的渗透。作为知识来源和转移者的知识密集型服务业影响各产业绩效、价值链和集群，以往知识密集型服务业满足制造业最终需求的贡献被低估，知识密集型服务业在欧洲很多国家的垂直整合度大大增加。

胡太山（Hu Tai - Shan，2017）指出累积性互动使得制造企业等客户增加了知识密集型服务需求，推动了多种专业化知识密集型服务业部门规模化发展。知识密集型服务业逐渐从最初的知识转移者转变为对客户有重要影响力的共生伙伴者。赛克伦和巴鲁蒂亚（Seclen & Barrutia，2018）认为知识密集型服务业创新促进作用存在企业规模差异，知识密集型服务业通过填补小企业知识和技术缺口推动小企业创新成长，知识密集型服务业通过增进大企业掌握知识技术形成机理而促进大企业创新成长。希姆和多洛雷丝（Shearmur & Doloreux，2019）认为知识密集型服务业不仅以知识中介者身份参与创新过程，同时也以知识创新者身份介入创新过程；知识密集型服务业这两种创新参与身份随创新类型和客户特征而发生变化，但不随地理环境发生改变。布拉斯查（Bustinza，2019）认为制造企业产品服务创新受益于与知识密集型服务企业之间的战略伙伴关系，通过风险外部化和知识共享，制造商可以从中享受服务。

2.2.1.2 实证研究

实证研究大多支持知识密集型服务业具有积极的创新促进作用。莫法特（Moffat，1995）将知识密集型服务业提供给制造企业的服务直接予以量化，结果证实知识密集型服务业对制造企业绩效发展具有积极效力。赫斯伯格等（Hershberg et al.，2007）认为在全球化环境中，企业竞争力和城市繁荣兴衰取决于技术活力和创新能力培育。在新加坡，知识密集型服务业对技术创新和经济发展发挥重要作用。罗德里格斯等（Rodriguez et al.，2008）研究了知识密集型服务业对知识扩散的作用，使用投入产出表发现高技术服务中间消费在欧洲增长迅速，以及其研发支出强度加大，最终转化为产品密集研发扩散；相比国内中间消费，高技术服务的进口中间消费扩散研发作用更大，进口可以弥补国内较低的研发支出强度。尼可莱塔等（Nicoletta et al.，2009）强调知识密集型服务业是区域创新网络的关键节点，它为制造业生产活动提供知识密集型中间投入，他以意大利 Lombardy 地区为例，认为知识密集型服务需要根据产业集群特点提供不同知识服务，产业集聚类型影响到知识密集型服务业发展路径和集聚特征。

马斯沃多（Mas－Verdú，2011）通过投入产出联系，估计知识密集型服务业对西班牙创新驱动力的贡献，知识密集型服务业每增长1%，其创新贡献将会超过2%，验证知识密集型服务业是创新创造和传播的一个关键部门，表明知识密集型服务业作为创新生产系统促进剂的重要性。科罗谢等（Corrocher et al.，2014）基于欧洲地区经验观察，得出知识密集型服务业在创新系统中扮演重要角色，其提供的高度专业化知识和技术是制造业竞争力的重要来源，创新表现欠缺地区往往也是知识密集型服务业稀缺地区。奇里亚奇等（Ciriaci et al.，

2015）以垂直一体化概念为基础，基于跨国面板数据研究发现制造业创新绩效来自知识密集型服务业的知识转移。魏江和周多（Wei J & Zhou D，2016）基于投入产出法研究表明 KIBS 不仅对制造业发挥创新的协同生产者角色，还同时充当知识的传播者。

萨维奇（Savic，2016）以英国米德兰为例，肯定中小型知识密集型服务企业在后工业时期扮演的重要角色，它对趋于衰落的制造业和公共服务业提供不少支持性服务。坎普等（Kamp et al.，2017）使用投入产出法，以西班牙巴斯克地区为例，指出知识密集型服务业使用量与产业销售额、出口等绩效密切正相关，产业政策需要大力推进制造业与知识密集型服务业融合互动发展。安东尼奥利等（Antonioli et al.，2020）使用投入产出法，以欧盟国家为例，指出知识密集型服务业是经济系统竞争力和产业间联系的重要来源，它满足了制造业生产需求和创新所需，影响了欧盟各国产业结构和制造业整合。哈康松等（Haakonsson et al.，2020）以中国风电行业创新追赶为例，证实来自欧洲知识密集型服务供应商有限促进了中国风电行业关键核心技术追赶，侧面反映新兴国家可以通过知识密集型服务业获取知识和推动组织变革。

知识密集型服务业的积极创新作用并没有得到所有学者认可。苗佐和格里姆肖（Miozzo & Grimshaw，2005）指出知识密集型服务业与制造企业可能存在目标冲突，前者追求利润最大化，后者谋求成本最小化，双方目标非一致和目标冲突可能会削弱客户企业尤其是制造企业的创新能力。卡斯塔尔迪（Castaldi，2009）认为规模密集和以科学为基础的产业仍然是知识和技术的根本来源，他使用转移共享模型得出欧洲知识密集型服务业对生产率增长乏力，以及对生产率有负向转移影响。达里亚等（Daria et al.，2015）发现知识密集型服务业未能很好地促进制造业创新，主要原因在于缺乏促进机制，未来需要加大知识密集型服务业与制造业之间的交流与联系，实现垂直关联与纵向整合。泰克西拉和桑托斯（Teixeira & Santos，2016）指出知识密集型服务企业相比制造业企业更加依赖外部科学信息来源，以及开放创新相对知识密集型服务企业创新绩效更为重要。阿马拉等（Amara et al.，2016）则进一步指出，如果未能区别知识密集型服务企业与制造业企业之间的区别，很可能陷入创新资源配置的低效率境地。

有些学者则认为知识密集型服务业的积极创新作用存在一定的适用条件，例如取决于相关资源支撑、知识特征、禀赋基础、空间位置等。博克特等（Bocquet et al.，2016）认为，只有知识密集型服务业创新水平提高，方能发挥对制造业发展的推动作用。乔安娜（Joanna，2017）指出，对于新加入欧盟地区的成员国而言，受限于本国人力资本水平、知识经济研发强度、人均收入等经济禀赋制约，新欧盟成员国家知识密集型服务业出口竞争力较弱，也未能对制造业等其他产业产生预期贡献。胡特山等（Hu T S et al.，2018）研究结果表明，知识密集型服务业主要通过显性知识和混合知识与制造企业等客户进行知识交流，以显性知识交流和混合知识交流为主的企业能够很好地与客户增强技术创新联系和知识管理，但以隐性知识交流为主的知识密集型服务企业较少，也未能发挥对客户先进技术应用的促进贡献。布鲁诺等（Brunow et al.，2019）研究发现，知识密集型服务业经济绩效有赖于与客户、供应商等主体密切空间交互和知识交流，故需要保持与市场、客户和供应商地理邻近，这反映出知识密集型服务业的空间位置将会影响其绩效发挥。

2.2.2 科技服务业与制造业技术创新

科技服务业是中国特有提法和专业词汇，具有鲜明的“中国特色”和“中国模式”，国外并无此专门提法。就科技服务业与产业创新关系而言，现有国内研究基本肯定科技服务业在创新驱动发展中的作用。

在理论研究方面，韩霞（2008）认为科技服务通过信息沟通、资源整合、组织协调、提供专业化增值服务和加速技术转移和成果转化等功能推动科技创新可持续发展。张文红等（2010）认为与众多科技服务组织的广泛联系将有助于获取稀缺的创新资源和异质性知识，从而促进制造业企业创新竞争力增强。孟庆敏等（2012）在开放式创新环境下，基于知识转移理论论证科技服务业对制造业创新能力提升的重要性，信息不对称、知识传授、知识搜寻和知识吸收是影响科技服务业知识转移效果的重要因素。张萃（2017）基于产业发展演进视角，从机理上总结高技术服务业对工业企业创新影响机理，在成长期高技术服务业单向促进工业企业创新，在调整期高技术服务业抑制创新，在成熟期高技术服务业与工业企业表现为双向互动、交相嵌入的协同创新关系。

在实证研究方面，沈蕾和靳礼伟（2015）利用专利系数法具体测算科技服务业与制造业的双向技术融合以及对产业升级的影响，使用灰色关联分析法发现科技服务业相对制造业渗透更高，制造业对科技服务业的依赖高于科技服务业对制造业的依赖，发现两者融合有利于制造业转型升级和结构优化。张萃（2016）基于中国省际面板数据使用负二项模型研究发现，高技术服务业促进了本地工业企业创新，外地高技术服务业对本地工业企业技术升级具有“U”型关系，各地区需要构建高技术服务网络协同提高工业企业技术创新能力。

史安娜和潘志慧（2018）使用共生模型测度长江经济带知识密集型服务业与高技术制造业的共生水平及其特征，结果表明长江经济带两大产业逐步走向互惠共生，且两大产业还能够对周边区域形成扩散和辐射带动作用。杨慧力等（2018）研究发现科技服务业主要通过科技创新能力、集聚和人力资本积累进而对制造业核心竞争力和生产率产生积极影响，基于中介效应模型也证实三种作用路径的存在。王鹏和郑靖宇（2018）基于科技服务功能视角和空间计量模型使用，发现科技服务效率能够促进产业结构升级和企业内部技术升级，科技研发服务效率和科技扩散服务效率的技术升级影响具有异质性效应。

也有学者通过实证研究发现科技服务业发展并未如愿以偿促进创新提升。张萃（2018）研究发现高技术服务业对企业内部研发存在挤出效应，尤其在高技术服务业发展水平较低的区域这种挤出效应和替代关系表现尤为明显，主要原因在于高技术服务业投资回报率低和创新资源有限。高舒锐和孟卫东（2019）采用复合系统协同度测度高技术制造业与科技服务业的创新协同度，结果表明两大产业创新协同度整体水平较低，但呈现稳步上升的积极态势。陈如洁等（2019）在科学测度我国各区域科技服务业发展水平基础上检验科技服务业对制造业升级的影响，发现只有在经济发展水平适度的中部地区科技服务业才对制造业生产率产生正向影响。

2.2.3 科技服务业集聚与制造业技术创新

2.2.3.1 生产性服务业集聚与制造业技术创新

早期科技服务业集聚与制造业技术创新关系研究是被包含在生产

性服务业集聚与制造业技术创新关系研究之中，生产性服务业集聚对制造业技术创新的影响又可以分为两个方面：首先，以生产率或全要素生产率作为技术创新的近似衡量和表征，通过研究生产性服务业集聚对制造业生产率的影响从而反映生产性服务业集聚与制造业技术创新的关系；其次，以专利、新产品等指标替代生产率作为技术创新的衡量变量，直接研究生产性服务业集聚与技术创新之间的关系。

就上述第 1 种情况也即生产性服务业集聚对制造业生产率影响而言，现有学者大部分肯定生产性服务业集聚对制造业生产率的积极影响。因为生产率同生产技术、技术创新密切相关，所以研究生产性服务业集聚对生产率的影响能够在一定程度上反映生产性服务业集聚的创新作用。丹尼尔斯（Daniels，1995）认为生产性服务业集聚主要通过分工、专业化、降低中间环节成本促进制造业生产率提升。亨德里克斯（Hendriks，1999）认为生产性服务业集聚改善了信息获取渠道，促进知识获取和知识共享，缓解信息不对称问题，提高产业运行效率。基布尔和纳次姆（Keeble & Nachum，2002）认为生产性服务业集聚主要通过集体式学习与创新过程提高制造业等产业效率。德斯米特和法肯姆普斯（Desmet & Fafchamps，2005）认为生产性服务业集聚主要通过交易成本降低和创新激励等渠道正向影响制造业绩效改善。

伍德（Wood，2006）认为生产性服务业发展的集聚趋势明显，集聚能促进咨询、会计、营销等企业之间合作和交流，有利于技术传播和技术扩散，有利于应对外部不利冲击，从而促进制造业等产业增长和技术扩散效率提高。赵和郑（Zhao & Zheng，2012）通过建立贸易成本模型研究发现生产性服务业集聚通过贸易成本改善促进制造业集聚和技术进步，这在技术密集型制造业表现尤为明显，相比之下在劳动密集型和资本密集型制造业表现较弱。库蒂尔（Couture，2015）认为生产性服务业集聚为制造企业创造近距离获取知识外溢的机会和途径，从而促进制造业技术进步和生产率提高。拉纳斯帕等（Lanaspa et al.，2016）基于垂直关联模型认为生产性服务业容易与制造业形成产业协同集聚，两大产业协同定位有利于提升经济活力和制造业效率。

国内学者顾乃华等（2006）从专业化分工视角解释生产性服务业促进制造业生产率提升机制。冯泰文（2009）利用中介效应模型发现降低交易成本是生产性服务业提高制造业生产效率的主要渠道和路径，但制造成本中介效应不明显。盛丰（2014）认为生产性服务业集聚可以从竞争效应、专业化效应、学习效应、规模经济效应等渠道促进制造业升级，实证研究结果证实生产性服务业集聚的生产率促进效应。刘烨和刘伯凡（2016）基于城市群角度分析生产性服务业与制造业协同集聚对制造业生产率的影响，结果表明加大两大产业协同定位和合理布局有利于制造业效率改善。

陈菲等（2017）利用省级层面数据从生产成本和创新能力两个渠道分析生产性服务业作用制造业效率提升机制。宣烨和余泳泽（2017）从集聚模式和微观企业层面探讨生产性服务业集聚与制造业企业生产率之间关系，结果表明生产性服务业多样化集聚更有利于制造业效率增进。刘奕等（2017）基于成本剩余和收益剩余，详细总结生产性服务业集聚对制造业升级的传导机制和空间耦合关联。吴远仁等（2019）研究表明整体上高端服务业集聚与工业升级两者具有正相关关系，但在区域层面这种促进作用的发挥需要以高端服务业集聚发展到一定程度为前提。

随着空间计量技术发展，空间效应逐渐被纳入研究框架，一些学者从空间交互影响视角研究生产性服务业集聚对制造业效率影响。余泳泽（2016）研究发现生产性服务业集聚不仅可以改善当地制造业效率，还可以通过空间溢出渠道提升外地制造业效率。程中华等（2017）从空间外部性视角验证本地生产性服务业集聚不仅可以提高本区域工业生产效率，还可以通过空间溢出效应促进邻近区域工业生产效率提升，但存在距离衰减边界。

然而，生产性服务业集聚对制造业生产率的正面影响并没有得到所有学者认可。威廉姆森（Williamson，1965）认为产业集聚在一定限度内有利于效率提升，一旦超过限度值就会引发集聚不经济，阻碍效率提升和经济增长。在经济发展初期，集聚带来的收益大于集聚造成的损失，但随着经济进一步发展和集聚度进一步提高，集聚的拥挤效应逐渐占据主导地位，两者关系表现为倒“U”型。亨德森（Hendson，1974，1986）就指出产业集聚既可能产生集聚效应，也可能带来要素价格上涨、交通拥挤、环境恶化、过度竞争等拥挤效应，同质化竞争问题严重，一旦拥挤效应超过集聚效应，则产业集聚不利于经济增长和产业效率提升。安德森（Andersson，2004）甚至发现生产性服务业集聚未能推动制造业生产率提升，两者之间并不存在正相关关系。

类似结论也得到一些国内学者研究证实。张浩然（2015）认为不应该片面强调生产性服务业集聚发展，生产性服务业集聚的生产率促进效应要受到行业和城市规模的双重制约。于斌斌（2017）研究发现低端生产性服务业集聚未能促进制造业效率提高。黎日荣和周政（2017）在市辖区层面发现生产性服务业集聚抑制制造业企业生产率，原因主要在于生产性服务业集聚发展引起土地、劳动力等要素价格上涨，进而挤出制造业。

就上述第 2 种情况也即直接研究生产性服务业集聚对区域或产业技术创新而言，很长一段时间学者们大多关注制造业的创新活动，而对服务业的创新功能考察较少。直到格谢尼等（Gershuny et al.，1983）和巴拉斯（Barras，1986）有关服务创新理论出现，以及服务经济时代到来，学者逐渐关注和加强服务业的创新效应问题研究。德布瑞森（Debresson，1998）认为服务业具有无形性、易逝性、与客户交流密切等行业特征，因此服务业创新拥有自身的创新属性和特点。特瑟（Tether，2005）基于欧洲企业调查认为与制造业创新活动相比，服务业创新往往是“软创新”，不仅有内部正式的研发活动，还有与供应商、客户、中介机构等外部节点交流带来的创新活动。

随后大部分学者将服务业创新作用进一步聚焦到生产性服务业领域。贝伦斯等（Behrens et al.，2014）认为生产性服务业集聚通过吸引研发创新资源和促进创新要素自由流动进而促进制造业创新发展。杨等（Yang et al.，2018）不仅肯定生产性服务业对制造业生产率增长的积极贡献，还从服务空间范围考察生产性服务业对制造业企业运营的影响。基于企业层面经验研究表明，制造业企业生产率不仅受到本地生产性服务投入影响，还会受到异地生产性服务辐射，空间关系将会影响两大产业互动。

有学者深入集聚模式探讨生产性服务业的创新影响。任杨俊等（Ren Yangjun et al.，2019）结合绿色发展理念，使用空间计量模型探讨集聚模式与绿色效率之间关系，研究发现生产性服务业专业化集聚不利于本地绿色经济效率改善，且其空间溢出效应为负；生产性服务业多样化集聚则改善了绿色经济效率。谢仁等（Xie R et al.，2019）基于空间经济理论和集聚经济理论，以中国城市为样本使用空间杜宾模型分析生产性服务业两种集聚模式对绿色经济效率的影响效应，结果显示两种集聚模式均能促进绿色经济效率提高，但是土地财政削弱了生产性服务业集聚模式的绿色经济效应。

有关生产性服务业集聚对技术创新的积极影响同样受到国内研究关注。王铁山等（2015）从影响作用路径和影响作用机制两个层面揭示生产性集聚对区域创新的影响机理。何守超和陈斐（2017）研究表明生产性服务业集聚有利于区域创新发展，且存在较为明显的行业异质性和区域异质性特征。原毅军和郭然（2018）研究发现生产性服务业集聚有力促进了制造业技术创新，但存在明显的行业异质性和区域异质性。吕荣杰等（2019）结合协同创新与环境规制的背景，探讨生产性服务业集聚如何影响技术转移，结果显示生产性服务业集聚促进了协同创新进，从而正向影响到技术转移，其间环境规制发挥重要的正向调节作用。

有学者从协同集聚层面展开创新探讨。刘胜等（2019）研究表明生产性服务业与制造业协同集聚主要通过降低企业交易成本、强化企业研发创新激励和提供灵活的企业进入退出机制来推动制造业企业技术创新开展。陈子真等（2019）研究表明两者协同集聚不仅有利于本地区创新水平提升，还有利于邻近城市创新能力提高。曾庆均等（2019）得出生产性服务业集聚与区域创新效率均具有明显的空间自相关性，两者存在非对称和非平衡的相互作用。

有学者从集聚模式和集聚类型分析对制造业创新的影响。吉亚辉和杨倩妮（2017）研究结果表明生产性服务业集聚模式均对创新带来正向溢出效应，其中，专业化集聚主要促进科技创新，多样化集聚主要促进制度创新。曹聪丽和陈宪（2017）研究结果表明生产性服务业集聚和公共服务业集聚推动城市技术进步，但消费性服务业集聚的技术进步效应未能显现。刘明等（2018）研究结果表明两种生产性服务业集聚模式均能促进区域创新，且多样化集聚的创新影响更大。杨仁发和包佳敏（2019）研究表明生产性服务业专业化集聚和多样化集聚均能推动城市创新发展，但存在明显的区域异质性影响。

2.2.3.2 科技服务业集聚与制造业技术创新

集聚是科技服务业发展过程中呈现的重要空间特征，有学者基于空间布局视角开展科技服务业的创新效应研究。王晓红（2006）提出培育科技产业集群是建设区域创新体系的重要切入点，总结美国、德国、日本等发达国家以及印度等发展中国家在科技服务业产业集群方面的成功运作经验，对我国科技服务业集群发展具有很强的借鉴价值。张振刚（2013）等以珠三角地区为样本，基于空间计量模型实证研究发现科技服务业产业规模、服务水平和信息化均有利于区域创新能力提升，还会通过空间外溢带动周边邻近区域创新能力提高。

张琴等（2015）从知识技术溢出、竞争效应与协同效应归纳科技服务业集聚对制造业创新升级的影响机理，并得到实证研究支持。刘媛等（2016）等详细总结出中国科技服务业集聚发展的五种代表模式，这些各具特色的集聚模式在企业技术创新中发挥适宜性作用。韦文求等（2016）基于对比视角得出科技服务业集聚有利于促进制造业转型升级和产品科技含量提升。司增绰等（2017）以江苏为例，证实科技服务业集聚有利于制造业发展，未来需要利用相关政策进一步提高科技服务业集聚度。

朱文涛等（2017）利用中国省域为样本，基于集聚视角使用空间杜宾模型研究科技服务业集聚对区域创新能力的影响，发现本土效应为正而空间溢出效应为负。李晓龙等（2017）基于省际高技术产业面板数据，应用空间杜宾模型实证得出科技服务业集聚对高技术产业创新效率存在积极促进作用，还会通过空间溢出渠道对周边地区高技术产业创新绩效产生正外部性。谢臻等（2018）基于知识生产函数和AK生产模型，发现科技服务业集聚与区域创新能力存在双向互动影响，且前者对后者的影响要更大一些，科技服务业集聚与区域创新能力呈现非对称影响效应。齐芮和祁明（2018）使用空间模型研究得出科技服务业集聚对当地和周围地区工业生产率提升均具有积极影响，比较而言，科技服务业集聚对当地工业生产效率的促进作用更大。秦松松等（2019）研究表明科技服务业专业化集聚不利于本地创新能力改善，有利于异地创新能力提升；科技服务业多样化集聚有利于本地创新能力改善，不利于异地创新能力提升。

2.3　国内外文献述评

2.3.1　国内外研究的重要成果

现有国内外文献就知识密集型服务业和科技服务业创新影响研究已经取得一定研究成果。

第一，就理论研究而言，既有知识密集型服务业对制造业创新影响的机理研究较为丰富，主要体现为：①知识密集型服务业通过自身的外部知识源推动制造业创新；②来自制造业知识密集型服务的需求拉动制造业创新能力；③知识密集型服务业扮演知识技术供给者和知识技术需求者的创新中介角色（创新经纪人），促进制造业创新成长；④知识密集型服务业与用户的交互作用和互动学习推动制造业创新；

⑤知识密集型服务业以创新合作者身份影响制造业创新；⑥知识密集型服务业以知识创造者身份积极作用制造业创新绩效。

有关知识密集型服务业的研究已经充分注意到它不仅是创新的使用者和传播者，更是重要的创新产生地。现有科技服务业对制造业技术创新作用机理主要从科技服务功能、知识转移等直接影响作用加以探讨。

第二，就实证研究而言，既有知识密集型服务业相关研究主要以美国、英国、意大利、法国、德国、西班牙等发达国家为例，多在宏观经济层面关注知识密集型服务业对国家和区域创新能力的作用和影响，原因在于这些国家知识密集型服务业发展迅速，在创新网络中扮演着越来越重要的角色。研究样本主要以企业调查数据、国家样本数据为主，研究方法主要以调查数据、案例分析为基础，以图表等统计分析为主。有关科技服务业实证研究主要以直接影响效应为主，基于中国省域为样本进行经验分析，多集中在宏观层面，研究方法既有统计分析，也有不少计量研究。

2.3.2 国内外研究的不足

虽然国内外研究已经就知识密集型服务业和科技服务业创新影响研究取得一定成果，但依然存在不足和可拓展之处。

第一，针对特定行业的知识密集型服务业创新影响研究需要进一步探讨。对知识密集型服务业总量层面分析易产生“一刀切”问题，研究过于粗放，不利于因行业施策和有的放矢，有些知识密集型服务业与创新关联较弱，很可能导致某些知识密集型服务业发展趋于无效，针对特定行业的创新影响研究有待深入探讨。

现有研究虽然意识到知识密集型服务业的创新作用，但对于一些与制造业创新紧密相关的特定服务行业例如科技服务业相关理论研究总体来说较少，特别是科技服务业集聚影响制造业技术创新作用机理的相关研究偏少，少部分文献过度沿用生产性服务业集聚或制造业集聚研究范式分析科技服务业集聚创新作用机理，未能很好地回答科技服务业集聚如何促进制造业更多技术创新问题。

第二，既有知识密集型服务业和科技服务业实证研究样本多集中在跨国、州、省域等偏大空间单元。中国有些省份比欧洲很多国家还要大，省际间距离大部分超过具有空间依赖关系的地理范围，以省级面板数据进行经验研究相对而言空间尺度偏大，容易导致难以精确把握集聚与创新之间影响关系。

第三，现有知识密集型服务业和科技服务业实证研究覆盖面有限，经验证据不够。既有国内外在科技服务业集聚对制造业技术创新的影响效应研究方面，多数从区域和国家层面进行分析，较少从计量研究层面切入至微观制造业企业领域和制造业细分行业领域，可谓重宏观、轻微观、少中观，缺少科技服务业集聚对微观层面和中观层面制造业创新影响的经验证据。

2.3.3 本书拟深入探讨的几个方面

因此，结合已有国内外研究重要成果和研究不足，本书主要从以下几个方面深入分析科技服务业集聚对制造业技术创新的影响。

第一，针对知识密集型服务业分析未深度考虑行业异质性，以及科技服务业与制造业技术创新研究偏少问题，研究科技服务业集聚对制造业技术创新的影响，而非对囊括制造业和服务业在内的一般企业以及区域创新的影响，拓展科技服务业集聚研究的行业情境。因此，从研究对象来说，将制造业技术创新作为研究对象更具有靶向性，也具有一定的新颖性。

第二，针对影响机理研究偏少问题，通过借鉴相关经济理论和管理理论努力完善科技服务业集聚对制造业创新驱动发展的影响机理，回答科技服务业集聚如何能使制造业产生更多技术创新，在企业层面丰富科技服务业集聚影响制造业技术创新的直接影响，在产业层面和区域层面增添科技服务业集聚影响制造业技术创新的间接影响，力图在企业层面、产业层面和区域层面构建科技服务业集聚对制造业技术创新的影响机理框架，以弥补现有相关文献对影响机理分析的不足。

第三，针对现有区域研究基于省域数据的空间尺度偏大问题，将科技服务业集聚和制造业技术创新的区域空间载体下沉至细粒度空间层面——城市，更为精确地反映科技服务业集聚的创新功能，增强研究的可信度。经验表明，产业集聚体现在一个较小的空间范围内资源和要素不断集中的过程和状态，地理范围越小越有利于显示产业集聚现象和捕捉产业集聚的经济效应特征。

第四，针对微观实证和中观实证研究薄弱问题，对科技服务业集聚的创新效应研究涉及企业层面和产业层面，以此弥补科技服务业集聚创新影响研究在微观企业层面和中观产业层面的不足，研究内容包括科技服务业集聚与制造业企业技术创新行为关系，以及科技服务业集聚与制造业自主研发之间关系分析，做到宏观和微观研究相结合。本书研究为科技服务业集聚促进制造业技术创新提供来自企业和产业等层面的经验证据，以此克服单一层面研究的不足，保证研究结果的可靠性。

3　科技服务业集聚影响制造业技术创新的机理分析

本章将从企业层面、产业层面和区域层面三维领域分别归纳科技服务业集聚影响制造业技术创新的具体机理，分别代表从微观、中观与宏观三个方面阐述科技服务业集聚推动制造业技术创新的内在作用机制，这将有助于厘清两者之间内在关系，也为后续企业层面、产业层面和区域层面的实证研究提供理论依据。

3.1　企业层面

资源基础理论源于企业成长理论，该理论认为资源是企业竞争优势的源泉（Penrose，1959）。随后，沃纳菲尔特（Wernerfelt，1984）正式提出资源基础理论（Resource-based Theory，RBT），进一步强调难以模仿的异质性资源是企业创新竞争优势的源泉。巴内（Barney，1991）、彼得瑞夫（Peteraf，1993）、克鲁克（Crook，2008）进一步发展 RBT 理论，认为不同资源和要素以企业为载体发挥竞争优势，持续竞争优势源自企业优越的资源禀赋，它包括核心技术、信息、产品、资产、人力资源、能力、组织过程等。

根据资源基础观理论，组织是各种独特资源组合的集合体，不同组织持有的资源存在一定的差异性，异质性资源是组织绩效系统性差异的重要来源。因此，异质性资源是企业竞争力维持和差异化竞争优势的重要来源，有利于企业知识学习和知识存量积累，难以被竞争对手模仿、复制和替代，具有战略性意义，这种资源可以是以有形形式而存在，也可以是以无形形式而存在。任何组织不可能拥有发展所需的全部资源，需要通过与外界交流和合作汲取外部资源，维持自身生存和发展。

科技服务业集聚汇聚了科技服务资源，形成技术、信息、人才和关系等资源蓄水池和汇聚地，将区外分散资源集聚到区内，增加有价值、难以模仿和替代的异质性资源总量，提高创新资源的使用效率，打造创新服务系统和科技服务生态系统，拓宽制造业企业外部创新资源范围，为制造业企业创新发展提供源源不断的创意资源与外部良好环境，通过资源补充为制造业持续性竞争优势维持提供坚实支撑。

创新活动充满高风险性和不确定性，快速变化的产品升级换代使得创新主体不得不寻求外部援助，对异质性资源的依赖和要求越来越高。竞争压力加剧和技术发展轨迹非连续性驱使制造企业从科技服务业等外部合作主体和外部交流渠道跨组织跨边界搜寻技术创新所需的异质性资源，在此基础上开发形成企业特殊资源，巩固企业长期竞争优势。具体来说，科技服务业集聚式发展从以下几个方面为制造业企业创新活动开展提供丰富的异质性资源，弥补制造业企业创新资源不足，概括如图 3－1 所示。

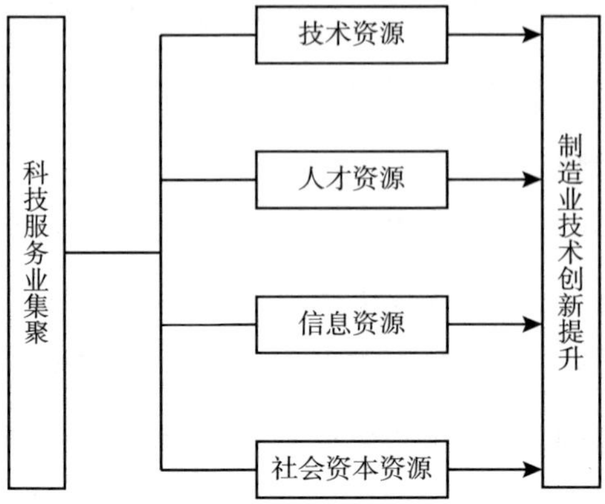

图 3－1　科技服务业集聚对制造业技术创新的直接影响：企业层面

在企业层面，科技服务业集聚汇聚的异质性资源直接助推制造业企业创新活力和创新强度，具体体现在以下几个方面。

3.1.1　技术资源

技术服务与专业服务是科技服务业的生存之本。技术密集型是科技服务业的重要特征之一，根据科技服务业服务功能，可将其分为科技研发服务业和科技扩散服务业。

科技研发服务业主要从事创新生产活动的科技成果研发，侧重创新链的前端活动，以研发与设计服务（R&D）活动为主，是技术创新的主要承担者和创新生产者之一，体现生产技术成果能力，着重科技创新。通过企业间技术转移和研发外包，直接为制造业企业创新生产提供技术开发服务和发挥创新引擎角色，可以承担制造业企业研发外包服务，帮助制造业企业突破技术约束，为企业直接提供新产品、新技术和新理念，增加制造企业产品技术含量和提高制造业产业附加值。例如，我国很多国家级检验检测高技术服务业集聚区是检验检测等技术研究的生产地和供给地，可直接为制造业企业提供检验检测等技术资源。

科技扩散服务业主要从事科技成果产业化服务，以科技成果转化服务、科技中介服务、专业技术服务、技术转让交易服务为代表，是技术扩散与技术推广的主要组织者之一，体现技术成果现实生产力转化水平，也是技术的推广者和传播者，连接创新供需双方的桥梁者和中介者，能够缓释和破解企业技术创新成果转化难等市场瓶颈问题（王鹏等，2018）。例如，位于北京中关村科技园的科威国际技术转移有限公司是最早从事国际技术转移和技术商品化的专业科技服务企业，企业主要关注生物化工、节能环保、医疗器械等技术领域，帮助国内制造业企业获取急需先进技术，促进企业成本降低和产品技术含量提高。

因此，科技服务业集聚能够为制造业企业直接提供创新生产活动所需的技术研发资源和技术产业化服务资源。这些技术资源帮助制造企业克服原有技术轨道下的“单一化”和“天花板”问题，有效降低技术变迁日新月异下的技术不确定性风险和创新投资沉没风险，提高制造业企业创新能力（Guardo et al.，2007）。

3.1.2 人才资源

人力资本是一国经济长期可持续增长的引擎，人才是制约中国产业技术升级的重要因素，也是创新驱动的核心要素和最具主观能动性的个体。科技服务业集聚催生对高技能、高技术人才的巨大需求，对高素质高技能劳动力具有很大吸引力，新增就业岗位对劳动者素质技能的要求会倒逼全社会人力资本供给侧结构性改革，从而提高全体人力资本存量和高级人才供给能力。此外，经过科技服务企业培育和积累的劳动力倾向于拥有较强的自主学习能力、岗位切换能力、团队协作能力、自我表达能力，以及专业从业技能、人际交往能力、沟通表达等社交能力和高适应能力，增强了在不同产业之间流动的能力（文丰安，2018）。

因此，科技服务业集聚将会直接为现代服务业发展和制造业转型升级带来技能娴熟、经验丰富、知识型、技术型、技能型、创新型劳动从业者等人力资本和智力资本积累效应，为制造业技术创新活动开展提供高素质创新人才“蓄水池”和高质量人力资本池，缓解因人才短缺带来的创新阻碍问题。作为高端服务业的重要组成部分，科技服务业集聚发展将会为制造业等产业培育难以被技术要素替代的团队协作、沟通表达、社交能力、自我表达等具有相当人格魅力的人力资本特质品格（盛卫燕，2019；Deming，2017），为中国制造业高质量发展提供稳定且符合用工需求的员工队伍，为制造业企业便利获取创新性人才提供铺垫，这将有利于制造业企业创新活动开展和创新绩效改善。

3.1.3 信息资源

信息不对称是制约创新投资的重要影响因素。科技服务业集聚区存在科技中介服务业，它能够更好地捕捉创新信息和把握市场供需行情，通过科技市场咨询等专业服务敏捷感知动态变化的市场需求，快速获取客户需求、市场商机、用户反馈、消费者偏好、同业者与竞争者等信息，实时反馈和帮助制造业企业推出与需求特征相匹配的本地化创新产品与服务。

在充满风险和不确定的动荡市场环境里，科技中介服务业指引制造企业敏锐捕捉发展机会，打破企业创新活动的信息孤岛和数据烟囱问题掣肘，唤醒企业创新意识和创新活力，增强企业市场感知度和创新运作弹性，使制造企业研发创新更具目的性和针对性，帮助企业把握研发创新的关键时机和理性预测创新风险，建立适合市场需求和消费者偏好的创新生产体系。

大量研究表明，创新信息获取与企业创新绩效之间表现为正相关关系（Van de Ven，1986）。科技服务业集聚带来的前沿市场信息资源助力企业识别潜在商业机会，挖掘市场空白和发现市场机会，减少创新过程中的市场不确定性，提高企业创新机会识别能力，降低创新投入重复性和研发行为盲目性，降低信息不对称程度和交易成本，增强对外部不确定冲击的稳定能力和预测能力，实现创新合作、信息共享、资源整合、分摊研发成本、降低研发风险和资源浪费，提高创新活动的预期收益率，强化制造业企业从事研发活动的动机和偏好。

此外，科技服务业集聚发展能够培育出品牌型科技服务机构，这些机构具有高声誉的“声誉鉴证”功能和“光环效应”，能快速降低外部投资者、社会公众、政府等对制造业企业的信息不对称程度，提高企业有效信息披露程度，加快外部市场主体了解制造业企业生产经营信息和未来发展前景，引导外部投资者加大对企业进行投资和创新支持，改善企业融资约束，从而促进技术创新。正因为如此，科技服务业集聚为制造业企业带来丰富而精准的信息资源，直接改善制造业企业技术创新绩效。

3.1.4 社会资本资源

随着专业化分工和市场化程度提高，科技服务业逐渐从制造业中分离和独立出来，其服务对象不仅仅局限于已有制造业企业，而是扩大至所有生产者和市场主体。因此，科技服务业位于大量企业、组织和产业的交集处，充当了创新系统的重要节点和重要媒介，拥有广泛的社会网络资源，实现了对创新要素和创新资源的联结，渗透至不同资源网络中，拥有丰富的社会关系和社会经验（Wolpert，2002）。科技服务业拥有的强大社会资本资源可以跨行业、跨组织、跨部门、跨所有制、跨区域整合和升级科技创新资源，极大拓展了跨组织、跨地理和跨知识边界。

集聚发展使得科技服务业深嵌在跨行业跨部门社会关系网络中，这种社会嵌入性容易构建以科技服务业为核心的社会资源网络，由此推动企业间资源分享、信息共享、发展机会共享，引导制造业企业进入异质性社会关系网络和提高制造企业社会资本能力，促使制造企业更加关注本行业以外的外部市场主体，发展商业关系，有利于制造业企业整合企业内外部和行业内外部资源，形成跨组织、交互式的合作网络，促进制造业企业创新潜能提升（Howells，2006）。

科技服务业集聚发展可以培育一批讲规范、重信誉、大品牌、高知名度和强技术能力的高资信等级科技服务龙头企业和知名科技服务机构。它们占据技术市场网络中心节点位置，拥有其他经济主体所没有的社会资源和市场影响力，链接其他主体的数量更多和强度更大，处于网络的权利中心，具有调动跨组织边界关键资源的能力，容易引起媒体、分析师等信息中介的关注，引发社会关注度的上升，具备积累社会关系资源的能力（华冬芳等，2019）。这些具有较强社会资本资源的科技服务龙头企业通过自身的“关系租金”、“关系圈子”、政策资源、社会关系为制造企业搭建资源获取通道。

依据信号传递理论与社会认同理论，一些高声誉科技服务企业的“声誉鉴证”功能、品牌商标和“认证作用”等驰名商标缓解了外部利益相关者和客户对制造业企业内部信息的认知局限，将制造企业嵌入社会关系网络组织，提高市场对制造企业及其创新产品的认同度，向市场传递企业经营绩效良好和潜力十足的信号。

以信号机制和正面报道为制造企业进行信任背书，促进制造业企业获取更多外部资源和提升社会网络位置，唤起积极的社会认同感，缓解信息不对称，降低从外部获取资源的成本和市场开拓难度，弥补自身知识短板和资源有限约束，进而促进制造业企业研发创新（Sah et al.，1986）。例如，江苏省技术产权交易中心汇聚了技术供给方、技术需求方、技术监管方、高校、研究机构等多种市场主体在内的社会关系网络，为本省很多制造业企业提供丰富的社会资本资源。

技术创新是一项资源高消耗、投资周期长、收益外溢性的行为，企业无法完全依靠自我力量从事创新活动，迫切需要从外部汲取资源。因此，科技服务业集聚发展为制造业企业提供技术资源、人才资源、信息资源与社会资本资源等异质性资源，这些资源通常是制造企业不具备的。它是制造业企业从事创新的智囊团，由此实现外部资源补缺制造企业资源空白，形成内外部资源整合下的资源优化配置、资源更新和资源协同发展格局，继而创造出全新的创新资源与服务资源，它是企业形成不可复制、无法模仿、差异性竞争优势的关键驱动因素之一。

这将有利于双方互惠共生、优势互补、取长补短，有利于为制造企业发展把诊问脉和出智出力，有利于制造业企业增强技术知识优势，提高应对技术环境变化的快速应变能力，不断汲取和提炼前沿技术与专业知识，打破自身技术、人才、信息、社会资本等资源禀赋约束和内部资源缺陷。借助科技服务业集聚的异质性资源突破企业组织边界，解决发展中的创新难题，弥补自身创新能力不足和生产效率低下缺陷，是制造业企业创新动能提升的重要外部渠道。

3.2 产业层面

根据产业关联理论，科技服务业和制造业属于上下游产业关系，以中间投入和中间产出发生经济联系，以中间品的运动来实现，科技服务业可以通过产业关联的中间品供需作用促进制造业创新发展，如图3-2所示。

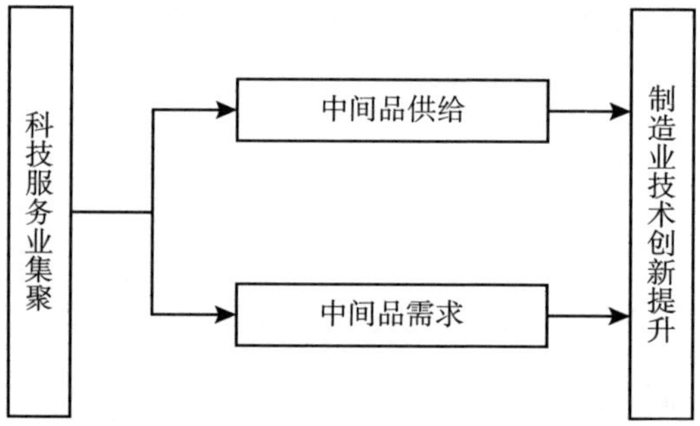

图3-2　科技服务业集聚对制造业技术创新的间接影响：产业层面

3.2.1 中间品供给

根据存在形态，中间品可以分为实物型中间品（中间制造品）和服务型中间品（中间服务品），前者如零部件、机器设备等，后者如运输服务、金融服务、电信服务等。发达国家制造业竞争力高度依赖服务型中间品投入，随着中国经济由工业经济迈向服务经济，服务业及其服务型中间品必将在中国经济高质量发展和现代化经济体系中扮演重要角色。

在前向产业关联下，科技服务业是以中间品和生产资料供给者角色出现，对于下游制造业而言属于服务供应商，制造业是科技服务业的客户和消费者，通过需求拉动为科技服务业提供可持续发展的市场空间。随着经济全球化、竞争白热化、产业转型升级等，制造业发展对科技服务现实需求与潜在需求大增，制造业是科技服务业的价值体现所在和价值实现载体。

在前向产业关联作用下，科技服务业作为创新要素进入制造业生产过程，将科技服务业先进技术、前沿知识、信息、高级人力资本导入制造业创新生产函数，体现制造业投入服务化，但它又不同于一般或者普通服务投入。科技服务业的高技术复杂度、高价值增值能力和高创新性决定它有特殊性一面，反映了制造业中间投入科技服务要素的嵌入深度。

科技服务业集聚能够增加科技服务供给规模，扩大科技服务种类，丰富科技服务产品内容，通过提升科技服务质量、降低科技服务价格、优化市场结构等科技服务中间品供给能力效应助推下游制造业综合竞争力提升和创新发展。

第一，增加和优化国内科技服务要素供给总量和结构。集聚使得科技服务业发展具有规模经济和范围经济，推动科技服务业专业化生产，实现规模经济，催生服务标准化和服务综合化。处于同一地理空间内的科技服务业能够共享基础设施、推动内部专业化分工与合作，提高科技服务与实体经济和技术创新的耦合度和协调度。科技服务业集聚促进市场供给主体多样化，扩大科技服务业生产规模和供给规模，使得制造业容易获取专业化、技术化、复杂化的服务要素，中小企业也可以从中受益，便捷制造企业科技服务可获得性，缓解服务供给不足与滞后问题。

第二，提高科技服务等中间品供给质量。在科技服务业集聚和集群内，同业竞争高度激烈，优胜劣汰驱使科技服务企业为提高市场份额和利润空间，纷纷采取各种手段提高服务质量和丰富服务内容，淘汰低效率或者无效率的科技服务企业，优胜劣汰的选择功能无形中提高了科技服务供给端质量。

而高质量科技服务供给满足国内日益增长的制造业转型升级发展需求，改善制造业企业生产活动要素组合结构与方式，增加要素组合中科技要素比例，减少对非熟练劳动力需求和使用，加快高级生产要素对传统生产要素的替代，服务要素对实物要素的替代，创新要素对非创新要素的替代，实现要素投入结构调整，为下游制造业生产率和技术创新提供了高质量的服务中间产品和形成差异化竞争优势来源（Romer，1990）。

第三，丰富了科技服务供给种类。科技服务业集聚下的专业化与分工细化能够为制造业创新绩效改善提供更多新模式、新业态和高技术的科技服务投入，科技服务业新模式、新业态、新产品得以引进、推广和使用。例如，科技服务业集聚可以提供科技孵化、科技金融、数字科技、创业孵化、知识产权、科技咨询、研发设计等多种服务，推动本地区服务业跨越式发展和制造业高质量发展。

一般而言，中间品种类与数量越丰富，企业的生产率越高。中间产品种类与企业全要素生产率和技术创新能力正相关（Topalova et al.，

2014)。通过上游、中游、下游的价值链延伸，科技服务业集聚能够为制造业提供种类多样、丰富异质的科技服务中间投入品，促进行业生产结构变革，提高制造业创新能力。

第四，降低科技服务供给成本和供给价格。科技服务业集聚增加科技服务供给总量和供给规模，在科技服务需求稳定的前提下，促进科技服务供给价格和成本加成率下降。集聚外部性研究表明科技服务业集聚区通过共享专业化要素投入、共享劳动力市场、共享基础设施建设和运营、共享专业化服务等共享效应，降低科技服务生产成本、供给成本和供给价格。科技服务业集聚还可以通过“距离效应”缩短制造业搜寻适宜科技服务时间成本，间接降低科技服务供给成本和供给价格（张烁珣等，2019）。

科技服务供给成本和供给价格的下降，一方面扩大国内科技服务需求市场，降低对国外高技术服务进口依赖，导致国内中间品替代进口中间品，提高制造业出口国内附加值和利润，为制造业从事高风险高投入的研发创新投资提供物质基础和资金实力（Grossman et al.，1991）；另一方面也更好地满足制造业创新驱动发展需求，减少对国外高端技术和高端服务的进口依存度，有效应对诸如中美贸易摩擦等外部供应链冲击，有利于构建自主可控和分工协作的高端服务供应链和紧密联系国内供应网络，降低对国外尤其是发达国家核心服务型中间品的过度依赖，保障国内服务型中间品的自给率和生产服务配套体系，增强服务供应链的国内替代能力，提高全球产业链和价值链分工地位，俘获产品附加值能力，改善较低的出口产品国内附加值率（DVAR），从而促进制造业创新绩效改善。

第五，科技服务业集聚能够降低中间品市场势力和谈判势力，优化市场结构，进而正向影响制造业研发创新。中国市场化改革具有非对称和非均衡性，存在“上游垄断，下游竞争”现象。集聚使得区内科技服务企业发展面临较强的竞争压力，科技服务产品之间的替代选择越来越多。充分竞争迫使位于制造业上游的科技服务业谈判势力和市场势力被削弱，无法操纵科技服务等核心中间投入品价格和数量，无法通过过度攫取下游制造业利润获得超额收益，使得下游制造业所受上游垄断抑制作用得到减弱。

从生产供应链来看，科技服务业集聚优化上游行业竞争格局和竞争结构，强化市场竞争，避免行业过度集中引发中间品垄断并阻碍下游制造业研发创新活动顺利开展（Bourles，2013）。

3.2.2 中间品需求

科技服务业不仅是制造业的中间服务投入，也会创造需求基于后向产业关联带动制造业技术创新能力提升，也即科技服务业基于制造型中间品需求而对上游制造业产生技术创新绩效影响。此时，科技服务业是客户和消费者，是制造业下游部门，通过中间品需求为制造业创新发展创造强劲的内在需求动力和较为广阔的市场空间，由此带动制造业技术创新能力提升。

第一，科技服务业集聚基于需求规模拉动制造业技术创新。服务业与制造业相辅相成，互为供需关系，不仅服务业以中间投入方式和中间品供给向制造业渗透，同样制造业也为服务业发展提供物质载体、活动平台和技术支持，制造业中有一部分产出以中间产品形式进入服务业服务提供过程，以实物型中间品投入等产业关联方式支持服务业发展。

鲍恩（Bowen，1989）指出制造业为服务业自动化、信息化提供物质设备支持。服务业提供服务活动的仪器设备来自制造业，作为知识与技术密集型产业的科技服务业急需交通运输设备、精密仪器、通用专用设备、电气机械品、核心元器件、计算机及网络硬件等信息通信技术（ICT）制造产品，为科技服务业的高度专业化服务提供物质基础与技术手段，这些先进设备和仪器事关科技服务业服务效率与服务精度，是科技服务业提高创新能力的重要物质保障（钱龙等，2019）。

例如，科技孵化服务需要实验室、车间、先进仪器设备等，检验检测认证服务需要高精度检测设备，从而催生高技术制造产品需求，拉动技术密集型制造业创新发展。所以，科技服务业集聚也催生对制造业的中间需求，促进上游制造业创新规模化生产和规模经济优势发挥。

由此可见，科技服务业集聚发展的中间品需求规模分摊制造业产品创新成本和创新风险，提高研发预期收益率，不断扩大的创新收益将会弥补较多的创新成本，进而有利于制造业创新绩效改善。可以说，随着科技服务业集聚规模扩大，不断增加对制造业创新产品需求规模，从需求端带动制造业创新水平提升。

第二，科技服务业集聚基于需求结构改善制造业技术创新。科技服务业属于知识密集型和技术密集型产业，对先进制造业、高端制造业和技术密集型制造业需求量较大。科技服务业集聚催生对高端制造业和先进制造业的巨大市场需求，有利于推动制造业结构由劳动密集型向资本技术密集型方向转变，引导资源和要素流向高端制造业，促进制造业结构高端化和升级化，释放结构红利，由此驱动制造业生产率增长和创新绩效改善（Pender，2003）。例如我国很多国家级检验检测高技术服务业集聚基地能够带动仪器设备研发制造，从而能够优化制造业产业结构，推动其技术创新发展。

总之，科技服务业集聚能够基于产业关联的中间品供给和中间品需求对制造业技术创新水平产生积极影响。

3.3 区域层面

集聚也需要依托一定的空间场所。在区域层面，科技服务业集聚通过专业化分工效应、知识溢出效应、吸引外资效应和空间溢出效应等间接影响制造业技术创新，如图 3－3 所示。

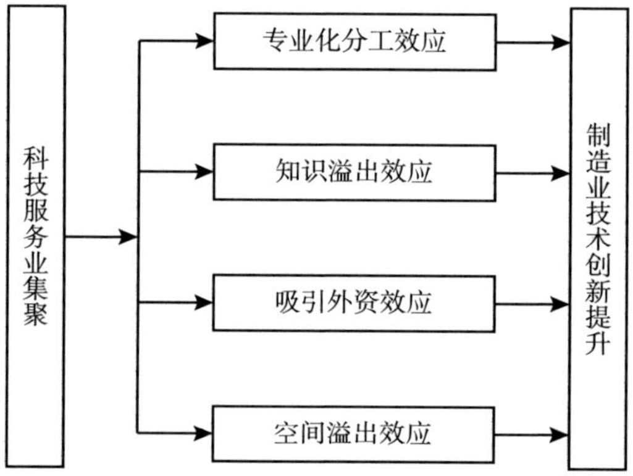

图 3－3　科技服务业集聚对制造业技术创新的间接影响：区域层面

3.3.1　专业化分工效应

集聚是分工的空间组织形态（梁琦，2004）。一般而言，分工和专业化会导致生产中间环节增多，生产链变长，生产结构复杂度提高，生产迂回程度提升，产业技术创新能力和劳动生产率提升（Michaels et al. , 2012）。而科技服务业集聚能够推进区域产业生产专业化，促进区域产业间、产业内分工细化和专业化生产，推动本区域产业合理分工协作，进而积极作用区域制造业技术创新。

第一，提高了区域制造业专业化和分工水平，降低制造业专用性资产投资，促进制造业价值链升级和创新能力提升。科技服务业集聚能够扩大科技服务供给规模，丰富科技服务供给种类，提升科技服务质量和降低科技服务价格，驱使所在区域制造企业重新优化资源与生产要素配置，将企业不擅长的非核心服务外包给专业化、市场化、社会化科技服务企业。一些自营服务部门的减少和撤销减少了非核心职能部门设置，降低了企业内部各部门之间的协调成本与运行成本，部门间扯皮、推诿现象得到减少，优化了资本、劳动力、人力资本等要素组合与配置结构，企业组织结构和业务流程得以革新，改善了资源错配程度，促进企业轻装上阵。

“归核化”使得制造业企业得以瘦身，生产更加“精细化”，改变制造企业生产方式与生产组织形式，降低企业生产成本和交易成本，增加企业生产灵活性，有助于制造业管理机制创新、运行模式优化、发展战略动态调整、商业模式创新和业务流程再造。“归核化”还可以减少制造业企业内部资源错配和误配程度，增强创新意识，驱使制造企业聚焦最核心、最具竞争环节培育，注重发展主营产品，专注优势产品研发和生产，加强核心技术升级，避免非主营业务项目和无关联性经营项目过度扩张和过度投资，助力企业精耕主业，有利于企业核心竞争力优势形成和巩固。波特（1985）指出企业创新与生产率提升来源于主营业务聚焦和培育，故在与竞争对手博弈和满足市场需求方面表现出较强的竞争优势。

第二，提高区域科技服务业专业化和分工水平，促进科技服务业效率提升和制造业创新绩效改善。科技服务业集聚引致的科技服务价格下降促进制造业加大服务外包，进一步增加制造业对科技服务的市场需求，有利于科技服务业实现规模报酬递增，独立化的科技服务业通过规模经济提升科技服务效率和水平，为科技服务业产业内分工细化和专业化水平提升提供坚实的市场基础和需求拉动，有利于嵌入社会分工协作网络，有利于科技服务业多主体发展、市场细分与创新业态涌现。

另外，市场规模扩大也为科技服务业以及制造业投资提供较高回报创造了更多可能和机会，有助于吸引各类投资主体竞相进入科技服务行业，通过提供专业化服务获取经济收益，从制造业企业内部职能部门独立出来的科技服务业能够在更高视野和层面谋划自身发展。

3.3.2 知识溢出效应

知识溢出需要区域内存在产业集聚现象作为产生条件。科技服务业集聚可以通过知识溢出效应间接促进区域制造业创新能力提升。

第一，科技服务业集聚促进对技术创新更有利的隐性知识、非编码知识和默会知识流动与溢出。集聚则为知识尤其对创新具有重要促进作用的隐性知识和非编码知识传播和交流提供便利土壤。集聚是创新的源泉和载体，新技术、新思想更容易在集聚区健康成长。新经济地理学认为知识溢出具有地理边界和空间约束性。知识技术远距离传播存在扭曲、衰减和时滞问题，知识穿街过道式传播相比跨海过陆式传播更加容易和有效（Glaeser et al.，1992），知识难以脱离特定地域情境而存在，具有很强的空间根植性和高度氛围性。因此，知识溢出是一个地方现象和局域现象。

根据可编码性，知识主要分为显性知识（编码知识）和隐性知识（非编码知识），显性知识能够以报纸、网络、广播等手段进行远距离、低成本线上传播，以较低成本扩散，受到地理距离限制较少。而隐性知识具有专用性、集聚性和黏滞性，带有高度个性化特征、复杂空间黏性和根植于个体的事实，难以编码化和显性化，难以通过报纸等传统手段传播，转移和扩散的成本和难度较大。

隐性知识属于复杂知识，随着地理距离增加，隐性知识传播信息损耗和衰减逐渐加重，难以跨时空共享。隐性知识具有缄默性和抽象性，需要通过言传身教、面对面交流、耳濡目染等方式才能解锁隐藏在编码符号后的创意想法与灵感思维，方能增强复杂环境下双方的信任沟通机制，这对地理邻近性条件和特定地域情境提出很高要求。知识基础观认为，潜移默化学习的隐性知识是企业核心竞争力和竞争优势的核心（Teece，1998）。

科技服务业集聚则为知识尤其对创新具有重要促进作用的隐性知识和非编码知识传播和交流提供便利土壤。在科技服务业集聚区内，各类科技服务企业可以方便地相互学习和借鉴科学管理经验，集体学习氛围更有利于激励学习热情和斗志，方可领悟原创性知识价值，知识交流和技术联系更加密切和频繁，实现非编码知识的交互和传递。大量科技服务企业地理邻近有利于对技术创新更有用的隐性知识与缄默知识等“软信息”交流与传播。

隐性知识是决定创新成功的核心知识。科技服务业具有高技术、高创新、高知识含量等产业特征，因此科技服务业集聚容易带来较多隐性知识的知识溢出效应，提高科技服务企业以及制造企业等各类企业的技术创新收益。借助知识溢出效应，制造业企业能够降低创新成本和研发风险，减少创新试错成本，节约知识搜索成本和交易成本，缓解创新过程中的信息不对称问题，减少市场交易成本、信息搜寻成本和学习成本，确保创新活动的可持续性开展，提高后发优势和后发学习能力，获取区内黏性知识，加快对先进技术与前沿技术的创新追赶。

第二，科技服务业专业化集聚与多样化集聚的知识溢出效应促进制造业技术创新能力提升。科技服务业集聚主要有专业化集聚与多样化集聚两种模式，前者反映同一产业内不同企业集聚，后者反映不同产业内企业间集聚。科技服务业专业化集聚能够产生 MAR 外部性，有利于推动同行业企业交流和沟通，MAR 外部性下同行业知识具有相似技术背景和行业同质性，知识溢出障碍少，也易于传播和标准化，产业的秘密弥散在空气中，能够推动包括制造业在内的全社会创新发展（Marshall，1890；Arrow，1962；Romer，1986）。

另外，科技服务业根植于区域产业之中，科技服务业集聚往往与制造业集聚如影相随。科技服务业集聚还会引致相关产业集聚，并不只表现为单一产业的地理集中。因此，科技服务业集聚还会吸引产业链上的上下游企业入驻，产生多样化集聚，由此带来跨行业的 Jacobs 外部性，与其他产业的协同集聚推动产业间和企业间异质性知识和互补性知识的交流，冲破既有知识惯性和既定思维限制，多样化集聚环境为创新提供广泛的异质性知识、宽广的知识面、多元化问题解决方案、集体式学习过程和多维创新决策思考角度。

多样化集聚下科技服务企业与制造企业通过技术学习、经济交易、知识共享等方式发生创新外溢，丰富多样知识与技术的沟通，组织开展跨组织跨层次的交互学习，推进多样性、互补性知识资源库形成。这种跨界、融合、创新让科技服务业与制造业等各个行业领域进行深度融合，冲击原有的知识体系，有利于信息、知识等资源交换、交叉融合和推陈出新。技术知识多元化带来多维思想碰撞和创新想法自由交换，丰富企业知识库，完备企业知识体系，加深理解不同情境下的知识资源，激发企业创新灵感和创新思维，拓宽创新资源获取路径，构筑组织创新优势（Jacobs，1969）。

可见，无论是科技服务业专业化集聚还是多样化集聚，均可加强企业间交流和沟通，能产生知识技术溢出（于斌斌，2017），并通过集聚区内创新服务网络得到强化。借助科技服务业专业化集聚以及由此带来的多样化集聚技术外部性，由此形成的公共知识池为制造业企业创新思路打开、创意灵感激发、学习机会增多与创新源泉获取提供机遇，降低包括制造业企业在内的各类企业创新成本、创新风险和创新复杂性，提高集聚收益，从而推动制造业生产率提升和技术水平提高。

第三，科技服务业集聚通过人才积累和人才流动产生知识溢出。科技服务业属于技术和知识密集型行业，是人力资本的重要载体，对高素质劳动力需求较大，能够吸聚大量高技能劳动力、高素质人才和创新创业人才，产生人力资本外部性。其集聚带来的高级劳动力蓄水池可以为制造业企业提供大量高技术高技能劳动力和创新创业型人才等人力资本支持，节约制造业企业人力资本培训成本，提高制造企业相似劳动岗位人职匹配概率和劳动生产率，有利于改善劳动力质量结构，推动人口红利由数量型向质量型方向转变，加快人力资本积累，从而为制造业创新活动开展提供创新源、人才泵和思想库支持。

另外，科技服务业与制造业存在紧密的经济技术联系，科技服务业就业人员比较容易跳槽至制造业企业，或者科技服务业从业人员可以自行创新创业，将科技服务业管理经验、先进技术和服务理念带入制造企业。通过促进高素质人才跨职业、跨企业、跨产业、跨部门流动，成就劳动者和管理者多元化的思维结构、广阔的社会视野、丰富的显性隐性社会资源和更全面的综合工作技能，培养出拥有较强的应变能力、跨界学习能力和创新冒险意识的复合型人才，活跃员工创新思维和付出创新努力，这将助力制造业创新能力提升。

第四，科技服务业集聚具有知识溢出动机激励。根据溢出动机，可将知识溢出分为无意识的知识溢出和有意识的知识溢出，前者是被迫的和非自愿的，知识溢出方不情愿但又难以避免，属于外生溢出。有意识的知识溢出是主动有意识的和自愿的，知识溢出方愿意其他企业获取它们的知识和技术，属于内生溢出。

有意识知识技术溢出往往发生在具有上下游关系或者具有互补关系的产业间。科技服务业与制造业分属不同产业，居于产业链不同环节，属于供应链上具有上下游关系的利益共同体与命运共同体，互补性强，产业合作大于产业竞争，知识交流距离适度。

基于供应链整体绩效考虑，科技服务业往往对制造厂商进行智力支持、技术援助、产品创新与管理经验传授（Blomström et al.，1998）。制造产品质量提高和技术提升会增加对科技服务型中间产品需求，进而为科技服务业带来收益和利润，这与水平内技术溢出下可能损失企业创新租金有所不同。

上下游产业关联下制造企业与科技服务企业具有更大的利益链接，互补性强，目标一致，合作空间广阔，具有唇亡齿寒的依附关系，能够满足科技服务企业创新激励兼容，破除制造业企业学习壁垒和科技服务企业技术溢出障碍，巩固垂直产业链的整体盈利能力，驱使制造企业与科技服务企业加入合作生产序列。因此，集聚下的科技服务企业具有向制造业企业知识溢出的激励动机，为制造业企业带来产品质量提高、科学管理、技术创新等积极变化。

3.3.3 吸引外资效应

集聚是外资区位选择的重要影响因子（Dunning，1977）。集聚通过规模报酬递增、知识和技术中心距离形成对外资流入的强力磁场，不断吸引外商直接投资（FDI）流入和跨国公司投资。史密斯等（Smith et al.，1994）基于美国经验研究，表明集聚经济是吸引 FDI 的关键决定因素。科技服务业集聚为吸引外资尤其是高水平外资提供了先决条件，以往主要靠资源禀赋要素比较优势吸引外资逐渐让位于产业集群和相关配套产业。

现阶段，中国经济发展已经进入新常态，正在由高速度增长阶段转向高质量发展阶段，吸引外资由大规模引进向高水平引进转变。高水平外资流入对东道国现代服务业配套产业体系要求较高，作为现代服务业的重要组成部分——科技服务业是制造业高质量增长的必要条件。

科技服务业集聚发展能够增加科技服务业 FDI 流入，吸引更多更好更强外资科技服务企业入驻集聚区。对于制造业 FDI 而言，通过科技服务业集聚发展，一定程度上解决了制造业高水平外资进入的生产性服务和相关产业配套短缺问题，降低对外投资成本。科技服务业集聚为中国高质量吸引制造业和服务业外资提供高水平平台和载体，对外资具有比较强烈的吸引力。

科技服务业集聚促进外资流入，而外资流入将会通过示范模仿效应、竞争效应、人员流动效应、产业关联效应促进引入外资区域制造业技术创新绩效改善。外资的创新绩效改善效应已经得到大量理论研究和实证研究认可。

第一，示范模仿效应。FDI 会给东道国带来先进机器设备、境内无法提供的中间品、资金、科学技术、管理理念、生产经验等一揽子生产要素。外资企业相对于本土企业，一般而言拥有更先进的生产技术、科学管理经验、市场营销策略和国际化程度，这为本土企业提供了示范模仿对象。

外资为本土低技术企业提供更多了解全球技术前沿的机会和窗口，通过观察和接触外资企业，在“看中学”“干中学”过程中推动本土企业学习、复制、模仿外企经营方式、管理技巧、专利策略、经营理念、营销技能和技术创新，低成本或者免费获取对方非专利性科学知识和信息，带动东道国相关产业升级和创新绩效提高。

第二，竞争效应。大量外资企业进入东道国市场，将会在同行业增加市场竞争主体，打破既有的市场平衡格局，冲破单一的国内经济垄断格局，增加东道国企业危机感和生存压力，提高行业竞争激烈程度。开放下的鲶鱼效应倒逼本土企业开展技术变革和研发创新，加大技术积累和创新投入，不断提高产品质量和服务水平，防止被外资挤出市场，确保并扩大自身的市场地位。竞争机制下的优胜劣汰效应是创新的驱动力，由此带动本土企业创新能力提升和经营绩效改善。

第三，人才流动效应。外资企业一般拥有良好的员工培训体制、充满吸引力的工资福利待遇，以及优秀的企业文化和科学的运营管理制度，往往在东道国推行本地化发展战略，就地雇佣当地劳动者并对其进行开发和培训，将人力资本内生于本土劳动者身上。一旦这些在外企工作的本土劳动人员与国内同行业进行非正式交流、跳槽和自我创业，将会把外企技术管理等知识有意识或无意识地转移至本土企业和相关人员，本土从业人员工作技能和管理能力将得到提高。另外，人员流动还是知识流动和技术传播的重要载体，能够显著带动本土企业管理能力提升和技术进步（Blomström，1986）。

第四，产业关联效应。外企一旦进入东道国市场，需要就地采购原材料和中间品，同时也需要当地产品终端市场支持企业产品市场价值实现。换言之，外资进入通过产业关联，对与之联系的上下游产业技术进步产生影响，驱使后者改进原有技术体系（Kneller et al.，2007），主要包括 FDI 前向产业关联和 FDI 后向产业关联。

FDI 前向产业关联反映 FDI 作为供给者提供中间品给下游的东道国企业而发生的前向产业联系，FDI 后向产业关联反映 FDI 作为需求者采购上游的东道国企业中间品而产生的后向产业联系。同一产业链上的上下游企业的经济合作需要在生产标准与技术工艺等方面达成一致，从而有利于外资帮助本土企业提高中间品质量、生产技术水平以及专业化服务能力，外资进入带来的产业关联效应将会对本土产业技术创新能力产生积极影响。

3.3.4 空间溢出效应

科技服务业集聚不仅对本地制造业技术创新能力提高具有促进作用，还会通过空间溢出对相邻区域和邻近区域的制造业技术创新具有促进作用。主要原因在于：

第一，利润导向。逐利是资本的本性。科技服务业集聚发展到一定规模，本地市场渐趋饱和，需要开拓外地市场和寻求投资机会以获取更大发展空间和新的市场，不仅服务本地企业获取利润，还会通过积极向周边区域设立分支结构、产业对外转移、延伸科技服务网络、增加异地科技服务投资等拓展业务空间。企业跨区域作业是一种常见的经济现象，跨区域科技服务输出已经成为科技服务业发展的重要外向型特征，在满足周边地区科技服务需求的同时，也增加了利润和市场份额，由此产生空间溢出效应。

就创新要素而言，科技服务业集聚发展提供了高端、先进和创新的生产要素，在贸易投资自由化和要素分工发展趋势下，一个地区自身的要素禀赋不仅仅服务于本地区经济发展和产业创新升级，还可以通过区际贸易、区域投资服务于周边地区经济社会发展。同样道理，一个地区能够利用的先进生产要素不仅仅来自自身要素存量，还可以通过“引进来”利用其他地区生产要素。科技服务业属于先进要素和创新要素，具有流动性强的特点，这为科技服务业集聚空间溢出提供了前提和基础。

第二，信息通信技术（ICT）助推。随着信息通信技术突破性进步、信息服务业高速发展、互联网广泛普及、信息基础设施完善，知识传播能力得到很大提高，这种新兴技术正在重塑产业组织形态和运营模式，为科技服务业发展带来前所未有的挑战和机遇。在信息通信技术支持下，科技服务业服务半径和辐射范围不断扩大，科技服务逐渐突破本地化限制，具有强烈的异地扩张倾向，相当程度上改变了服务活动生产消费的空间同步性、不可分割性、难储藏性和难运输性问题。

在 ICT 帮助下，无形服务具备有形载体，推动知识标准化和编码化，显性知识传播速度加快，不易编码整理的隐性知识传播效率也得以显著提升，知识共享难度得以降低，科技服务业新业态不断涌现，信息交流和技术服务能力大为提升。知识技术溢出的范围和深度大大提高，降低通信、沟通与交流成本，提高信息透明度和资本市场效率，缓解传统科技服务的时空限制，改变科技服务体系的分工模式和产业组织，空间可分性提高科技服务的可贸易性，为科技服务跨域转移和延伸服务提供技术支撑。

信息通信技术能够降低企业间协调成本、交流壁垒，便利企业间集体式学习过程，降低科技服务交易成本。以互联网、大数据、人工智能、云计算、区块链为代表的ICT技术使得科技服务本地生产与异地消费的远程交易由可能走向现实。

科技服务的生产和消费实现了空间分离，边界弱化使得很多科技服务借助网络空间可以跨境提供，突破实体门店限制，周边地区企业也可以低成本享受异地科技服务集聚红利，科技服务可通达性大为提高，异地投资的交易成本不断降低，市场规模扩大和不断细分也进一步延伸了科技服务业的生产分工链条，对此有人宣称“地理学终结”（Obrien，1992）。虽然信息通信技术下的空间距离死亡说法过于夸张，但足以说明ICT技术对科技服务业远距离服务的技术支持。

因此，借助互联网、大数据、人工智能等ICT技术，科技服务业集聚发展突破资源配置的地域限制与时间约束，提高复杂化、高端化、定制化、高品质化的服务型中间品供给能力，科技服务业服务半径不断扩大、对外辐射力增强、市场发展潜力更大，更好地满足周边区域制造业日益复杂的技术创新更新迭代要求。科技服务供应与需求的空间分离突破服务业本地生产本地消费的局限性，提高资源配置效率，扩大科技服务业空间活动边界。

第三，交通基础设施保障。交通基础设施改善社会出行条件和区域通达性，降低交通成本，减少要素流动空间壁垒，加快信息、人才、资金、技术等要素流动，尤其带动作为知识溢出和创新溢出载体的高素质人才流动。

近些年来中国跨区域基础设施协同规划建设取得重要进展。例如，中国纵横交错的高铁网络的构建大大压缩了经济交往时间成本，重塑城市间经济地理格局，时空压缩效应、同城效应拉近区域间物理距离，同时也减少区域间心理距离，降低人才要素流动时间成本和出行成本。交通可达性增强城市区位优势，便利众多利益相关者外出调研，降低信息不对称程度，提升市场交易效率，提高区域内与区域间可达性水平，便利经济交流、创新要素流动、创新要素集聚和企业创新投资。

现代化交通基础设施发展打破地域空间限制，突破地理空间和行业限制，拓宽面对面交流的空间距离范围，地理邻近性被削弱，便利跨区域知识流动和跨界知识溢出，方便学习邻近地区创新经验，达到市场一体化效果，提高自身创新效率和优化区域间创新资源配置，强化科技服务业集聚的空间外溢效应。另外，科技服务要素在不同区域和城市之间流动和转移，还可以改善科技服务要素等高级生产要素在更宽广区域间的空间资源配置效率，使得科技服务要素的边际产出发挥最大化。

第四，区域经济一体化政策深入推进。随着经济发展，基础设施由分割走向统一，公共服务由差异走向均等，经济增长由发散走向收敛，是经济社会发展的最终目标之一。区域一体化使得区域间经济分工和协作联系不断加强，一体化战略驱动资源要素自由流动与优化配置，促进资本、技术、人才等创新要素高效流通和配置，扩大中心城市空间外溢效应，带动中小城市发展，扩大经济发展的受益空间，推动各地区共享经济发展成果，基本形成大中小城市协调发展的城市空间格局。

区域经济一体化打破了阻碍科技服务业集聚空间溢出的政策约束

和制度藩篱，带动区域间贸易往来和相互投资。例如，目前国家力推长三角区域一体化，是想通过打破跨区域行政区划藩篱，推动区域融合发展和区域要素协同，破除“潘镇割据”思维，加强区域联结纽带，扩大经济集聚的空间范围。

4 科技服务业集聚测度

本书主要围绕科技服务业集聚对制造业技术创新的影响研究展开，在实证分析之前需要回答科技服务业及其集聚内涵、统计口径以及如何测度等问题。因此，本章首先明确界定科技服务业和科技服务业集聚内涵，在概念明晰基础上介绍常见的科技服务业集聚测度指标，随后选择部分指标用于测度中国区域科技服务业集聚水平和整体科技服务业集聚水平，目的在于多角度了解作为本书关键变量之一的科技服务业集聚，同时也为后续实证研究提供数据支持。

4.1 科技服务业及其集聚界定

4.1.1 科技服务业界定

在科技服务业内涵界定方面，可谓众说纷纭，尚无统一共识。科技服务业作为中国特有提法，很多学者根据研究问题需要加以界定。早在1992年，国家科学技术委员会在《关于加快发展科技咨询、科技信息和技术服务业的意见》文件中首次提出科技服务业一词，科技服务业开始被人们熟知并进入业界视野，科技咨询、科技信息和技术服务是其行业覆盖范围，但文件未明确其概念。之后不少学者围绕科技服务业内涵不断完善，现有内涵界定大致可以分为要素论、功能论和产业论等。

第一，要素论。王仰东等（2007）从知识要素视角认为科技服务业是以产业升级和创新为核心，运用信息通信技术为市场提供专业化技术服务的知识密集型产业。韩鲁南等（2013）在比较中国与国外科技服务业分类基础上，提出中国科技服务业是包含科技推广与应用服务业且不包括商务服务业的知识密集型服务部门。

第二，功能论。程梅青等（2003）认为科技服务业是促进科技进步和科技管理水平提升的机构和组织，属于科技创新系统的重要组成部分。朱文涛和顾乃华（2019）认为科技服务业是以高新技术为手段，利用科技创新向社会提供知识、技术和智力服务。张鹏等（2019）认为科技服务业是链接科技成果供给者和需求者的部门，为科技活动和各创新主体提供研发、转化和应用等服务。吴芹和蒋伏心（2020）认为科技服务业是创新提供者和创新中介者的角色承担者。

第三，产业论。王晶等（2006）认为科技服务业是以技术和知识向社会所有产业提供专业化服务的部门，它是第三产业的重要组成部分。陈岩峰等（2009）认为科技服务业是科技产业链中从事技术创新、技术应用、技术转移和技术扩散的服务性部门和服务性活动。

由此可见，有关科技服务业概念尚未达成一致。在众多学者研究基础上，本书认为科技服务业是指为促进科技创新、科技成果产业化和生产运营管理优化，以信息技术、现代科学知识、高新技术为手段，对企业技术创新成果产生、传播、扩散、应用和转化等创新活动与生产经营提供外部知识源和专业技术服务，服务科技创新和生产运营，并具有独立核算职能的机构和组织总称，它是现代服务业和生产性服务业的重要组成部分。

科技服务业概念随时代发展、科技进步而不断变化和演变，是一个具有较高实践性的动态词汇，它并非静止不变的概念。一般来说，科技服务业具有以下几个特点：

第一，独立核算。非独立机构科技服务活动不纳入科技服务业，可以说，科技服务业是独立化、市场化、外部化科技服务活动供给者的集合体。

第二，服务手段的科技性和高技术性。科技服务业是利用现代知识、先进技术和前沿技术提供的高技术含量、高附加值服务，这对科技服务业知识密集型和高智力性提出要求。

第三，服务目的的科技性。主要是为了促进科技创新及科技成果转化，推动技术创新由创意萌发、技术研发、技术传播、科技成果转化、技术应用和反馈环节等整个科技创新过程协调发展，科技服务业服务过程体现对创新价值链的全支撑、全阶段的服务作用。可以说，提供创新服务是科技服务业的核心本质和最显著特征。

第四，服务对象的广泛性。科技服务业既可以为企业提供科技服务，也可以为高校、科研机构和政府提供科技服务，科技服务业能够为包括第一产业、第二产业和第三产业在内所有产业提供专业服务，它还可以为同一产业内的上游、中游和下游各环节提供服务，因此科技服务业具有很强的产业关联性。

第五，服务的专业性。不同服务对象要求差异化科技服务供给，科技服务业基于自身专业技术知识能够为科技创新活动提供专业化服务。

第六，服务的系统性。具有高度交互性的科技服务业能够为技术创新活动提供全方位、全链条式服务，包括为技术研发、技术推广、科技成果产业化等前后相继技术创新过程提供科技服务保障，贯穿科技创新全过程和全产业链条。

在现有研究中，科技服务业有窄口径和宽口径之分。前者以科学研究和技术服务业为代表进行反映，后者以科学研究和技术服务业、信息传输、计算机服务和软件业、租赁和商务服务业等多产业为代表进行反映。

科技服务业不仅需要清晰的概念界定，更需要统计可行性和行业统计数据支持，本书根据国家统计局的行业分类标准（GB/T 4754—2011），综合数据可得性条件，选择窄口径意义上的科学研究和技术服务业予以表征，这是与科技服务业最为接近和吻合的国民经济行业分类。在现行中国产业统计目录中具体包括 M 类研究与试验发展（M73）、专业技术服务业（M74）和科技交流与推广服务业（M75）三大类、19 个中类和 31 个小类。研究与试验发展包括自然科学研究与试验发展、工程和技术研究与试验发展、农业科学研究与试验发展、医学研究与试验发展、社会人文科学研究与试验发展；专业技术服务业包括气象服务、地震服务、海洋服务、测绘服务、技术检测、环境监测、工程技术与规划管理、其他专业技术服务；科技交流和推广服务业包括技术推广服务、科技中介服务和其他科技服务。表 4－1 列举出国内具有代表性的科技服务企业。

表 4-1　　科技服务业国内代表性企业

研究和试验发展	专业技术服务业	科技推广和应用服务业
华为软件技术有限公司、攀钢集团研究院有限公司、中国重型机械研究院股份公司、中国船舶重工集团公司第七〇二研究所、威创集团股份有限公司、珠海格力节能环保制冷技术研究中心有限公司、中车戚墅堰机车车辆工艺研究所有限公司	武汉虹信通信技术有限责任公司、中冶南方工程技术有限公司、广东电网有限责任公司电力科学研究院、九阳股份有限公司、黄河勘测规划设计有限公司、青岛海信宽带多媒体技术有限公司、中石化石油工程技术服务股份有限公司	晟通科技集团有限公司、吉林圣元科技有限责任公司、山东绿叶天然药物研究开发有限公司、江苏江淮动力股份有限公司、纳米新能源（唐山）有限责任公司、深圳市华星光电技术有限公司、深圳市中兴通讯股份有限公司上海第二研究所、国电南瑞科技股份有限公司

有些城市科技服务企业创新能力非常强，位于本地最具创新能力的十大企业之列。例如 2016 年南京市最具创新能力企业是国电南瑞科技股份有限公司（上市公司），属于科技服务业之子行业——科技推广和应用服务业，排名第 8 是华为软件技术有限公司，属于科技服务业之子行业——研究和试验发展。成都市攀钢集团研究院有限公司属于科技服务业之子行业——研究和试验发展，排名本地十大最具创新能力企业之第 4 位，属于研究和试验发展行业的中铁高新工业股份有限公司排名成都十大最具创新能力企业之第 8 位。深圳市华星光电技术有限公司属于科技服务业之子行业——科技推广和应用服务业，位于本地最具创新能力企业之第 7 位。上海市中兴通讯股份有限公司上海第二研究所属于科技服务业之子行业——科技推广和应用服务业，排名本地最具创新能力企业之第 10 位。

与科技服务业相似的概念有：生产性服务业、知识密集型服务业和高技术服务业等。生产性服务业是面向生产者提供中间投入品的服务行业，满足经济发展的生产性服务需求和中间服务需求，它是从服务性质和职能角度予以定义的，包含了部分知识密集型服务业（例如金融、信息、商务等），科技服务业是生产性服务业的重要组成部分（Greenfield，1966；李江帆等，2014）。知识密集型服务业主要是指知识生产、储备、使用和扩散的服务业，它不仅包括部分生产性服务业，例如金融业、科技服务业、信息服务业、商务服务业等，还包括部分消费性服务业，例如教育业（Muller et al.，2009）。高技术服务业是指利用高技术手段向客户提供服务的行业，它包括大部分科技服务业、信息服务业以及其他服务行业（张萃，2018）。在现实研究中，生产性服务业、知识密集型服务业、高技术服务业的外延界定尚未达成一致，学者们经常根据需要和借鉴前人研究成果将相关产业纳入。

因此，从外延来说，生产性服务业、知识密集型服务业、高技术服务业的范围大于科技服务业的范围。从国家统计局公布的数据来看，科技服务业有着比较明确的统计口径和范围，相比之下，生产性服务业、知识密集型服务业和高技术服务业的统计口径尚未明确，统计数据也没有官方发布，学术研究经常将部分行业合并计算生产性服务业、知识密集型服务业和高技术服务业相关经济活动信息。

4.1.2 科技服务业集聚界定

正如科技服务业内涵难以得到统一界定，作为中国特有称谓，科技服务业集聚内涵同样众说纷纭、见仁见智。

梅强和赵晓伟（2009）认为科技服务业集聚是科技服务业价值链集合的空间组织方式和有效空间载体。张清正和李国平（2015）认为科技服务业集聚以知识技术溢出和交易费用降低为基础，是科技服务产业获取竞争优势的有效空间组织形式。刘媛等（2016）基于集聚区视角，认为科技服务业集聚是在一定空间范围内，通过科技服务业产业规模化、业务规范化和特色化，对所在区域科技服务业发展及其科技体制机制改革具有示范效应的特别区域。李晓龙等（2017）认为科技服务业集聚是科技服务业在一定地理区域内的产业集群，科技服务业集聚区是其典型代表。廖晓东等（2018）基于过程视角，认为科技服务业与地域条件的动态协调配置导致特定地理空间上形成科技服务业集聚发展态势，这一过程既有产业汇聚，也有科技服务业与区域人文地理环境的深度融合。

产业集聚是指同一产业内大量企业及其相关元素集中在特定地理区域的经济现象，企业在特定空间密集选址显现，产业和生产要素在特定地理区域内汇聚和集中的过程，这一概念最早由马歇尔首先提出。

科技服务业集聚源自产业集聚，且是产业集聚的细化和具体，是指大量科技服务机构及其相关企业、机构在一定地理空间上集中的经济活动现象，具有特定区位选址特征，形成一种地域集中性的科技服务业空间布局。地理邻近与空间毗邻是科技服务业空间集聚的典型外在特征，它是科技服务业发展过程中的“产业景观”。集聚化发展既可以促进科技服务规模、产品种类等量的方面成长，还可以提升科技服务效率等质的方面成长，科技服务业集聚综合效应大于单个科技服务企业独自发挥作用的简单机械加总。

近些年来，我国科技服务业发展出现了明显的集聚现象，例如研发园、设计园、检验检测高技术服务业集聚区、创业孵化园、软件园等，集聚现已经成为助力科技服务业发展的重要渠道和空间载体。我国现有一批发展较好的现代科技服务业集聚区，例如南京麒麟科技创新园、苏州科技广场、太湖国际科技创新园、扬州广陵科技新城等，北京中关村是我国最具盛名的科技服务业集聚区。

世界上知名的科技服务业集聚区有韩国大德研究开发特区和慕尼黑科技服务业集群等，美国硅谷是全球科技服务业集聚发展水平最高的区域，那里科技服务机构发展最活跃，市场化程度最高，尤其是创业孵化服务业更是闻名遐迩。

4.2 科技服务业集聚测度的主要方法与模型

集聚测度是研究产业集聚的先决条件。产业集聚的测度方法有多种，根据研究需要和样本特征学者们选择适合的测度方法，每种方法各有优劣，不存在完全的替代关系，每个指标都不具有普适性。一般来说，常见的集聚测度方法主要有区位熵、经济活动密度、行业集中度、空间基尼系数、赫芬达尔指数、E－G 指数、M－S 指数、泰尔指数等。

4.2.1 区位熵

区位熵（Location Quotient）能够比较精确地度量要素空间分布状态。最早由哈盖特（Haggett）在 1965 年提出，它反映区域特定产业专业化程度和产业活动的空间非均衡水平，能够衡量区域特定产业比较优势和专业化水平，代表某地区某一产业在样本中的相对集聚水平。它常用于确定区域主导产业选择，又被称为专门化率，公式为：

$$agg_{ij} = \left[\frac{e_{ij}}{\sum_j e_{ij}}\right] \Big/ \left[\frac{\sum_i e_{ij}}{\sum_i \sum_j e_{ij}}\right] \tag{4-1}$$

公式（4-1）中i代表某个区域，例如省份、城市、县域等地理单元，j代表产业，e_{ij}表示i区域产业j从业人数、产量或者产值，$\sum_j e_{ij}$表示i区域所有产业从业人数、产量或者产值，$\sum_i e_{ij}$表示全国产业j总就业人数、产量或者产值，$\sum_i \sum_j e_{ij}$表示全国所有产业就业人数、产量或者产值。区位熵指标反映区域i产业j在本地的所占份额与产业j在全国所占份额之比值。

agg值越高，表明产业集聚和区域专业化水平越高，反之亦然。通常研究表明，如果区位熵大于1，说明产业集聚程度高，该区域产业j发展水平超过整体平均水平，产业j在该区域具有相对集中优势，产业竞争力和比较优势明显。如果区位熵小于1，说明产业集聚程度低，该区域产业j发展水平低于整体平均水平，产业j在该区域不具有相对集中优势，产业竞争力和比较优势较弱。如果区位熵等于1，说明产业j在该区域不高不低，产业竞争力和比较优势不明显。

区位熵指标数据易得，公式简单明了，能较好反映区域层面某产业的集聚水平，在实证研究中被经常使用。然而，区位熵指标未能考虑各区域经济发展差异和效率差异，以及各区域空间面积大小和企业规模差异，区位熵高不一定就真正代表产业集聚程度高，有些时候反映了某产业“虚高”现象，无法真正有效地比较区域间产业集聚程度差异。总的来说，使用区位熵测度产业集聚在理论界的争议较少。

4.2.2 经济活动密度

经济活动密度也是产业集聚的测度指标之一，最早由西科尼（Ciccone）和霍尔（Hall）在1996年提出，最初用于分析集聚经济的技术外部性对工资的影响。它可以分为绝对经济活动密度（density）和相对经济活动密度（re_density），公式分别为：

$$density_{it} = \frac{M_{it}}{S_{it}} \tag{4-2}$$

$$re\_density_{it} = \frac{\left(\frac{M_{it}}{S_{it}}\right)}{\left(\frac{\sum_{i=1}^{n} M_{it}}{\sum_{i=1}^{n} S_{it}}\right)} \tag{4-3}$$

公式（4－2）表示绝对经济活动密度，公式（4－3）表示相对经济活动密度，M_{it}表示区域 i 在 t 年相关经济活动指标数值，例如从业人数、销售收入、增加值、产值、资产等，S_{it}表示区域 i 在 t 年地理面积。绝对经济活动密度具体为某区域单位面积上相关经济活动指标值，数值越大表明集聚程度越高；相对经济活动密度具体为某区域单位面积上相关经济活动指标值与全国单位面积上相关经济活动指标值之比值，该指标数值越大表明集聚程度越高。

经济活动密度简约明了，测度结果稳定，能够直观反映产业集聚程度和产业分布情况，常用于区域层面某产业集聚测算，应用较为广泛，争议较少。

4.2.3 CR 指数

CR 指数又被称为市场集中度或行业集中度指数，它反映的是行业内排名前若干位企业依据相关经济指标例如从业人数、资产、产值、进出口等占整个行业的比例，反映该行业的垄断和竞争程度，后来学者将市场集中度演变成区域集中度或空间集中度并运用到产业集聚测度领域。CR 概念简单明了，公式如下：

$$CR_4 = \frac{\sum_{i=1}^{n} A_i}{\sum_{i=1}^{n} A_i} * 100\% \qquad (4-4)$$

公式（4－4）中，分子表示产业内排名前 n 位企业相关指标值之和，例如资产、就业人数、增加值、进出口规模等，分母表示产业内所有企业相关指标值之和。CR 指数本质上反映依据相关指标，排名前若干位企业占整个行业的比重体现该产业面临的市场竞争程度，比较直观地显示该产业的竞争垄断状态。

然而该指标未能考虑行业内所有企业分布状况，也未能展现排名前 n 位企业的空间分布情况，取值受到 n 数量不同呈现出较大差异，有关 n 取值缺乏统一标准，无法精确反映空间维度上的集聚程度，也即产业集中度不一定与产业集聚正相关。使用该方法测度产业集聚争议较大，可以将其作为产业集聚测度的一个辅助性指标。

后来学者将市场集中度运用到产业集聚测度领域，依据相应经济活动指标计算某产业排名前 n 位区域占所有区域比例，此时市场集中度已经演变为区域集中度或空间集中度。

4.2.4 空间基尼系数

针对 CR 指数和 H 指数的缺陷，空间基尼系数应运而生。空间基尼系数源于基尼系数，它最早由意大利经济学家基尼（Gini）在 1922 年提出，早期用于测度收入分配公平问题。后来克鲁格曼（Krugman，1991）注意到产业地理空间分布与收入分配不平等具有相似之处，于是在基尼系数基础上提出空间基尼系数，用于描述产业地理分布非均衡程度。在 1991 年，克鲁格曼使用该方法测度了美国制造业地理分布和产业集聚程度，得出多数制造业行业存在集聚现象的结论，公式如下：

$$G_j = \sum_{i=1}^{n} (S_{ij} - X_i)^2 \tag{4-5}$$

公式（4－5）中，G_j 代表产业 j 空间基尼系数，S_{ij} 代表区域 i 产业 j 相关指标值占全国产业 j 相关指标值的比例，相关指标可以是从业人数、销售收入、产值、产量等，X_i 代表区域 i 总体经济指标占全国该指标的比例，n 代表区域数量。G_j 取值范围在 0 和 1 之间，越接近于 0 表示产业 j 地理分布越均衡，集聚程度越低；越接近于 1 表示产业 j 地理分布越不均衡，集聚程度越高。

空间基尼系数公式简单明了，数据易得性高，常常用于中观层面的产业集聚测度，也即某产业空间基尼系数，还可以用于分析产业活动与总体经济活动的差异程度，体现中心—外围状况。然而，该指标未能考虑到企业规模差异、地理区域大小可能造成的偏误性影响，所以在有些情形下即使空间基尼系数大于 0 也不一定有产业集聚现象。总的来说，使用空间基尼系数可以用于测度产业地理分布，多用于产业层面分析，引发的争议较少。

4.2.5　Herfindahl 指数

Herfindahl 指数最早由赫思曼（Hirschmann）提出，后经赫芬达尔（Herfindahl）于 1950 年在其博士论文《钢铁业的集中》中加以阐释，简称 H 指数。该指数源于产业组织贝恩的 SCP（结构－行为－绩效）理论，最初用于反映产业组织中市场结构的竞争和垄断程度，也即测度市场结构是竞争偏向型还是垄断偏向型，多见于反垄断分析，公式如下：

$$H_j = \sum_{i=1, i \subset j}^{n} \left(\frac{A_i}{A} \right)^2 \tag{4-6}$$

公式（4-6）中，A_i 表示产业内企业 i 相关指标数值，例如资产、就业人数、增加值、产值、出口规模等，A 表示企业 i 所属产业的相关指标数值，H_j 表示 j 产业的 H 指数，$\frac{A_i}{A}$反映企业 i 相关指标值与整个产业的比例，也即市场份额，它的取值范围为$\left(\frac{1}{n}, 1\right)$。$\frac{A_i}{A}$越大，则说明企业 i 的市场份额越高，垄断性越强，H 指数越高，市场集中度高；$\frac{A_i}{A}$越小，则说明企业 i 的市场份额越小，垄断性越弱，H 指数越小，市场集中度低。

H 指数将产业 j 内所有企业市场份额平方和加总，能够反映产业总体集中水平，尤其当产业内企业间兼并重组和规模分布发生变化时，H 指数能够快速体现出来，在中观产业集聚测度中得到一定使用。H 指数解决了 CR 指数仅仅考虑部分最大企业市场份额的问题。

然而，该指标未能考虑区域地理面积差异，难以进行横向比较，未考虑区域间空间关联和空间依赖，也未考虑产业本身的地理分布特征，有些情况下 H 指数与产业集聚并非完全平行，而且需要产业内所有企业相关数据，工作量繁杂，对微观企业数据完整性要求高，这是 H 指数的缺陷。使用该方法测度产业集聚引起的争议较大，可将其作为测度产业集聚的一个辅助性指标。

4.2.6 E－G 指数

空间基尼系数测度出的产业集聚同时包括产业的市场空间集聚和产业的地理空间集聚。为克服空间基尼系数由产业的市场空间集聚引起的虚假集聚问题，精准测度产业的地理空间集聚，埃里森（Ellison）和格莱塞（Glaeser）两人在 1997 年提出 E－G 指数，又被称为 Ellison－Glaeser 指数和地理集中指数。它最初用于企业区位选择决策参考，该指标结合空间基尼系数和赫芬达尔指数的双重优点，创造性地形成新的测度产业集聚方法，它假设某经济单位有 n 个空间单元，公式如下：

$$EG = \frac{G_j - (1 - \sum_{i=1}^{n} X_i^2) * H_j}{(1 - \sum_{i=1}^{n} X_i^2) * (1 - H_j^2)} \tag{4-7}$$

公式（4－7）中，G_j、H_j 分别代表产业 j 的空间基尼系数和 H 指数，前面已经详细叙述过，n 代表区域数量，X_i 表示区域 i 总体经济指标占全国该指标的比例。根据 Ellison 和 Glaeser 的研究，当 $EG < 0.02$ 时，说明产业集聚不明显；当 $0.02 < EG \leq 0.05$ 时，说明产业集聚初显；当 $0.05 < EG$ 时，说明产业集聚程度较高。

E－G 指数既规避了空间基尼系数未能考虑企业规模的缺陷，也避免了 H 指数未能考虑区域地理面积带来的缺点，相当程度上解决了空间基尼系数的缺陷。但该指数对数据要求极高，同时要求完备的企业数据和行业数据，理论上非常完美，引发的争议很少，但现实中因为数据可得性变得较难操作和实践，鉴于数据的非完备性，所以在中国实证研究中很少使用 E－G 指数用于测度产业集聚。

4.2.7 M－S 指数

针对 G_j 不够明确，莫尔（Maure）和塞迪罗特（Sedillot）利用企业选址概率模型在 E－G 指数基础上进行了改进，在 1999 年提出 M－S 指数，并测度了法国的产业集聚程度，公式如下：

$$MS = \frac{(\sum_{i=1}^{n} S_{ij}^2 - \sum_{i=1}^{n} X_i^2) - (1 - \sum_{i=1}^{n} X_i^2) * H_j}{(1 - \sum_{i=1}^{n} X_i^2) * (1 - H_j^2)} \tag{4-8}$$

公式（4－8）中，S_{ij}代表区域 i 产业 j 相关指标值占全国产业 j 相关指标值的比例，相关指标可以是从业人数、产值、产量等，X_i 代表区域 i 总体经济指标占全国该指标的比例，n 代表区域数量，H 表示 H 指数。对比 M－S 指数和 E－G 指数，不难发现主要差别在于分子中的前半部分，其余相同。M－S 指数考虑了产业和总体经济的差异程度，计算出来的结果基本上和 E－G 指数相同。

4.2.8 泰尔指数

泰尔指数（Theil Index）最早由泰尔在 1967 年提出，最初用于计算收入不平等，后来被推广应用至区域差距测算、经济活动空间非均衡测算等领域。公式为：

$$T = \sum_{i=1}^{n} \left[\frac{Y_i}{Y} \ln \left(\frac{\frac{Y_i}{Y}}{\frac{N_i}{N}} \right) \right] \tag{4-9}$$

公式（4－9）中，Y_i 代表区域 i 某经济活动指标，Y 代表全国某经济活动总指标，$\sum_{i=1}^{n} Y_i = Y$，N_i 代表区域 i 人口数，N 代表全国人口数，$\sum_{i=1}^{n} N_i = N$，n 代表区域数量。泰尔指数 T 又可以分解为衡量区域内差异的区域间泰尔指数 T_b 与衡量区域内差异的区域内泰尔指数 T_W，公式分别为（4 - 10）、（4 - 11）和（4 - 12）：

$$T_b = \frac{Y_E}{Y}\ln\left(\frac{\frac{Y_E}{Y}}{\frac{N_E}{N}}\right) + \frac{Y_M}{Y}\ln\left(\frac{\frac{Y_M}{Y}}{\frac{N_M}{N}}\right) + \frac{Y_W}{Y}\ln\left(\frac{\frac{Y_W}{Y}}{\frac{N_W}{N}}\right) \tag{4-10}$$

$$T_W = \frac{Y_E}{Y}T_E + \frac{Y_M}{Y}T_M + \frac{Y_W}{Y}T_W \tag{4-11}$$

$$T_K = \sum_{i=1} \frac{Y_i}{Y_K}\ln\left(\frac{\frac{Y_i}{Y_K}}{\frac{N_i}{N_K}}\right) \tag{4-12}$$

假设将区域 i 根据区位、经济发展水平分成 E、M 和 W，K =（E、M、W），Y_E、Y_M、Y_W 分别代表 E、M 和 W 地区某经济活动指标，N_E、N_M、N_W 分别代表 E、M 和 W 地区人口数，T_E、T_M、T_W 分别表示 E、M 和 W 地区泰尔指数。泰尔指数位于［0，1］，数值越接近 1 说明发展越不均衡和集聚程度高，数值越接近 0 说明发展越均衡和集聚程度低。

4.3 中国科技服务业集聚测度

由于每种集聚测度方法各有优劣，不存在适合所有样本的普适性测度方法，须根据样本特征和研究问题采用适宜性集聚测度方法。

为反映中国各区域科技服务业集聚程度，采用区位熵、经济活动密度进行测度和结果分析，将科技服务业区位熵测度结果用于第 5 章、第 7 章和第 8 章科技服务业集聚的主要衡量指标和主要实证分析，将科技服务业经济活动密度测度结果用于第 5 章的稳健性检验和第 7 章的稳健性检验，将空间基尼系数测度结果用于第 6 章的科技服务业集聚衡量和主要实证分析。

4.3.1 中国区域科技服务业区位熵测度

城市是经济社会活动的集散中心，是科技服务组织和机构区位选择的载体和空间平台，故将科技服务业集聚程度测算下沉至城市层面，以期从更小的区域单位探索科技服务业集聚特征和规律。样本数据来自《中国城市统计年鉴》《城市建设统计年鉴》，剔除巢湖、三沙、毕节、铜仁、拉萨、海东等城市数据不全或行政区划调整后的 281 个城市作为样本，缺失值采用插值法处理，统计口径为全市层面。选择城市层面测度区位熵可以有效规避省域层面数据带来的空间尺度过大和忽略省域内城市异质性特征而可能引发的估计偏误问题。

因为中国城市统计年鉴未能公布科技服务业产值数据，使用科技服务业就业人数测度科技服务业集聚，这也是在城市层面测度产业集聚的普遍做法。利用区位熵公式测度中国城市科技服务业集聚程度，计算年均均值、方差和最大值最小值，结果显示在表 4－2 中。

可见，中国城市整体科技服务业区位熵均值为 0. 7068，方差为 0. 5363，最小值为 0. 0506，最大值为 4. 5677，说明城市间科技服务业集聚发展存在较为严重的不平衡不充分问题，整体上科技服务业集聚水平不高。

科技服务业发展与科技服务业集聚密切相关，较低的集聚程度体现了科技服务业发展不足。从时间趋势来看，中国城市科技服务业区位熵从2003年至2014年表现为震荡式上升，从2014年至2019年表现为微弱下降态势，观测科技服务业区位熵最小值至最大值差距发现，中国城市科技服务业区位熵差距在拉大。

表4-2　　　　中国城市科技服务业区位熵概况

年份	均值	标准差	最小值	最大值
2003	0.7102	0.5359	0.0827	3.3693
2004	0.7143	0.5359	0.0832	3.5784
2005	0.7583	0.5399	0.1047	3.8779
2006	0.7276	0.5378	0.0843	3.5020
2007	0.7279	0.5454	0.0816	3.8172
2008	0.7025	0.5446	0.0806	4.5677
2009	0.7088	0.5477	0.0774	4.5465
2010	0.6936	0.5343	0.0717	4.3247
2011	0.7200	0.5475	0.0776	4.3751
2012	0.7458	0.5651	0.0757	4.2104
2013	0.7575	0.5794	0.1052	4.3055
2014	0.7504	0.5584	0.1035	4.0507
2015	0.7443	0.5509	0.1073	4.0385
2016	0.7082	0.5290	0.0506	3.7594
2017	0.6599	0.5125	0.0740	3.5184
2018	0.6001	0.4768	0.1201	3.3083
2019	0.5863	0.4386	0.0866	3.1007
整体	0.7068	0.5363	0.0506	4.5677

数据来源：《中国城市统计年鉴》《中国统计年鉴》。

我国城市类型多样，不同规模城市集聚资源、辐射范围、功能定位差异很大。因此，有必要结合城市规模异质性特征研究科技服务业集聚发展特征，结合《国家新型城镇化（2014—2020）》对城市规模认定标准，将城区常住人口50万以下划入小城市，城区常住人口在50万至100万列入中等城市，城区常住人口在100万至500万列入大城市，城区常住人口在500万至1000万列入特大城市，城区常住人口超过1000万视为超大城市。

同时，中国城市具有鲜明的行政等级色彩，将直辖市、省会城市和计划单列市视为高行政等级城市，其他城市视为低行政等级城市。根据城市规模和行政等级特征测算的区位熵结果见表4－3所示。

表4－3　　不同规模和行政等级城市科技服务业区位熵均值

年份	超大城市	特大城市	大城市	中等城市	小城市	高行政等级城市	低行政等级城市
2003	1.8598	1.9160	0.8471	0.5966	0.5712	1.6040	0.5872
2004	1.7777	1.8324	0.8428	0.5924	0.5837	1.5915	0.5935
2005	1.5587	1.6881	0.8659	0.6397	0.6519	1.5562	0.6484
2006	2.1603	1.8682	0.7985	0.6178	0.6222	1.5408	0.6156
2007	2.1346	1.8501	0.7766	0.6073	0.6501	1.5310	0.6173
2008	2.1948	1.7988	0.7618	0.5755	0.6035	1.5086	0.5916
2009	2.2531	1.5918	0.7527	0.5950	0.6200	1.4867	0.6018
2010	2.2409	1.5485	0.7434	0.5839	0.5661	1.4833	0.5849
2011	1.8388	1.5710	0.7811	0.6045	0.6026	1.4860	0.6145
2012	1.6947	1.6117	0.8097	0.6348	0.6196	1.4811	0.6446
2013	1.9711	1.5992	0.8169	0.6287	0.6467	1.5066	0.6543
2014	1.8827	1.6581	0.7728	0.6374	0.6525	1.5114	0.6457
2015	1.8234	1.6768	0.7509	0.6483	0.6338	1.5130	0.6385

续表

年份	超大城市	特大城市	大城市	中等城市	小城市	高行政等级城市	低行政等级城市
2016	1.9592	1.5941	0.6979	0.6177	0.6152	1.4780	0.6023
2017	1.9170	1.5056	0.6499	0.5697	0.5617	1.4083	0.5569
2018	1.8146	1.2729	0.5964	0.4779	0.5653	1.3071	0.5028
2019	1.7714	1.2841	0.5724	0.4778	0.5302	1.2947	0.4888
整体	1.9258	1.5980	0.7454	0.5966	0.6079	1.4875	0.5993

数据来源：《中国城市统计年鉴》《中国统计年鉴》。

从表4-3可知，中国不同规模城市和不同行政等级城市科技服务业区位熵具有以下特征：

第一，科技服务业区位熵与城市人口规模正相关，具有城市规模等级特征。城市间科技服务业分布存在显著的空间非均衡性特点。从绝对水平来看，超大城市和特大城市的科技服务业区位熵远高于1，中小城市科技服务业区位熵都小于1，基本上呈现城市规模越大，科技服务业区位熵越高。从产业集聚视角来看，城市规模越大，集聚效应越大，专业化中间品规模经济、劳动力蓄水池和知识技术溢出效应在规模较大城市体现尤为明显，故大城市表现出很明显的科技服务业集聚趋势。2003年至2019年超大城市科技服务业区位熵均值为1.9258，2009年达到最高值为2.2531，而小城市科技服务业区位熵最小值仅为0.5302，与大城市尤其是超大城市差距尤为明显。

第二，科技服务业区位熵与城市行政等级正相关，具有行政等级特征。从表中容易看出，高行政等级城市科技服务业区位熵平均为1.4875，低行政等级城市科技服务业区位熵平均为0.5993，前者远远高于后者。高行政等级城市在政策资源倾斜、官员晋升激励、公共资源配置和经济政策自主权赋予等领域具有先天优势和天然优越禀赋，科技服务业在高行政等级城市集聚程度明显高于低行政等级城市科技服务业集聚程度。

4.3.2 中国区域科技服务业经济活动密度测度

根据《中国城市统计年鉴》和《中国统计年鉴》数据，利用经济活动密度公式测度中国城市科技服务业绝对经济活动密度和相对经济活动密度，结果显示在表4－4中。

表4－4 科技服务业经济活动密度年度均值

年份	绝对经济活动密度（人/平方千米）	相对经济活动密度
2003	0.7184	1.6002
2004	0.7527	1.6237
2005	0.7743	1.6849
2006	0.8162	1.7173
2007	0.8493	1.7329
2008	0.9044	1.7250
2009	0.9546	1.7208
2010	1.0433	1.7579
2011	1.0281	1.7104
2012	1.1326	1.7572
2013	1.4158	1.7838
2014	1.5174	1.8150
2015	1.5606	1.8237
2016	1.5544	1.7724
2017	1.5576	1.7330

续表

年份	绝对经济活动密度（人/平方千米）	相对经济活动密度
2018	1.5717	1.7062
2019	1.7189	1.8207

数据来源：《中国城市统计年鉴》《中国统计年鉴》。

根据经济活动密度含义测度中国城市层面科技服务业集聚程度，结果显示在表4－4中。不难看出，科技服务业绝对经济活动密度由2003年的0.7184波动上升至2019年的1.7189，科技服务业相对经济活动密度由2003年的1.6002稳步上升至2019年的1.8207，经济活动密度计算结果显示中国科技服务业集聚程度明显，增长势头较好。同时还列出2003年和2019年科技服务业绝对经济活动密度排名前十位和后十位的城市，以此显示典型城市科技服务业集聚发展程度，结果见表4－5。

表4－5　科技服务业绝对经济活动密度排名前十位和后十位城市

年份	绝对经济活动密度排名前十位城市	绝对经济活动密度排名后十位城市
2003	北京、上海、西安、深圳、武汉、广州、成都、南京、天津、厦门	酒泉、呼伦贝尔、鄂尔多斯、吴忠、黑河、临沧、庆阳、伊春、赤峰、巴彦淖尔
2019	深圳、上海、北京、广州、东莞、成都、南京、武汉、西安、天津	酒泉、黑河、呼伦贝尔、河池、巴彦淖尔、鹤岗、双鸭山、陇南、赤峰、乌兰察布

表4－5列出了2003年和2019年科技服务业绝对经济活动密度排名前十位城市和排名后十位城市，结果显示以北上广深为代表的一线城市和以成都南京武汉为代表的二线城市在科技服务业领域集聚优势

明显，符合中国城市经济地理格局；以酒泉、黑河、鄂尔多斯为代表的四线城市和资源型城市在科技服务业领域集聚优势较弱，这也符合这些城市的经济发展现状和产业结构特征。

4.3.3 中国科技服务业空间基尼系数测度

利用《中国城市统计年鉴》《中国统计年鉴》公布的城市科技服务业从业人员和总就业人数，根据空间基尼系数公式测算出的结果见图 4 - 1 所示。

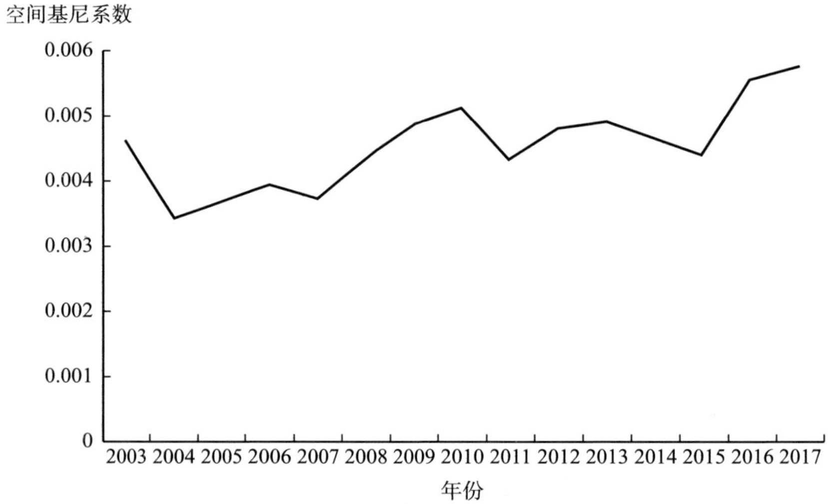

图 4 - 1　科技服务业空间基尼系数

从图 4 - 1 不难看出，科技服务业空间基尼系数呈现出波动式上升，整体上升趋势明显，科技服务业发展的空间分布非均衡性和集聚特征明显。

5　科技服务业集聚对制造业技术创新影响的实证研究：企业层面

第3章理论分析部分表明：在企业层面，科技服务业集聚汇聚的异质性资源能够塑造制造业企业核心竞争优势，直接助推制造业企业技术创新。本章结合第3章理论分析，选择制造业企业作为样本，以此在微观层面实证研究科技服务业集聚能否直接激发制造业企业创新活力和创新强度，以此验证科技服务业集聚促进制造业技术创新的企业层面影响机理。

本章研究提供了科技服务业集聚创新效果的微观证据，将集聚创新效应研究拓展至微观企业层面，把科技服务业集聚与微观制造业企业创新联系起来，加强科技服务业集聚创新影响的企业层面证据。

5.1　模型设定、变量界定和数据来源

5.1.1　模型设定

魏浩等（2018）、李爽（2018）、于文超（2019）、李梦雅等

（2019）分别探讨了知识产权、要素价格扭曲、政企关系重构、风险投资对企业创新的影响，发现企业技术创新不仅受到年龄、管理经验等企业内部特征因素影响，还会受到外部制度环境、政策和外部战略投资者的影响。

本章沿袭这一思路，同时结合第3章科技服务业集聚影响制造业技术创新的企业层面影响机理，认为企业技术创新不仅取决于企业自身特征因素，还会受到外部相关产业发展影响，而以集聚式发展的科技服务业是影响制造业企业创新的重要相关产业。因此，在考虑企业自身特征因素基础上，引入科技服务业集聚，以此经验考察科技服务业集聚与制造业企业技术创新的关系，从微观企业层面直接检验科技服务业集聚的创新影响，计量模型设计如下：

$$newpro_{ijc} = \alpha_0 + \alpha_1 stagg1_c + \alpha_2 control_{ijc} + indu_j + city_c + \varepsilon_i \quad (5-1)$$

$$newpro\_out_{ijc} = \beta_0 + \beta_1 stagg1_c + \beta_2 control_{ijc} + indu_j + city_c + \delta_i \quad (5-2)$$

i代表制造业企业，j代表企业所属行业，c代表企业所处城市，newpro代表制造业企业创新倾向，newpro_out代表制造业企业创新强度，stagg1代表科技服务业集聚，control代表企业层面控制变量，indu代表行业固定效应，反映行业层面不可观察因素的影响，city代表城市固定效应，反映城市层面不可观察因素的影响，α_0、β_0为常数项，ε、δ代表随机误差项。

本模型设计的特色之处：

第一，既有模型普遍在区域层面研究科技服务业集聚的创新效应，在微观企业层面研究科技服务业集聚对制造业技术创新的模型极为鲜见。本模型将城市层面的科技服务业集聚指标同世界银行中国企业调查数据进行匹配，利用科技服务业集聚的截面差异实证分析科技服务业集聚对制造业企业技术创新的影响，一定程度上弥补了科技服务业集聚对微观个体影响的研究不足。本模型立足的样本是宏观数据与微观数据匹配后的企业数据，相比较以前的样本多是基于省域的宏观数据。因此，得出的研究结论更稳健。

第二，在模型构建中，从技术创新广延边际和集约边际共同衡量制造业企业技术创新，也即从技术创新倾向（广度）和技术创新强度（深度）两个维度识别制造业企业技术创新，前者反映企业创新活力，后者反映企业创新强度。因为技术创新倾向属于离散型变量，故对模型（5－1）采用 probit/logit 模型予以估计；因为技术创新强度属于连续型受限变量，故对模型（5－2）采用 tobit 模型予以估计。现有研究未能从技术创新广度和技术创新深度考察科技服务业集聚对制造业企业技术创新的影响，而本研究结果可为科技服务业集聚的创新效应提供微观证据。

5.1.2 变量界定

（1）技术创新。

采用创新产出概率（newpro）和创新产出强度（newpro_out）进行共同衡量。创新产出概率也即 newpro 采用制造业企业过去三年是否有新产品或者新服务衡量，取值为 1 表明企业具有新产品或者新服务，取值为 0 表明企业没有新产品或者新服务。二元虚拟变量的设置反映了创新活动的广延边际和创新概率，也即企业创新活动积极性、创新倾向、创新态度和参与创新活动动力，侧重创新增量变化。创新产出强度也即 newpro_out 采用制造业企业当年新产品或者新服务销售额占企业总销售额的比例予以衡量，反映了企业创新活动的集约边际，也即企业技术创新强度，侧重创新存量变化（陈劲等，2006）。

（2）科技服务业集聚（stagg1）。

采用城市 2008 年科技服务业区位熵予以表征。因为世界银行 2012 年中国企业调查数据大多反映了受访企业 2011 年生产活动信息，例如创新产出强度反映的是 2011 年企业新产品或新服务销售额占企业总销售额的比例，但新产品或新服务却是一个例外，它统计的是过去三年的情况，也就是说统计的是 2009、2010、2011 这三年企业是否有新产品或者新服务。为稳健考察科技服务业集聚对制造业企业创新产出概率和创新产出强度的影响，采用城市 2008 年科技服务业区位熵予以表征，这样做还可以大大减缓内生性问题，区位熵结果取自第 4 章科技服务业集聚测度。

（3）控制变量（control）。

第一，企业规模（size），采用企业年销售额的对数化值予以衡量和确认。根据熊彼特创新理论，大规模企业具有较高的技术创新实力和较强的承担创新失败风险能力，企业规模可能积极影响企业创新活动开展（Schumpete，1942）。

第二，高管任职年限（experi），采用企业高管在本行业工作年限予以衡量。高管是企业战略的主要决策者，对企业生产经营活动产生深远影响。一般来说，高管任职年限长短通过影响高管风险应对能力和资源获取能力从而对企业创新活动带来影响（杨金娇等，2018）。

第三，是否为集团所控制（group），采用是否为大型企业集团的组成部分来进行衡量。一般而言，如果成为集团公司成员，更有机会从集团其他企业获取创新资源，还可以通过集团内部知识技术溢出、内部资本市场的融资约束缓解等渠道正向影响企业创新绩效（蔡卫星等，2019）。

第四，企业出口（export），采用企业产品直接出口额与总销售额之比进行衡量。该指标越大，企业从国际竞争对手获取较大的出口学习效应，在国际市场面临更强竞争对手和复杂的游戏规则，遭遇发达国家高标准市场准入和消费者苛刻需求偏好，需要克服更高质量、安全和技术壁垒，倒逼企业不断进行技术革新、加大创新投资、采用清洁生产技术、提高产品质量、加大科技创新力度应对竞争激烈的国际市场。另外，相对非出口，出口需要克服较高的固定成本和沉没成本，低效率的企业难以适应，容易被市场淘汰，而高效率的企业容易存活下来，更容易推动企业技术创新。因此，预期出口对企业创新能力产生积极影响（王怡等，2019）。

第五，竞争程度（compe），采用企业面临竞争对手的数量予以衡量。如果企业能够说出竞争对手数量，说明竞争不激烈，赋值为0；如果企业无法说出竞争对手数量，说明竞争激烈，赋值为1。完善的竞争机制是创新的根本驱动力。一般而言，竞争有利于促进企业创新发展（郭宏毅等，2018）。

第六，融资约束（finance），采用企业金融资源获取面临的障碍程度予以衡量。对应选择有“无障碍”“微小障碍”“中等障碍”“严重障碍”“非常严重障碍”，变量 finance 对应赋值为 0、1、2、3、4。该值越大，说明企业面临较大的融资障碍和融资壁垒，从而对技术创新行为带来不利影响。技术创新需要大量持续性资金投入，因此，融资约束往往成为企业从事技术创新活动的“绊脚石”（刘军，2019）。

第七，法治环境（law），采用制造业企业对法律制度是否是公正予以衡量。对应选择有“强烈不同意”“不同意”“同意”“非常同意”，变量 law 对应赋值为 1、2、3、4。法治环境越健全，越有利于降低企业研发创新成果被模仿和被剽窃的概率与可能，打消创新创业者投资焦虑，维持透明的政企关系，保证企业研发投资取得预期回报和合理报酬，从制度上保障创新成果的排他性，促使企业加大和重视技术创新活动（于文超等，2019）。

第八，企业年龄（age），等于2011年减去企业开业年份而得。根据生命周期理论，企业处于不同的生命周期阶段，其创新特征存在较大差异。企业年龄越大，越有利于积累更多的管理经验、生产技术和人脉关系，抵御研发失败风险能力较强，存在较多学习效应，有利于企业创新发展。但时间一长可能导致创新惰性和丧失创新活力，产生组织僵化、管理效率低下等问题，创新动力减弱，难以接受新思想和新理念，更容易恪守固有惯例。因此，企业年龄对创新活动影响并不确定（傅宇等，2018）。

第九，职业技能培训（train），采用企业是否对全职员工进行正式职业培训予以度量，是则赋值为1，否则赋值为0。职业技能培训有利于提高企业员工素质和技能，而高素质的员工和人力资本是知识技术传播的载体，有利于为技术创新活动提供充裕的智力支持和研发人力资源投入，有利于增强人力资本对企业技术创新绩效的高质量支撑（罗能生等，2019）。

第十，国有股比例（state），采用政府持股比例予以衡量。国有股比例越高，相对而言政府对企业生产经营干预程度越高，企业利用天然身份能够从政府获取更多经济资源与创新资助，即便不从事风险性较高的创新性业务和研发投资，同样可以获取较高的利润和经济绩效，这很可能弱化企业创新动力和削弱企业创新积极性（徐宝达等，2017）。

表5-1报告了主要变量统计结果。就被解释变量而言，newpro均值为0.4381，方差为0.4963，说明大约有43.81%的制造业企业进行了创新活动，开展创新活动的企业不到样本总数的一半。经过计算可知，存在新产品的制造企业数量为570家，不存在新产品的制造企

业数量为731家。企业间创新差距很大，分布不均衡，说明创新行为并没有受到企业高度重视，距离“万众创新”的国家级战略目标仍有相当大的差距。

表5-1　　　　主要变量描述性统计

变量	观测值	均值	标准差	最小值	最大值
newpro	1301	0.4381	0.4963	0.0000	1.0000
newpro_out	1301	10.7994	17.6413	0.0000	100.0000
staggl	1301	1.0026	0.6798	0.2292	3.3009
size	1301	16.8340	1.6884	12.2061	24.4121
experi	1301	17.1883	7.6320	1.0000	47.0000
group	1301	0.1322	0.3388	0.0000	1.0000
export	1301	8.8370	22.5721	0.0000	100.0000
compe	1301	0.6695	0.4706	0.0000	1.0000
finance	1301	0.8201	0.8726	0.0000	4.0000
law	1301	2.6118	0.6822	1.0000	4.0000
age	1301	13.4204	9.2851	0.0000	133.0000
train	1301	0.8670	0.3397	0.0000	1.0000
state	1301	10.6695	29.9265	0.0000	100.0000

newpro_out均值为10.7994，说明制造业企业创新产出强度平均为10.7994%，方差为17.6413，newpro_out变量样本分布右偏特征明显，企业创新产出水平不高，企业间创新产出差异偏大，大部分企业创新绩效偏低。总体而言，技术创新概率和技术创新强度均值不高，最大值与最小值相差很大，方差比较高，说明企业间创新能力分布不均衡，存在较大差异，良莠不齐。

表5-2依据均值，将科技服务业集聚程度高于均值视为高科技服务业集聚样本，将科技服务业集聚低于均值视为低科技服务业集聚

样本，利用均值检验 t 值和中位数 Wilcoxon 秩和检验对比不同科技服务业集聚水平下制造业企业技术创新水平差异。可见，位于高科技服务业集聚环境下的制造企业技术创新概率和创新产出强度明显异于低科技服务业集聚环境下的制造企业技术创新概率和创新产出强度。

表 5－2　按科技服务业集聚水平分组的技术创新倾向和技术创新强度均值检验

变量	科技服务业集聚水平	组间对比	均值差异	t 检验	中位数差异	Wilcoxon 秩和检验
newpro	高－1　低－0	0－1	－0.2113	－7.8553***	－1	－7.678***
newpro_out	高－1　低－0	0－1	－5.9035	－6.1186***	－5	－8.361***

另外，将位于低科技服务业集聚和高科技服务业集聚状态下的制造业企业技术创新倾向和技术创新产出强度绘成图 5－1 和图 5－2。图 5－1 和图 5－2 显示，无论是技术创新倾向还是技术创新产出强度，高科技服务业集聚地区的制造业企业均明显高于低科技服务业集聚地区的制造业企业，这为后续实证分析提供比较直观的经验直觉支撑。

就控制变量而言，高管任职年限 experi 均值为 17 年，最短为 1 年，最长为 47 年，差异较大。从是否为集团控制 group 来看，大约有 13.2% 的企业属于企业集团，这一比例并不高。就出口规模 export 来看，均值约为 8.84%，说明企业出口规模和比例并不大。就竞争程度 compe 而言，均值为 0.6695，超过半数，说明市场竞争较为激烈。融资约束 finance 均值为 0.8201，整体而言融资约束程度并不高，但方差较大，说明企业间融资约束差异较大。

法治环境 law 均值约为 2.6，说明企业基本满意现有法治氛围和法治环境，但并未达到特别满意程度。企业年龄 age 均值约为 13.4 年，说明现有企业大多数成立时间不长，且企业成立时间不足 1 年和超过 130 年的老企业并存。职业技能培训 train 均值约为 0.87，说明超过一半的企业对员工开展了职业规划和技能培训，企业比较重视员工职业提升和长期提升发展。国有股比例 state 均值约为 10.67%，说明整体而言国有控股企业比例较低，这也符合世界银行中企调查数据特征和事实。

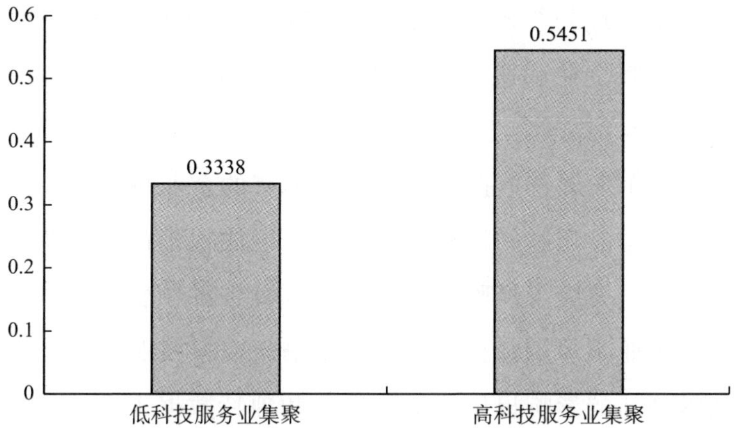

图 5－1　科技服务业集聚高低与制造业企业创新产出概率平均水平

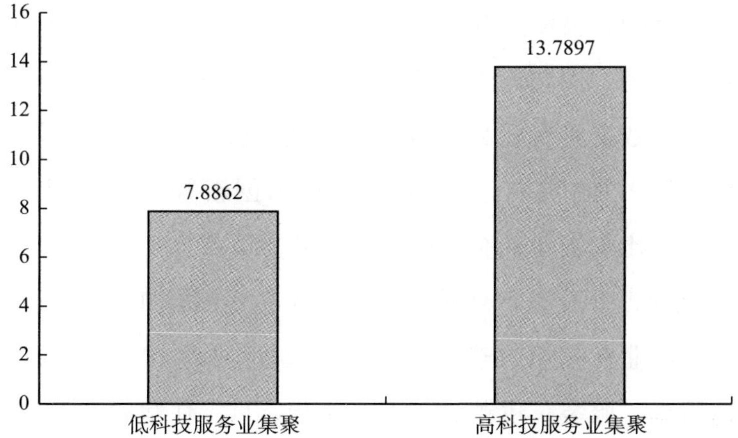

图 5－2　科技服务业集聚高低与制造业企业创新产出强度平均水平

5.1.3 数据来源

制造业企业数据来自世界银行中国企业调查数据，该数据是世行利用分层随机抽样方法对中国企业相关活动信息和指标进行搜集，避免了选择性偏误，是迄今为止世行公布最新的企业数据。它主要调查的是中国企业土地与行政许可、销售收入、创新和技术等相关信息，样本主要涉及制造业和服务业，样本企业分布在国内25座大中型城市和12个省级行政区。

世行中国企业调查数据提供了较为丰富的企业技术创新活动指标和企业特征变量。巧妙的调查设计处理了以往很多创新行为难以衡量和界定的困惑，解决了经验研究中难以区分各种创新行为问题，该数据库涵盖了企业很多创新指标，这为本书研究科技服务业集聚对制造业企业技术创新的影响提供了优质素材和独特数据来源。使用该数据库具有以下优点：

（1）调查对象主要是企业高管，涉及总经理、人力资源总监、会计师等，丰富的社会阅历和管理经验使得他们对问题的理解和认识要优于一般劳动者，参与调查对象均为匿名，有效规避了策略性回应偏差。因而，该数据具有较高的可信度、代表性、准确性、科学性、客观性和权威性，是获取有关企业层面技术创新等话题的重要样本来源，它提供了比较细化的企业技术创新指标。

（2）该数据库覆盖产业范围广。样本覆盖我国12个省份和25个大中城市，产业覆盖第二产业和部分服务业共计19个细分行业，包括食品、纺织、服装、皮革、批发、零售、IT、住宿餐饮等。

（3）世行中国企业调查数据库更多属于中小型企业和非上市公

司，提供了经济社会中大量存在但又鲜为人知的中小企业技术创新活动和生产经营信息，在分析企业创新、营商环境、融资约束等问题时得到国内外学者大量应用。

对比之下，经常作为企业创新行为样本选择的重要来源——中国工业企业数据库，它也是研究微观企业生产行为和创新行为的重要数据来源，该数据库提供了国有与规模以上非国有企业，较少涉及中小私营企业，使用该数据库进行经验研究容易存在样本选择问题（聂辉华等，2012）。中国工业企业数据库对创新问题研究大多集中在2005～2007年，与之相对应，来自世行中国企业调查数据相对较新，提供了企业层面大量创新信息以及较为详尽的创新数据支撑。

鉴于研究对象，在样本中删除第三产业企业样本，只保留制造业企业样本。同时，还删除了回答不清楚、未回答、信息缺失的样本，删除部门匹配不一致样本，总共得到1300余个制造业企业观测值。本章将城市层面科技服务业集聚数据和世行中国企业调查数据进行匹配，构造微观与宏观相结合的横截面数据，实现宏观层面数据和微观层面数据的对话。

5.2　基准实证结果分析

5.2.1　对技术创新概率影响

模型（5－1）中被解释变量newpro数值属于0－1型，属于二元离散选择模型。有些制造业企业拥有新产品，而有些制造业企业没有新产品，此时采用 ols 回归很可能产生偏误。

根据微观计量经济学，对于被解释变量为 0－1 型离散选择变量，不宜采用 ols 估计，宜采用 probit 或者 logit 模型进行估计，此时关键解释变量科技服务业集聚反映了对制造业企业创新概率的影响①。表 5－3 汇总了回归结果，作为对比，也列出了 ols 估计结果。

表 5－3　　科技服务业集聚对企业创新概率的影响

变量	(1) probit	(2) probit	(3) logit	(4) logit	(5) ols
staggl	0.7212 *** (3.2565)	0.7603 *** (3.2067)	1.2039 *** (3.0471)	1.2730 *** (3.0643)	0.2465 *** (3.7602)
size		0.0828 *** (3.0663)		0.1397 *** (3.0399)	0.0235 *** (2.9677)
experi		0.0116 * (1.9292)		0.0202 ** (1.9840)	0.0038 ** (2.1042)
group		0.4082 *** (3.2043)		0.6926 *** (3.1886)	0.1300 *** (3.4178)
export		0.0020 (1.0052)		0.0034 (1.0023)	0.0005 (0.7853)
compe		−0.1039 (−0.9798)		−0.1441 (−0.7932)	−0.0331 (−1.0324)
finance		0.1535 *** (2.9167)		0.2527 *** (2.7996)	0.0466 *** (2.9110)
law		−0.0376 (−0.5666)		−0.0617 (−0.5375)	−0.0141 (−0.7264)

① 陈强. 高级计量经济学及 Stata 应用［M］. 北京：高等教育出版社，2014.

续表

变量	(1) probit	(2) probit	(3) logit	(4) logit	(5) ols
age		-0.0037 (-0.7307)		-0.0065 (-0.7507)	-0.0014 (-0.9978)
train		0.7622*** (5.3199)		1.3592*** (5.1472)	0.1907*** (5.0929)
state		-0.0091*** (-4.1541)		-0.0146*** (-4.0057)	-0.0023*** (-3.9064)
_cons	-0.9158** (-2.1124)	-3.1830*** (-4.5517)	-1.5413** (-1.9718)	-5.4588*** (-4.4730)	-0.4056** (-2.0741)
城市固定效应	√	√	√	√	√
行业固定效应	√	√	√	√	√
N	1301	1301	1301	1301	1301
伪 R^2	0.1974	0.2559	0.1980	0.2556	
ll	-715.7362	-663.6277	-715.2023	-663.8908	-698.2921

注：*、**、*** 分别代表10%、5%和1%的显著性水平，括号内为t值，下同。

表5-3列式（1）反映了未引入控制变量下采用probit模型估计结果，列式（2）反映了引入控制变量下采用probit模型估计结果，列式（3）反映了未引入控制变量下采用logit模型估计结果，列式（4）反映了引入控制变量后采用logit模型估计结果，列式（5）作为对比列出了ols估计结果。

由表5-3可知，无论是probit模型还是logit模型，无论是否引入控制变量，科技服务业集聚的回归系数都显著为正，说明科技服务业集聚有利于制造业企业提高创新产出概率和创新成果倾向，提高企业从事创新活动的概率，增加企业参与创新活动积极性、创新意识和创新活跃度。以集聚方式发展的科技服务业为制造业企业提供丰富的技术、人才、信息等异质性资源，降低制造业企业创新成本，帮扶制造业企业发掘创新机会、形成创新想法、梳理创新思路和实施创新，实现创新潜在收益高于创新潜在成本，缓解企业创新风险，提高创新成功概率。

科技服务业集聚已成为助推制造业技术创新的重要力量和激活企业创新活力的重要手段。在微观制造业企业层面，科技服务业集聚的创新促进作用得到验证，企业层面技术创新绩效改善是宏观层面产业创新绩效提升的微观细胞和基层经济单元。

就控制变量而言，企业规模（size）的回归系数显著为正，说明大规模企业相比小规模企业具有更高的创新产出概率，从而支持熊彼特创新假说。高管任职年限（experi）的回归系数显著为正，说明保持长期稳定的高管队伍有利于企业技术创新。集团控制企业（group）的回归系数显著为正，说明加入企业集团有利于制造业企业赢得技术创新优势，集团能够为成员企业提供技术溢出、融资服务等创新支持。企业出口（export）的系数不显著，与理论预期不符，主要因为我国出口企业多为加工贸易型，嵌入全球价值链的低端环节限制学习能力提升，故出口学习效应不明显。市场竞争（compe）的系数不显著，说明中国市场经济体制尚未完全建立，竞争机制尚未充分培育和健全。

融资约束（finance）的回归系数为正，说明融资约束越轻越有利于企业技术创新活动开展，技术创新活动顺利开展需要充裕的资金支持，与理论预期一致。法治环境（law）的系数不显著，原因可能是中国法治环境尚未健全，制约和限制了法治创新秩序功能的发挥。企业年龄（age）的系数不显著，说明企业存续年限越长并不一定能够有利于创新绩效提升，它与创新绩效并不存在直接相关关系。员工职业技能培训（train）的回归系数显著为正，说明举办职业技能培训能够为企业培养高素质的员工队伍，为企业创新生产提供充裕的智力支撑，增加企业开发新产品新服务的可能。国有股比例（state）的回归系数显著为负，说明政府持股比例过高容易过多干预企业正常生产经营，进而给制造业企业技术创新活动带来不利影响。

表5－3只能反映变量间显著关系，无法说明解释变量变化一个单位对被解释变量的影响，不能显示科技服务业集聚的具体创新促进程度和对技术创新决策的影响程度。为此，表5－4还报告了平均边际效应，作为对表5－3结果的进一步补充和完善，表示解释变量每增加一个单位引起被解释变量的变化百分比，这样可以反映科技服务业集聚对制造业企业技术创新决策的具体影响程度。

表5－4　　logit/probit 平均边际效应

变量	(1) probit	(2) probit	(3) logit	(4) logit
staggl	0.2248*** (3.30)	0.2187*** (3.24)	0.2223*** (3.09)	0.2158*** (3.10)
size		0.0238*** (3.10)		0.0237*** (3.08)
experi		0.0033* (1.94)		0.0034** (1.99)
group		0.1174*** (3.24)		0.1174*** (3.24)
export		0.0006 (1.01)		0.0006 (1.00)

续表

变量	(1) probit	(2) probit	(3) logit	(4) logit
compe		-0.0299 (-0.98)		-0.0244 (-0.79)
finance		0.0442 *** (2.95)		0.0428 *** (2.83)
law		-0.0108 (-0.57)		-0.0105 (-0.54)
age		-0.0011 (-0.73)		-0.0011 (-0.75)
train		0.2192 *** (5.46)		0.2304 *** (5.29)
state		-0.0026 *** (-4.24)		-0.0025 *** (-4.08)
N	1301	1301	1301	1301

由表 5-4 可知，平均边际效应结果显示，科技服务业区位熵每增加 1 个单位，制造业企业创新产出倾向和创新产出概率平均将会提高约 0.22 个单位，在 1% 的显著性水平下通过检验。换言之，科技服务业区位熵每增加 1 个单位，制造业企业创新产出概率将会增加约 22%，这将会吸引更多企业从事技术创新活动，提高企业的创新意愿，也即企业创新参与积极性提高。对比其他解释变量平均边际效应系数，科技服务业集聚的平均边际效应系数值最大，可见科技服务业集聚对制造业企业具有创新诱发效果，对制造业企业创新投资决策、创新活力激发和相关创新活动开展具有非常显著的推动作用。

5.2.2 对技术创新强度影响

模型（5－2）中被解释变量 newpro_out 属于受限连续变量。根据微观计量经济学理论，适宜采用 tobit 模型进行估计①。作为对照，也一并列出 ols 估计结果，具体见表 5－5。

表 5－5　　科技服务业集聚对企业创新强度的影响

变量	(1) tobit	(2) tobit	(3) ols	(4) ols
staggl	4.9553** (2.1125)	4.6873** (2.0156)	4.9553** (2.0765)	4.6873** (1.9733)
size		0.5629** (2.0043)		0.5629** (1.9622)
experi		0.0554 (0.8671)		0.0554 (0.8489)
group		4.5139*** (3.3445)		4.5139*** (3.2744)
export		0.0050 (0.2304)		0.0050 (0.2255)
compe		-2.1165* (-1.8634)		-2.1165* (-1.8243)
finance		0.2947 (0.5190)		0.2947 (0.5081)
law		0.1913 (0.2770)		0.1913 (0.2712)

① 陈强．高级计量经济学及 Stata 应用［M］．北京：高等教育出版社，2014.

续表

变量	(1) tobit	(2) tobit	(3) ols	(4) ols
age		-0.0934* (-1.8951)		-0.0934* (-1.8554)
train		5.1553*** (3.8820)		5.1553*** (3.8006)
state		-0.0238 (-1.1408)		-0.0238 (-1.1168)
_cons	8.9749** (1.9852)	-3.8776 (-0.5591)	8.9749* (1.9514)	-3.8776 (-0.5474)
城市固定效应	√	√	√	√
行业固定效应	√	√	√	√
N	1301	1301	1301	1301

表5-5列式（1）和列式（2）分别是未引入控制变量和引入控制变量后的tobit模型估计结果；列式（3）和列式（4）分别是未引入控制变量和引入控制变量后的ols估计结果。

由表5-5可知，tobit模型回归结果表明变量stagg1的系数显著为正，说明科技服务业集聚有利于提高企业技术创新产出强度。以完整回归结果的列式（2）作为分析依据，科技服务业区位熵每提高1个单位，制造业企业技术创新强度将会提高约4.7个百分点。

由此可见，无论是创新概率还是创新强度，科技服务业集聚对其均有显著的积极影响，它对制造业企业技术创新决策与技术创新绩效都具有不可或缺的重要作用。本部分研究为科技服务业集聚积极影响制造业技术创新提供了基于微观制造业企业层面的经验证据。宏观经济活动和中观产业运行都是微观经济主体行为活动结果的宏观呈现，无论是区域制造业创新还是制造业行业创新均需要微观制造业企业作为支撑。因为科技服务业集聚推动了制造业企业技术创新，激励其谋求创新发展的动力机制，故微观企业层面分析是中观产业层面和宏观区域层面分析的基础。

通过研究科技服务业集聚对企业创新产出的二元边际影响，发现科技服务业集聚对企业创新产出倾向和创新产出强度均具有显著促进作用，说明科技服务业集聚对企业创新活动广延边际和集约边际均具有推动作用，能够引导未进行创新活动企业从事创新投资和进一步强化已有从事研发创新活动企业提高创新产出绩效。

可见，科技服务业集聚汇聚的技术资源、人才资源、信息资源、社会资本资源等异质性资源，能够有效解决创新信息不对称问题，相当程度上减少技术创新过程中的不确定性与沉没成本，降低制造业企业从事技术创新活动门槛，促进更多制造业企业从事技术创新活动，从而优化制造业企业创新的广延边际和集约边际，印证科技服务业集聚促进制造业技术创新的企业层面影响机理。

5.2.3 内生性与稳健性检验

使用微观数据进行实证分析时常面临内生性问题，得出的结果可能产生偏误。本章的被解释变量为企业层面的技术创新活动指标，属于微观变量；关键解释变量为城市层面的科技服务业区位熵，属于宏观变量，关键解释变量科技服务业区位熵与被解释变量制造业企业技术创新不在同一层面。城市科技服务业区位熵对于制造业企业来说是外生变量和宏观环境变量，宏观变量能够影响微观变量，但微观变量难以影响宏观变量（Card et al.，1994）。世界银行 2012 年中国企业调查数据主要反映中小企业生产经营情况，这些企业市场集中度较低，行业内企业数量较多，位于竞争性行业和领域，缺乏市场势力，故单个企业或少数企业难以直接影响城市层面科技服务业集聚，但城市层面科技服务业集聚则能影响制造业企业创新活动，因此内生性问题并不严重。

更为重要的是，被解释变量创新产出概率（newpro）为 2009 ~ 2011 年这三年制造业企业是否具有新产品或者新服务，被解释变量创新产出强度（newpro_out）为 2011 年制造业企业新产品或者新服务销售额占企业总销售额的比例，本章关键解释变量科技服务业集聚（stagg1）采用的是 2008 年城市科技服务业区位熵，实际上已经对关键解释变量科技服务业集聚进行滞后期处理，已经大大缓解内生性问题。因此，综合来看，本章内生性问题较轻，为此下面主要进行稳健性检验：

第一，更换关键解释变量科技服务业集聚测度指标进行稳健性检验。采用 2008 年城市科技服务业相对经济活动密度（re_density）和绝对经济活动密度（density）对模型（5 - 1）和模型（5 - 2）重新进行估计，科技服务业相对经济活动密度和绝对经济活动密度结果取自第 4 章科技服务业集聚测度，回归结果见表 5 - 6 和表 5 - 7。

表 5 - 6　更换科技服务业集聚测度指标后企业创新概率的稳健性检验

变量	(1) probit	(2) logit	(3) probit	(4) logit
re_density	0.2768 *** (3.2067)	0.4634 *** (3.0643)		
density			0.5279 *** (3.2067)	0.8840 *** (3.0643)

续表

变量	(1) probit	(2) logit	(3) probit	(4) logit
控制变量	√	√	√	√
_cons	-3.2526***	-5.5753***	-3.2526***	-5.5753***
	(-4.5552)	(-4.4725)	(-4.5552)	(-4.4725)
城市固定效应	√	√	√	√
行业固定效应	√	√	√	√
N	1301	1301	1301	1301
伪 R^2	0.2559	0.2556	0.2559	0.2556
ll	-663.6277	-663.8908	-663.6277	-663.8908

表 5-7　更换科技服务业集聚测度指标后企业创新强度的稳健性检验

变量	(1) tobit	(2) tobit
re_density	1.7063** (2.0156)	
density		3.2547** (2.0156)
控制变量	√	√
城市固定效应	√	√
行业固定效应	√	√
_cons	-4.3063 (-0.6090)	-4.3063 (-0.6090)
N	1301	1301

从表 5-6 容易看出，科技服务业相对经济活动密度（re_density）和绝对经济活动密度（density）的系数显著为正，这说明更换科技服

务业集聚测度指标后，科技服务业集聚依然有利于提高制造业企业创新产出倾向。从表 5 - 7 可以看出，科技服务业相对经济活动密度（re_density）和绝对经济活动密度（density）的系数显著为正，这说明更换科技服务业集聚测度指标后，科技服务业集聚依然有利于提高制造业企业创新产出强度。

第二，更换数据库进行稳健性检验。为进一步验证科技服务业集聚对制造业企业技术创新的积极影响，将中国城市层面数据匹配至中国工业企业数据库（2003 ~2007 年）进行稳健性检验。

中国工业企业数据库统计范围包括全部国有工业企业以及规模以上非国有工业企业（企业法人，统计标准为年主营业务收入 500 万元）相关数据主要包括企业基本信息、经营信息和财务信息，相对而言财务数据比较多。

因为本章研究对象是制造类企业，故删除煤炭开采和洗选业、石油和天然气开采业等采掘业类工业企业，以及工艺品及其他制造业、废弃资源和废旧材料回收加工业和电力燃气水的生产与供应业等工业企业。

考虑到中国工业企业数据库存在指标异常、测量误差明显等问题和缺陷，借鉴聂辉华等（2012）、布兰特等（Brandt et al.，2012）对数据库进行以下处理：

第一，删除职工人数小于 8 人的企业；第二，删除企业生存时间低于 1 年或高于 61 年企业；第三，删除总资产小于流动资产，总资产小于固定资产净值，累计折旧小于当期折旧的企业；第四，删除实收资本小于或等于 0 的企业；第五，删除固定资产、总资产、工业总产值和流动资产等小于或等于 0 的企业；第六，删除营业费用、管理费用、制造费用小于等于 0 的企业；第七，剔除研究开发费小于 0 的样本。

被解释变量和解释变量说明如下：

（1）被解释变量——技术创新（innov）。将新产品产值作为技术创新的代理变量，分别从创新强度和创新概率反映企业技术创新，以新产品产值的对数值反映企业创新强度，以企业是否有新产品产值反映企业创新概率。

（2）关键解释变量——科技服务业集聚（staggl_s）。采用城市区位熵进行衡量，结果取自第4章科技服务业集聚测度，前面已经详细叙述过，在此不再赘述。

（3）控制变量主要有以下几个：①企业工资（wage），采用企业应付工资额的对数值予以反映；②企业规模（scale），采用企业全部人员数的对数值予以反映；③企业出口（export），采用企业出口交货值的对数值予以反映；④企业补贴（subsidy），采用企业补贴收入与其主营业务收入之比予以反映；⑤企业年龄（age），采用2007减去企业开业年的数值予以反映；⑥企业资产收益率（ROA），采用企业利润与总资产之比予以反映。对创新概率模型（5-1）和创新强度模型（5-2）的稳健性检验见表5-8和表5-9。

表5-8　采用中国工业企业数据库后企业创新概率的稳健性检验

变量	(1)	(2)	(3)	(4)	(5)	(6)	(7)
staggl_s	0.0564*** (13.5667)	0.0615*** (14.4106)	0.0654*** (15.3093)	0.0738*** (17.0553)	0.0731*** (16.8890)	0.0701*** (16.1456)	0.0701*** (16.1444)
wage		0.2298*** (136.9561)	0.1799*** (50.6541)	0.1235*** (34.4097)	0.1282*** (34.1128)	0.1293*** (34.3588)	0.1293*** (34.3577)
scale			0.0655*** (15.8810)	0.0419*** (10.1285)	0.0369*** (8.6142)	0.0193*** (4.4679)	0.0193*** (4.4733)

续表

变量	(1)	(2)	(3)	(4)	(5)	(6)	(7)
export				0.0536 *** (103.2428)	0.0534 *** (102.7530)	0.0541 *** (103.7558)	0.0541 *** (103.7544)
subsidy					0.0057 (0.7773)	0.0032 (0.4065)	0.0032 (0.4066)
age						0.0074 *** (33.3525)	0.0074 *** (33.3640)
ROA							−0.0000 (−0.4044)
_cons	−0.6680 *** (−10.3322)	−2.3487 *** (−35.0379)	−2.2834 *** (−34.0489)	−1.9032 *** (−28.1650)	−1.9115 *** (−28.0856)	−1.9507 *** (−28.6376)	−1.9510 *** (−28.6413)
省份固定效应	√	√	√	√	√	√	√
行业固定效应	√	√	√	√	√	√	√
年份固定效应	√	√	√	√	√	√	√
N	91431	91431	91431	91431	91431	91431	91431

表 5-9　采用中国工业企业数据库后企业创新强度的稳健性检验

变量	(1)	(2)	(3)	(4)	(5)	(6)	(7)
staggl_s	0.0834 *** (14.1139)	0.0856 *** (14.7556)	0.0957 *** (16.4999)	0.1067 *** (18.5364)	0.1044 *** (18.0923)	0.0998 *** (17.3010)	0.0998 *** (17.2962)
wage		0.4086 *** (185.8414)	0.2729 *** (66.4504)	0.2035 *** (49.4773)	0.2440 *** (52.6851)	0.2459 *** (53.1377)	0.2461 *** (53.1560)
scale			0.1948 *** (39.2818)	0.1473 *** (29.8519)	0.1091 *** (20.3802)	0.0859 *** (15.9594)	0.0858 *** (15.9299)

续表

变量	(1)	(2)	(3)	(4)	(5)	(6)	(7)
export				0.0873 *** (122.4002)	0.0863 *** (120.5751)	0.0866 *** (121.0804)	0.0866 *** (121.0742)
subsidy					0.0051 (0.5043)	0.0007 (0.0651)	0.0007 (0.0650)
age						0.0117 *** (37.8830)	0.0117 *** (37.8948)
ROA							-0.0000 (-0.4951)
_cons	0.1450 (0.1393)	-2.9518 *** (-2.8904)	-2.8661 *** (-2.8088)	-2.1235 ** (-2.0981)	-2.2387 ** (-2.2095)	-2.4803 ** (-2.4499)	-2.4814 ** (-2.4510)
省份固定效应	√	√	√	√	√	√	√
行业固定效应	√	√	√	√	√	√	√
年份固定效应	√	√	√	√	√	√	√
N	91431	91431	91431	91431	91431	91431	91431

可见表5-8和表5-9中逐步引入控制变量，科技服务业集聚对制造业企业创新效率和创新强度均表现为非常显著的促进作用和积极影响，使用中国工业企业数据库进一步证实科技服务业集聚对制造业企业技术创新的推动作用，实现制造业企业增长动力战略转型和改善创新表现。

经过稳健性检验，研究结论依然表明科技服务业集聚促进制造业企业技术创新，高度证实科技服务业集聚对制造业企业的技术创新促进作用，实证结果稳健，结论可靠。

5.3 技术创新类型影响

前面分析的是科技服务业集聚对制造业技术创新的影响效果，以下分析科技服务业集聚对制造业企业技术创新类型的影响，揭示可能存在的问题。

5.3.1 产品创新和工艺创新

技术创新是一个多层次内容体系。按照创新对象划分，可将其分为产品创新和工艺创新（吕铁等，2015）。前者属于高端技术创新，具有“创造性破坏”特征，通过新产品开发开拓新市场，它对企业创新资源整合能力要求较高，有望给市场带来颠覆式创新体验，后者侧重生产方式改进和减少现有产品的生产成本，使用新技术或新工序提效率降成本，属于一般技术创新，对企业创新能力要求较低（胡彬等，2017；胡大立等，2019）。

产品创新采用企业最近三年是否推出新产品或者新服务，取值为0表示未能推出新产品或者新服务，取值为1表示推出新产品或者新服务。工艺创新采用最近三年企业是否采取措施降低了生产成本进行表征，取值为0表示未进行工艺创新，取值为1表示进行了工艺创新。经过调查，制造业企业从事产品创新的企业占比约为51.1%，从事工艺创新的企业占比约为74.7%，这反映企业从事产品创新和工艺创新不平衡，中国制造业企业主要从事以改善工艺流程为代表的低端技术创新类型。经验研究表明高技术企业产品创新更活跃，低技术企业工艺创新更活跃（杨晔等，2019）。

比较而言，工艺创新对企业综合创新能力要求较低，此类创新活动失败率低、风险小和创新成功概率大，易于被中小企业偏好和选择。产品创新对企业综合创新能力要求较高，这类创新行为具有风险大、失败率高和周期长等特征，很多中小企业难以承受和负担。分别采用 probit 和 logit 模型探讨科技服务业集聚对制造业企业产品创新和工艺创新的差异化影响，结果见表 5－10。

表 5－10　　　　产品创新和工艺创新的回归结果

变量	产品创新 probit	产品创新 logit	工艺创新 probit	工艺创新 logit
stagg	0.3311 (0.9548)	0.5384 (0.9609)	1.1413 ** (2.5732)	2.1889 *** (2.6243)
size	0.0950 *** (3.3372)	0.1614 *** (3.2917)	0.0809 ** (2.3560)	0.1405 ** (2.3032)
experi	−0.0004 (−0.0613)	0.0001 (0.0125)	0.0074 (1.0167)	0.0151 (1.1765)
group	0.3182 ** (2.2008)	0.5248 ** (2.0954)	0.1699 (1.0165)	0.3245 (1.0782)
export	−0.0010 (−0.4842)	−0.0017 (−0.4794)	0.0024 (1.0051)	0.0040 (0.9487)
compe	−0.4763 *** (−3.9906)	−0.8108 *** (−4.0041)	0.1277 (0.9852)	0.2179 (0.9663)
finance	0.0662 (1.2119)	0.1029 (1.1127)	0.1449 ** (2.1962)	0.2477 ** (2.1123)
law	0.0369 (0.5386)	0.0633 (0.5451)	−0.1705 ** (−2.2588)	−0.2928 ** (−2.2632)

续表

变量	产品创新 probit	产品创新 logit	工艺创新 probit	工艺创新 logit
age	-0.0002 (-0.0378)	-0.0004 (-0.0413)	0.0022 (0.2999)	0.0044 (0.3409)
train	0.3375** (2.5590)	0.5549** (2.4885)	0.6855*** (5.1529)	1.1801*** (5.1223)
state	-0.0137*** (-4.6386)	-0.0236*** (-4.4343)	0.0093** (2.1270)	0.0165** (2.0617)
_cons	-2.0214*** (-2.7230)	-3.3843*** (-2.7135)	-1.8732** (-2.2122)	-3.4398** (-2.3621)
N	1172.0000	1172.0000	1139.0000	1139.0000
城市固定效应	√	√	√	√
行业固定效应	√	√	√	√
伪 R^2	0.2317	0.2317	0.2577	0.2566
ll	-623.8826	-623.9542	-484.3998	-485.1215

由表5-10可知，科技服务业集聚对产品创新影响虽然为正，但不显著；科技服务业集聚对工艺创新影响显著为正，说明其更利于推动制造企业选择和偏好工艺创新这种低端、低质量技术创新活动。从技术创新对象来看，科技服务业集聚的创新促进作用主要体现在进行工艺流程改造、重塑生产流程等领域，尚未为制造业创新活动提供全方位创新服务。

事实上，进行产品创新的企业追求差异化发展战略，创新难度较大，难以被竞争对手模仿和复制，属于高端技术创新；进行工艺创新的企业追求低成本战略，创新难度较小，容易被竞争对手模仿和复制，属于低质量技术创新（Guan et al.，2009；毕克斯等，2012；胡彬等，2019）。科技服务业集聚的积极创新效果体现在工艺创新，主要原因在于：

第一，科技服务业集聚质量不高，未能为企业从事高端技术创新活动提供足够的先进技术与专业知识支持，我国大量科技服务业集聚区缺乏龙头企业、示范企业和区域品牌，产业集聚的规模还比较小，较大规模与较强竞争力的科技服务企业偏少，年营业收入超百亿元的企业极少，企业间联系和分工合作较弱，其密切分工协作联系欠缺，与当地的经济、社会、文化网络嵌入不深，大量企业停留在一般大众化服务和普通经济业务领域，产业链条延伸有限，高端服务业态缺乏，人才匮乏，难以满足制造业企业日益增长的个性化、定制化、多样化的科技服务需求，导致科技服务业集聚存在低端创新锁定效应。例如，我国缺乏像 YC 公司、高智发明这种资产超百亿美元的大型科技服务企业，科技服务机构差异化、服务多样化仍有较大提升空间。

第二，中国制造业企业多属劳动密集型、资源密集型，产品附加值低、生产技术含量低限制了对高精尖科技服务需求，制造业企业科技服务需求意愿和需求能力不足，这在一定程度上限制了科技服务业集聚的高端创新效应发挥和释放。

由此可见，我国科技服务业集聚对制造企业技术创新对象存在结构性失衡，对产品创新影响不显著，有利于企业从事工艺创新活动，锁定和固化企业低端低质量创新偏好，尚未对企业选择高质量的产品创新策略产生有益推动作用，长此以往将不利于我国制造业企业创新升级与结构升级。为此，中国科技服务业集聚也需要质量提升，加快制造业结构调整，为科技服务业集聚的产品创新功能释放提供铺垫。

5.3.2 渐进式创新和探索式创新

技术创新按照创新性质可分为探索式创新和渐进式创新（Dewar & Dutton，1986；Cardinal，2001；江伟等，2019）。探索式创新又被称为突破式创新，它是在已有知识基础上形成新的知识和技能，通过突破式技术进展和打破已有技术范式获取新知识，开发新技术，创新全新产品抢占新市场，目的在于满足日益个性化、多样化、定制化的客户需求，侧重长期利益追求，着眼于未来。探索式创新过程不确定性强，具有突变性特点，创新投入较大，需要反复技术试错，创新活动高风险与高收益并存，实现从 0 - 1 的质变。此类创新活动包含大量先进和复杂技术，科学价值较高，一旦创新成功，技术突破明显，基于创造性破坏将会取得竞争对手难以望其项背的竞争优势和获取极其可观的创新租金。

渐进式创新又被称为开发式创新或者改进型创新，它是在已有知识和技能基础上侧重改进产品设计和完善产品技术，提升既有产品功能，增加既有产品的消费体验，巩固企业既有市场份额和占有率，具有连续性和累积性特点，多为渐进小步慢跑模式，相对而言创新科学价值较小，目的在于满足既有客户的消费需求，侧重短期利益获取，着眼于现在，其创新过程不确定性小，技术突破较弱，实现从 1 - n 的量变，创新投入较小，往往能给创新主体带来稳定低收益回报。

探索式创新采用企业在过去三年参与哪些创新活动，也即是否推出新产品或者新服务、是否推出新技术和新设备用于产品和服务的工艺改进、在生产和经营中是否采用质量控制程序、是否推出新的管理流程进行加总，得到探索式创新得分值，范围在 0 至 4 之间，数值越大说明企业参与的探索式创新活动越多，数值越小说明企业参与的探索式创新活动越少。渐进式创新采用企业是否采取措施降低企业生产成本、是否给现存产品或服务添加新的特性、是否采取措施提高生产弹性进行加总，得到渐进式创新得分值，范围在 0 至 3 之间，数值越大说明企业参与的渐进式创新活动越多，数值越小说明企业参与渐进式创新活动越少（张峰等，2016）。

因为被解释变量探索式创新（exploration）和渐进式创新（exploitation）的得分值为排序值，是一个离散且有序的变量，反映的是企业探索式创新和渐进式创新的程度，故采用 order probit 和 order logit 排序模型考察科技服务业集聚对企业探索式创新和渐进式创新的影响，结果见表 5－11。

表 5－11　　　　探索式创新和渐进式创新的回归结果

变量	探索式创新		渐进式创新	
	oprobit	ologit	oprobit	ologit
stagg	－0.0092 （－0.0359）	0.0091 （0.0204）	0.6085** （2.3110）	1.0010** （2.3399）
size	0.1405*** （6.0687）	0.2438*** （6.1387）	0.1013*** （4.3070）	0.1813*** （4.4693）
experi	－0.0009 （－0.1777）	－0.0022 （－0.2569）	0.0125** （2.3173）	0.0217** （2.3282）
group	0.3092*** （2.7024）	0.4721** （2.4332）	0.3166*** （2.6125）	0.5554*** （2.5858）
export	0.0006 （0.3395）	0.0009 （0.3230）	0.0014 （0.7788）	0.0023 （0.7685）
compe	－0.2647*** （－2.8019）	－0.4507*** （－2.8167）	－0.0682 （－0.6992）	－0.2276 （－1.3419）

续表

变量	探索式创新		渐进式创新	
	oprobit	ologit	oprobit	ologit
finance	0. 1200 *** (2. 6975)	0. 2016 *** (2. 6881)	0. 1730 *** (3. 7214)	0. 2756 *** (3. 5372)
law	0. 0319 (0. 5754)	0. 0033 (0. 0348)	-0. 0046 (-0. 0810)	0. 0152 (0. 1576)
age	0. 0048 (1. 0602)	0. 0072 (0. 9583)	-0. 0012 (-0. 2791)	-0. 0055 (-0. 7658)
train	0. 5212 *** (4. 8715)	0. 8298 *** (4. 6645)	0. 5161 *** (4. 9161)	0. 8486 *** (4. 8068)
state	-0. 0133 *** (-5. 9553)	-0. 0225 *** (-5. 6565)	-0. 0049 ** (-2. 5733)	-0. 0084 *** (-2. 7845)
城市固定效应	√	√	√	√
行业固定效应	√	√	√	√
N	1170	1170	1170	1170
r2_p	0. 1318	0. 1328	0. 1227	0. 1273
ll	-1559. 7017	-1557. 8673	-1367. 7644	-1360. 6613

表 5 - 11 结果表明科技服务业集聚主要对企业渐进式创新产生显著影响，而对探索式创新缺乏显著积极影响，有利于制造业企业提高从事渐进式创新的概率。不可否认，渐进式创新是企业创新成长的重要路径，它能够以较小的创新成本、较低的创新风险、较快的创新速度、较弱的创新不确定性参与到研发创新活动中，节省大量的技术研发成本和技术成果市场推广成本，短期内对提高企业创新绩效和创新成长的贡献率具有积极作用。但随着经济转型升级，要素成本上升、技术变革加快、先进技术购买和引进难度加大等内外部环境变化，渐

进式创新对企业长期竞争力和核心竞争力的提高缺乏持续性支撑和保障，依靠渐进式创新推动制造企业创新可持续发展和保持持久旺盛创新势头将难以为继。

可以说，从长期看渐进式创新的空间是有限和有度的，而依赖探索式创新建立起来的企业竞争力具有持久优势，经济增长、创新型国家建设、现代化经济体系构建终究要依靠探索式创新来支撑和维系，它能够实现创新弯道超车和创造更多的经济社会效益（March，1991；徐建中等，2020）。中国创新驱动、绿色发展、转型升级、制造强国等战略推进更加依赖探索式创新（肖海林和董慈慈，2020）。

探索式创新要求科技服务业具备较高的能力、知识和结构。科技服务业集聚对渐进式创新产生促进作用，而对探索式创新未能产生促进作用，原因可能在于：

中国科技服务业集聚结构不尽合理，集聚质量不高，尚未脱离初级发展阶段。多以中小企业和机构为主，产业集群缺乏具有核心竞争力的骨干型科技服务企业和链主型科技服务企业，品牌效应不明显，集聚区内企业规模整体偏小，市场主体发育不健全，专业化程度低，价值链高端延伸欠缺，服务特色模糊，服务功能不全，服务质量欠缺，缺乏清晰的业务定位，开展的业务多为常规性科技服务，科技服务链宽度与深度滞留于浅层次，高端服务业态缺乏，科技服务模式创新不足，大量中小企业形成的集聚环境容易导致低水平的同群偏向（徐浩等，2019）。

集聚区内规模以上企业占比低，缺乏诸如高通公司、高智发明等具有国际竞争力的品牌企业，龙头企业支撑引领缺乏导致产业规模较小、集聚效应不强和竞争力低下，企业缺失核心产品和关键技术，竞争优势不明显，这种由中小企业为主体的集聚模式在解决突破式创新方面难有优势（杜传忠，2009）。例如中国知名企业华为公司的研发、供应链、人力资源、财务、营销均是由国外顶尖级科技服务机构提供支持，国内科技服务机构提供高质量服务体系能力有待加强（刘广威，2019）。

5.3.3 技术创新模式影响

科技服务业集聚能给制造业企业创新能力提升带来积极影响，那么能否给企业技术创新模式带来影响，值得关注和研究，也为科技服务业集聚影响制造业企业技术创新模式选择提供参考和借鉴。

根据技术获取来源，可将技术创新模式分为自主创新、合作创新和模仿创新，它们均是企业技术创新能力提升的主要路径（Criscuolo et al.，2010；张峰等，2016；王侃等，2019）。自主创新主要依靠企业内部力量自行研制开发取得技术突破和进展，进行技术商业化和获取经济收益的活动。合作创新是指企业与产业链上下游企业、同行业企业、大学或者研究结构等多个创新主体进行联合研发的创新行为，共获创新成果所有权，体现了企业协同创新行为。模仿创新是指跟随创新领先者进行研发创新，在原有技术—经济范式下沿着已有技术轨道和在已有产品基础上进行模仿、改进和升级的过程，对外部已经实现的创新进行模仿改造，优点在于节省创新资金投入，缩短创新周期，降低创新风险，属于微创新，一般通过技术引进、技术购买等载体进行（Guadalupe，2012；范科才等，2019）。

根据世界银行 2012 年中国企业调查数据披露出的相关信息，自主创新采用是否独立研发新产品予以衡量；合作创新采用是否与供应商合作研发，或者是否与客户企业进行合作研发予以表征；模仿创新采用企业是否对其他企业产品加以改进予以表征（傅宇等，2018），具体结果见表 5 - 12。

表 5 - 12　　　　企业技术创新行为模式的回归结果

变量	(1) 自主创新	(2) 合作创新	(3) 模仿创新	(4) 自主创新	(5) 合作创新	(6) 模仿创新
stagg	0.3791 (1.1610)	0.2117 (0.7836)	0.7042 ** (2.1634)	0.6500 (1.2191)	0.3474 (0.6853)	1.1310 ** (2.0958)
size	0.1263 *** (3.8656)	0.1204 *** (4.2380)	0.0444 (1.4712)	0.2300 *** (3.9637)	0.2130 *** (4.2089)	0.0664 (1.2984)
experi	-0.0099 (-1.3858)	-0.0050 (-0.7876)	0.0051 (0.7429)	-0.0154 (-1.2778)	-0.0101 (-0.9224)	0.0085 (0.7456)
group	0.1871 (1.1513)	0.1351 (0.9865)	-0.1862 (-1.2935)	0.3318 (1.1947)	0.1868 (0.7876)	-0.3098 (-1.2738)
export	-0.0041 * (-1.8041)	-0.0010 (-0.4699)	0.0003 (0.1247)	-0.0071 * (-1.8206)	-0.0022 (-0.6076)	0.0005 (0.1272)
compe	-0.2328 * (-1.7312)	-0.1064 (-0.9508)	-0.1828 (-1.4350)	-0.4234 * (-1.8389)	-0.2237 (-1.1596)	-0.2786 (-1.2986)
finance	-0.0935 (-1.5506)	0.1757 *** (3.1643)	0.1429 ** (2.4961)	-0.1575 (-1.5474)	0.3006 *** (3.1251)	0.2458 ** (2.5281)
law	0.1336 * (1.7199)	0.1397 ** (2.0016)	0.0035 (0.0476)	0.2435 * (1.8622)	0.2352 * (1.9425)	-0.0079 (-0.0641)
age	-0.0044 (-0.6674)	-0.0067 (-1.0867)	-0.0005 (-0.0895)	-0.0102 (-0.8800)	-0.0135 (-1.2213)	-0.0006 (-0.0616)
train	0.4388 *** (2.8972)	0.2879 ** (2.0257)	0.0436 (0.2825)	0.7152 *** (2.8344)	0.5293 ** (2.0728)	0.0796 (0.3115)
state	0.0144 *** (3.9958)	-0.0094 *** (-3.1406)	-0.0163 *** (-4.8156)	0.0290 *** (3.7117)	-0.0180 *** (-3.1000)	-0.0292 *** (-4.4523)

续表

变量	(1) 自主创新	(2) 合作创新	(3) 模仿创新	(4) 自主创新	(5) 合作创新	(6) 模仿创新
_cons	-2.3754*** (-2.9268)	-3.8949*** (-6.1546)	-1.7350** (-2.2325)	-4.3265*** (-3.1189)	-6.7167*** (-5.8250)	-2.7388** (-2.1005)
城市固定效应	√	√	√	√	√	√
行业固定效应	√	√	√	√	√	√
N	955.0000	1239.0000	994.0000	955.0000	1239.0000	994.0000
r2_p	0.2011	0.2837	0.2192	0.2024	0.2874	0.2191
ll	-480.9160	-570.8598	-542.4278	-480.1335	-567.8495	-542.5303

表5-12中模型（1）、（2）和（3）采用probit模型进行估计，模型（4）、（5）、（6）采用logit模型进行估计，结果表明科技服务业集聚对企业模仿创新产生了积极影响，科技服务业集聚程度越高，企业选择模仿创新的可能越高，对企业自主创新和合作创新虽然具有正向作用，但并不显著，说明科技服务业集聚的自主创新激励功能和创新中介功能尚未完全发挥。

一般而言，企业创新产出增加渠道主要有以自主研发为代表的自主创新、以合作研发为代表的合作创新和协同创新以及以技术引进购买为代表的模仿创新。中国科技服务业主要通过促进企业外部技术购买等模仿创新模式影响制造业企业创新产出和推动企业创新绩效提升，而非激励企业合作研发和自主研发影响企业创新产出和推动企业创新绩效提升。科技服务业未能实现引导企业由引进和模仿为代表的外源性创新走向以自主研发为表征的内源型创新。

诚然，以技术引进和技术购买为基础的模仿创新能够规避巨额研发投入和降低创新成果市场化风险取得可观利益回报，这是一种低成本、立竿见影式的创新方式，也是企业在初级发展阶段和起步阶段常用的创新模式和创新方法。对于中小企业而言，自身创新实力有限和外部创新环境制约，基于技术引进消化吸收和高端设备购买的模仿创新成为企业特别是中小企业的理性选择和择优战略，随着知识产权保护和产权制度的完善，外资对核心技术封锁和严格控制使得技术溢出和技术模仿的空间越来越小，高水平技术模仿难度越来越大，技术模仿空间骤减，即便能够模仿但技术多为失去核心优势的成熟标准技术，难以模仿备受期待的前沿技术、尖端技术和高端技术，容易产生“引进—落后—再引进—再落后”的恶性怪圈，无法实现对发达国家技术追赶和技术收敛（宋林和郭玉晶，2016）。

在开放经济下，通过技术引进或者购买效仿发达国家做法，会使得发展中国家陷入全球价值链低端锁定、分工“边缘化”和“被俘获”境地。美国定点制裁中兴事件就是最好例证之一，中兴公司是中国通信设备产业的翘楚和领军企业，善于整合和利用国际先进生产要素，在国际市场开拓、融合解决方案、国际专利申请量等领域展现较强的综合竞争力，但相对忽视了核心芯片设计与研发等高端环节自主创新，过于依赖外部先进要素与高端技术支持，最终陷入近乎破产的悲惨境地。中兴事件让国人意识到掌握关键核心技术和加强自主创新能力建设的重要性和紧迫性，这一事件告诫国内企业不能长期依赖和过度依赖模仿创新和国外技术引进来推动创新产出增长。

因此，加快引导企业从模仿创新走向合作创新乃至自主创新是国际竞争压力和创新驱动战略建设的客观要求和趋势使然（韩国高和张倩，2019）。从理论上来说，拥有先进技术、新服务产品、新服务业态与新商业模式的科技服务业能够对制造业企业自主研发和合作研发存在积极影响的理论可能性，但现实并未显现和产生，其原因在于：

第一，科技服务业集聚发展质量仍旧处于初级阶段。我国科技服务业集群内产业种类单一，分工粗糙，产业间分工与产业内分工不够精细，企业联系松散，产业链条短，缺少来自产业链的深度分工；只有到科技服务业集聚发展到高级阶段，此时集群内产业种类丰富，分工精细，产业链条长，科技服务业与制造业以及科技服务业行业内形成了网络化的复杂分工协作关系，经济联系紧密，科技服务业集聚已经深度内嵌和根植于当地经济结构中，其多维技术创新效应愈发明显（何文举等，2019）。中国目前仍然处于科技服务业集聚发展的初级阶段和低质量阶段。

第二，我国科技服务业体制机制改革较为滞后。科技服务业中存在大量国有机构和具有政府背景的事业单位，民营企业、外资企业较难进入本行业，体制机制改革滞后滋生了科技服务业的创新惰性，市场化程度不高，科技服务主体发育不完善，影响科技服务业发展效率和增长质量，故未能创新引导制造企业自主创新和合作创新（华广敏，2019）。

第三，我国科技服务业研发经费支出比例偏低，技术引进经费支出比例偏高，习惯于“在别人地基上盖大楼”，多从大学、科研机构和国外引进技术及相应应用开发，自身不重视研发内部活动和外部活动的创新行为导致了未能有效引导作为客户的制造业企业加强内部研发和合作研发（张赤东，2020）。低强度的研发经费支出限制了科技服务业承担研发外包、自主研发等高技术含量的研发能力，自身科学技术研究功能、产品设计功能、技术研发功能薄弱。故现阶段科技服务业集聚未能有效引导制造业企业从事自主创新和合作创新。

总之，我国科技服务业集聚对制造业企业合作创新和自主创新未能产生应有的激励作用，进一步证实科技服务业集聚质量和整体竞争力有待提高，科技服务业集聚的创新驱动功能和积极作用还有待进一步释放。

5.4 异质性分析

5.4.1 企业特征层面异质性分析

进一步来说，具有什么样特征的企业更容易受到科技服务业集聚发展的促进？企业层面异质性分析主要为了探讨不同企业特征情景下科技服务业集聚与制造业企业技术创新的关系，以便得到有针对性的研究结论，该研究结论将为完善有针对性的企业治理机制提供参考依据和根据企业具体情况因地制宜制定政策提供科学参考。世界银行2012年中国企业调查数据提供了企业层面非常丰富的信息，这为研究科技服务业集聚的创新异质性影响提供了丰富素材。为简化认识和理解，以创新概率（newpro）作为企业创新能力代表，只考虑科技服务业集聚对制造业企业创新概率（newpro）影响，采用logit模型对其进行实证分析。

（1）出口企业与非出口企业。

出口企业与非出口企业生产经营行为差别较大，科技服务业集聚对出口企业与非出口企业是否存在异质性创新影响，其实证结果见表5－13。容易发现，科技服务业集聚显著提升非出口企业创新概率，而对出口企业创新概率未能产生显著性影响，这说明科技服务业集聚更容易对非出口制造业企业带来创新促进作用。原因可能在于出口企业多为外资主导型，更倾向于使用外资科技服务或进口科技服务满足自身技术服务需求，由外资主导的出口制造企业与国内产业关联较弱，经济技术联系偏少。

表 5－13　　　　是否出口分样本回归结果

变量	(1) 非出口企业	(2) 出口企业	(3) 非出口企业	(4) 出口企业
stagg	2. 0287 *** (2. 8576)	－4. 9472 (－0. 4363)	1. 9101 *** (2. 5829)	－4. 1115 (－0. 3248)
size			0. 1420 *** (2. 7135)	0. 2092 (1. 4313)
experi			0. 0244 ** (2. 1079)	－0. 0197 (－0. 6698)
group			0. 8486 *** (3. 2679)	0. 2113 (0. 3794)
export			0. 0000 (.)	－0. 0061 (－0. 6423)
compe			0. 0180 (0. 0882)	－1. 4762 ** (－2. 3205)
finance			0. 3282 *** (3. 2626)	－0. 2024 (－0. 7590)
law			－0. 1711 (－1. 3004)	0. 1812 (0. 5809)
age			－0. 0026 (－0. 2898)	－0. 0139 (－0. 4717)
train			1. 2967 *** (4. 5157)	1. 0122 (1. 1858)
state			－0. 0149 *** (－3. 8361)	－0. 0348 * (－1. 8020)

续表

变量	(1) 非出口企业	(2) 出口企业	(3) 非出口企业	(4) 出口企业
_cons	-2.0513** (-1.9789)	-0.2667 (-0.0499)	-5.6089*** (-3.7597)	-3.9538 (-0.5934)
城市固定效应	√	√	√	√
行业固定效应	√	√	√	√
N	1046.0000	208.0000	1046.0000	208.0000
r2_p	0.1806	0.3234	0.2397	0.3733
Likelihood	-580.1680	-97.4472	-538.3615	-90.2511

另外，出口企业中从事加工贸易、国际代工生产的比重较高，多为劳动密集型企业，从国外进口中间品，利用国内廉价土地和劳动力资源加工成最终品再出口，生产模式大进大出，属于典型的“为出口而进口”。相对一般贸易，加工贸易产业链短，附加值低，与国内产业关联和经济联系少，全球价值链分工地位较低，不需要大量的技术支持，价值链低端嵌入下出口企业附加值和利润获取较少，两头在外的发展模式使得出口企业对科技服务需求不敏感。因此，科技服务业集聚的创新红利更多落入与国内产业关联紧密的非出口制造业企业。要使科技服务业集聚对出口企业发挥创新推动作用，出口企业必须要改变出口贸易方式，降低加工贸易规模，提高一般贸易比重，才能更好汲取科技服务业集聚发展创新红利。

（2）企业规模异质性影响。

大规模企业与小规模企业特征差异明显，科技服务业集聚是否对其存在差异化创新影响，其实证结果见表5-14。不难看出，科技服务业集聚对大中型制造业企业显著产生了创新推动作用，对小规模制造企业创新绩效影响不明显。原因可能在于大规模制造企业组织结构复杂，抗风险能力强，市场份额高，资金实力充裕，对科技服务需求更旺盛，具有较强的科技服务购买实力，能在更大程度上承受外购科技服务的成本支出，使用科技服务的可能性高，并且大规模企业的规模经济可能性较大，科技服务使用对其创新和生产率的提升较为明显。

表 5 - 14　　企业规模分样本回归

变量	(1) 小型企业	(2) 大中型企业	(3) 小型企业	(4) 大中型企业
stagg	1.3774 (1.4630)	1.5137** (2.0144)	1.3996 (1.3768)	1.4913* (1.8614)
size			0.0313 (0.2929)	0.1540** (2.5038)
experi			0.0572* (1.9167)	0.0186 (1.5126)
group			1.2832* (1.6499)	0.7399*** (2.9190)
export			0.0024 (0.2475)	0.0025 (0.6064)
compe			-0.1402 (-0.3192)	-0.1836 (-0.8030)
finance			0.7309*** (2.9071)	0.1878* (1.7379)
law			-0.2755 (-1.0399)	-0.0124 (-0.0863)
age			-0.0661* (-1.8046)	-0.0051 (-0.5306)

续表

变量	(1) 小型企业	(2) 大中型企业	(3) 小型企业	(4) 大中型企业
train			0.4703 (0.9972)	1.9980 *** (4.8291)
state			-0.0168 * (-1.8880)	-0.0164 *** (-3.5431)
_cons	0.3570 (0.2764)	-1.8210 * (-1.6655)	-0.3217 (-0.1373)	-6.6254 *** (-3.9143)
城市固定效应	√	√	√	√
行业固定效应	√	√	√	√
N	288.0000	920.0000	288.0000	920.0000
r2_p	0.2375	0.2236	0.2937	0.2875
ll	-148.6187	-493.9446	-137.6644	-453.3169

相比之下，小规模制造企业组织结构简单，抵御风险能力弱，市场份额低，资金实力欠缺，对科技服务需求意愿较低且购买能力有限。依据市场规模决定劳动分工原理，市场规模小倾向于企业自我提供科技服务和实行垂直一体化战略，市场规模大容易推动企业外购科技服务和实施垂直非一体化战略。因此，科技服务业集聚对大规模制造企业的技术创新绩效积极影响更大。

（3）产能过剩影响。

去除产能过剩是当前我国供给侧结构性改革的重中之重，考虑科技服务业集聚对不同产能过剩制造业企业创新绩效影响具有很强的现实意义。将企业产能利用率低于75%视为产能过剩企业，企业产能利用率高于75%视为非产能过剩企业（刘磊等，2018）。一般而言，产能过剩企业资源闲置严重，较多依靠财政补贴等政策资源赖以生存，企业竞争力低，对外部科技服务需求意愿低和需求能力弱，科技服务业集聚对其正面影响甚微。非产能过剩制造业企业经济效益较优，能够灵活适应市场环境变化并优化生产经营，对科技服务等生产性服务利用率较高，故科技服务业集聚对非产能过剩企业积极影响较大，具体实证结果见表5－15。

表5－15　　产能过剩分样本回归

变量	(1) 产能过剩企业	(2) 非产能过剩企业	(3) 产能过剩企业	(4) 非产能过剩企业
stagg	2.6784 (1.1258)	1.5299** (2.0714)	1.3416 (0.3812)	1.7933** (2.2778)
size			-0.3199 (-0.7410)	0.2196*** (3.9029)
experi			-0.0585 (-1.2612)	0.0178 (1.4239)
group			2.8042* (1.7571)	0.3543 (1.3042)
export			0.0130 (0.2545)	0.0004 (0.1000)
compe			-0.5892 (-0.6515)	-0.4693** (-2.0438)
finance			-0.2187 (-0.4973)	0.3033*** (2.8233)
law			-1.4571** (-1.9857)	-0.0100 (-0.0730)
age			-0.0829 (-1.1682)	-0.0111 (-0.9698)

续表

变量	(1) 产能过剩企业	(2) 非产能过剩企业	(3) 产能过剩企业	(4) 非产能过剩企业
train			2.9683 * (1.8185)	1.2673 *** (4.1335)
state			0.0383 (0.6903)	-0.0218 *** (-3.6130)
_cons	-3.0153 * (-1.6537)	-1.4616 (-1.3506)	6.2731 (0.8482)	-6.6423 *** (-4.1526)
城市固定效应	√	√	√	√
行业固定效应	√	√	√	√
N	84.0000	1033.0000	84.0000	1033.0000
r2_p	0.2099	0.2303	0.3252	0.2964
ll	-45.9285	-546.5123	-39.2263	-499.6003

容易发现，相对产能过剩制造业企业，科技服务业集聚的创新红利更多体现在非产能过剩制造业企业身上，从而印证了理论预期。未来中国需要坚持将去产能作为供给侧结构性改革的重要组成部分，发挥市场优胜劣汰的选择功能。同时需要科学调整政府财政补贴企业制度，避免人为输血低效率企业导致的资源错配，坚决淘汰落后产能，创新分类处置僵尸企业，以市场化手段为主导和合理发挥政府作用同向而行，协同释放僵尸企业资源进入高效率企业和高效率行业，尽快出清低效无效产能，盘活存量资源和深化"腾笼换鸟"。

（4）分所有制类型。

为规避虚假注册影响，根据持股比例，将政府持股比例超过50%的企业视为国有企业，其他视为非国有企业，以此考察科技服务业集聚对国有企业与非国有企业创新绩效的影响，实证结果见表5-16。

不难发现，科技服务业集聚的创新推动作用更多体现在非国有企业。原因主要在于国有企业存在较为严重的委托－代理问题，所有者和监管者严重缺失，投资者与管理者存在目标非一致，受信息不对称影响程度较高，存在较为严重的资源错配问题。

表5－16　　国有企业与非国有企业分样本回归

变量	(1) 非国有企业	(2) 国有企业	(3) 非国有企业	(4) 国有企业
stagg	1.6369*** (2.6655)	0.4927 (0.3036)	1.9563*** (3.0460)	－9.2766 (－0.0098)
size			0.1805*** (3.5088)	－0.0578 (－0.2161)
experi			0.0196* (1.7853)	0.0037 (0.0575)
group			0.4895** (2.0291)	4.4111*** (2.6062)
export			0.0032 (0.8862)	－0.0350 (－0.7383)
compe			－0.1483 (－0.7752)	0.3058 (0.2930)
finance			0.1892** (1.9900)	1.5811* (1.9371)
law			－0.0938 (－0.7675)	－2.3659** (－2.2412)
age			－0.0076 (－0.6804)	－0.0162 (－0.6563)
train			1.3795*** (5.0105)	0.0000 (.)

续表

变量	(1) 非国有企业	(2) 国有企业	(3) 非国有企业	(4) 国有企业
state			-0.0195 (-0.5521)	-4.1959 (-0.0578)
_cons	-1.6004 * (-1.8083)	0.7788 (0.3153)	-6.2931 *** (-4.5716)	334.2278 (.)
城市固定效应	√	√	√	√
行业固定效应	√	√	√	√
N	1154.0000	74.0000	1154.0000	71.0000
r2_p	0.2040	0.1064	0.2532	0.4833
ll	-633.5684	-44.6429	-594.4087	-24.9844

相比之下，非国有企业委托-代理问题较轻，拥有相对清晰的产权结构，面临市场竞争压力较大，具有强烈的学习欲望，缺少诸如政府对国有企业的扶持力度，急需外部专业科技服务机构支持，主动学习以求在竞争中求胜。故科技服务业集聚对非国有企业的技术创新绩效影响更大。当然，这并不意味着国有制造业企业无法获得科技服务业集聚的创新红利，关键在于国有企业要加快建立产权清晰、权责明确、政企分开、管理科学的现代企业制度，稳妥推进混合所有制改革，方能更好获取科技服务业集聚发展红利。

根据持股比例，将外资股权比例超过20%的企业视为外资企业，外资股权比例低于20%的企业视为内资企业，考察科技服务业集聚对内外资企业创新绩效影响，实证结果见表5-17。结果表明，科技服务业集聚的创新促进作用更多体现在内资企业，原因主要是外资企业与国内产业关联不够紧密，从事国际生产分工的某一环节，所需技术服务和上游中间投入品往往通过进口方式予以弥补，且服务业 FDI 具有追随制造业 FDI 倾向，外资企业间建立了相对封闭式的内部企业圈子。

表 5－17　　　　内资企业与外资企业分样本回归

变量	(1) 内资企业	(2) 外资企业	(3) 内资企业	(4) 外资企业
stagg	1.8352*** (3.0518)	0.9486 (0.8340)	1.9202*** (3.0273)	－1.3203 (－0.6795)
size			0.1356*** (2.8303)	0.0654 (0.2032)
experi			0.0215** (1.9866)	0.1125 (1.1503)
group			0.7653*** (3.2539)	－4.2995** (－1.9702)
export			0.0041 (1.0756)	－0.0228 (－0.8573)
compe			－0.1237 (－0.6566)	－4.4482 (－1.4674)
finance			0.2676*** (2.8532)	2.6196 (1.6146)
law			－0.0850 (－0.7052)	0.4266 (0.5290)
age			－0.0058 (－0.6585)	0.4329 (1.5720)
train			1.2815*** (4.8236)	0.0000 (.)
state			－0.0145*** (－3.9477)	0.0000 (.)

续表

变量	(1) 内资企业	(2) 外资企业	(3) 内资企业	(4) 外资企业
_cons	-1.7875** (-2.0631)	-4.4092 (-1.3348)	-5.5110*** (-4.1976)	-4.6428 (-0.6567)
城市固定效应	√	√	√	√
行业固定效应	√	√	√	√
N	1200.0000	59.0000	1200.0000	49.0000
r2_p	0.1892	0.3708	0.2469	0.4497
ll	-663.9306	-25.6844	-616.6401	-18.6387

另外，很多外资制造企业技术创新主要依赖母公司，自身不需要从事技术创新活动（吴延兵，2014；詹宇波等，2019）。很多外资企业来华投资主要基于市场寻求型和成本寻求型，多为加工贸易企业，从事加工装配等低附加值的劳动密集型生产环节，对科技服务需求甚少。故科技服务业集聚对内资企业创新绩效带来了积极影响，对外资企业呈现不显著的正面影响。

（5）信息化影响。

信息化建设能够促进企业提高科学管理水平，加强企业内部高效沟通，便捷和畅通企业内外部信息交流通道，有效获取技术与创新等高质量信息，与5G、物联网、大数据、人工智能等信息化技术的深度融合能够增强科技服务业创新功能发挥和释放。因此，在不同信息化水平下，科技服务业集聚对企业创新绩效的影响很可能差别较大。

根据世界银行中国企业调查数据，利用企业生产经营中互联网技术使用情况予以衡量，1表示从未使用，2表示很少使用，3表示有时使用，4表示经常使用，5表示一直使用，数值越大表示生产经营中信息化程度越高。如果企业回答为1、2或3，说明企业信息化水平不高；如果企业回答4或5，说明企业信息化水平较高。以此考察企业信息化水平对科技服务业集聚创新影响，实证结果见表5-18。

表5-18　　企业信息化水平分样本回归

变量	(1) 低信息化水平	(2) 高信息化水平	(3) 低信息化水平	(4) 高信息化水平
stagg	1.2511 * (1.6838)	3.4307 *** (4.7417)	1.7747 ** (2.1384)	2.9842 *** (3.5825)
size			0.2233 *** (3.2643)	0.0651 (0.7669)
experi			0.0043 (0.3212)	0.0468 ** (2.3473)
group			0.4523 (1.3177)	0.8898 ** (2.4804)
export			0.0068 (1.3485)	-0.0056 (-0.9703)
compe			-0.1664 (-0.6418)	-0.2997 (-0.9322)
finance			0.3511 *** (2.8118)	0.2009 (1.2323)
law			-0.3265 ** (-2.0115)	0.4337 ** (2.1541)
age			0.0028 (0.2529)	-0.0474 *** (-2.5906)
train			0.9526 *** (2.9439)	2.4138 *** (3.7300)
state			-0.0222 *** (-3.7876)	0.0043 (0.5040)

续表

变量	(1) 低信息化水平	(2) 高信息化水平	(3) 低信息化水平	(4) 高信息化水平
_cons	-1.7523 (-1.6229)	-2.5728*** (-3.4884)	-6.2183*** (-3.5056)	-6.9001*** (-3.7538)
城市固定效应	√	√	√	√
行业固定效应	√	√	√	√
N	734.0000	486.0000	734.0000	486.0000
r2_p	0.1837	0.2454	0.2477	0.3182
ll	-386.4459	-251.9183	-356.1254	-227.6325

结果表明，在高信息化水平制造企业，科技服务业集聚更容易和具备更大力度对企业创新发展产生推动作用，证实信息化能够增强科技服务业集聚的创新红利影响，信息化对科技服务业集聚与制造业企业创新能力之间关系发挥“锦上添花”作用。未来需要深入推动“互联网+”“大数据+”战略，深化企业上云计划，培育网络协同制造，开展工业互联网应用，为科技服务业集聚与制造业企业创新绩效改善提供信息化保障。

（6）企业技术水平影响。

高技术制造企业生产过程复杂，分工精细，创新意识强，创新频率高，需要多层次高质量的生产性服务投入；低技术制造企业生产过程简单，分工粗糙，对高质量高技术服务需求较小，大都停留在常规服务需求上。

因此，企业技术性质和水平很可能制约和影响科技服务业集聚创新效应的发挥和释放。根据吕铁等（2015）的分类，将属于食品制造业、烟草制品业、纺织业、服装业、皮革业、木制品业、造纸业、印刷和媒介复制业、家具制造业、资源回收业等行业内的企业界定为低技术制造企业，属于其他行业的企业归为高技术制造企业，以此为基础考察科技服务业集聚对不同技术水平制造企业创新绩效影响，实证结果见表5－19。

表5－19　　低技术企业与高技术企业分样本回归

变量	(1) 低技术企业	(2) 高技术企业	(3) 低技术企业	(4) 高技术企业
stagg	0.5710 (0.5101)	2.3250 ** (2.3770)	0.4406 (0.3567)	2.9535 *** (2.8581)
size			0.1293 (1.1972)	0.2225 *** (3.4818)
experi			0.0474 ** (2.1448)	0.0040 (0.2855)
group			0.2069 (0.3942)	0.6297 ** (2.1045)
export			−0.0093 (−1.3598)	0.0099 ** (2.1002)
compe			−0.0405 (−0.1105)	−0.1297 (−0.5396)
finance			0.4083 ** (2.0941)	0.2244 * (1.8816)
law			−0.4842 ** (−2.0512)	0.1247 (0.8087)
age			0.0043 (0.1533)	−0.0168 (−1.2335)
train			0.7982 * (1.6909)	1.7989 *** (4.7151)
state			−0.0297 ** (−2.5658)	−0.0337 *** (−3.5195)

续表

变量	(1) 低技术企业	(2) 高技术企业	(3) 低技术企业	(4) 高技术企业
_cons	-0.7567 (-0.4789)	-2.3619 (-1.2742)	-3.0801 (-1.1477)	-9.0314*** (-3.9862)
城市固定效应	√	√	√	√
行业固定效应	√	√	√	√
N	356.0000	792.0000	356.0000	792.0000
r2_p	0.2379	0.2042	0.2960	0.2978
ll	-183.6365	-433.6347	-169.6463	-382.6632

容易发现，科技服务业集聚的创新效应更多体现在高技术制造企业，科技服务业集聚对企业创新推动作用在低技术企业并未得到体现。高技术企业是知识密集型和技术密集型企业，相似的技术背景和互补的上下游产业关系使得科技服务业创新功能更容易与高技术企业适宜匹配和有机耦合。

低技术企业多为劳动密集型和资源密集型企业，知识基础和知识储备较差，对创新活动不敏感，易生创新惰性。要使科技服务业集聚对低技术制造业企业创新能力产生积极影响，必须要加快我国传统制造业改造升级，淘汰落后产能和过时生产技术，打造传统制造业转型升级示范区，多利用股份制改造、战略性重组做大做强做优，大力实施“凤凰行动”，以此挖掘和释放科技服务业集聚对低技术制造业企业的创新潜力。

5.4.2　配套环境层面异质性分析

配套环境层面异质性分析主要为了探讨不同制度环境下科技服务

业集聚对制造业企业技术创新的差异化影响，也即科技服务业集聚在怎样的经济社会环境中取得更佳的影响效果，突出科技服务业集聚的创新效应因经济社会环境而异，其创新作用很可能需要一些外在环境因素支撑，映衬环境因素的作用。该研究结论将为完善有针对性的配套环境建设提供参考依据。

（1）知识产权保护影响。

科技服务涉及客户核心技术和商业机密，科技服务业的经营特征决定了对知识产权要求较高和依赖性较强。健全的知识产权保护体系对于科技服务业规范经营和制造企业自愿接受科技服务均具有保障作用。因此，在低知识产权保护环境和高知识产权保护环境下，科技服务业集聚的创新红利差异较大。根据世界银行 2012 年中国企业调查数据，将产权保护对企业经营构成的障碍程度作为衡量知识产权保护程度，如果企业回答没有障碍则说明处于高知识产权保护环境下，如果企业回答较小障碍、适度障碍、较大障碍和非常严重障碍则界定为低知识产权保护环境，以此分别考察在不同知识产权保护环境下科技服务业集聚的创新促进作用差异，实证结果见表 5 - 20。

表 5 - 20　　知识产权保护分样本回归

变量	(1) 高知识产权保护	(2) 低知识产权保护	(3) 高知识产权保护	(4) 低知识产权保护
stagg	1.9524 *** (2.7136)	-1.7267 (-1.2078)	2.1838 *** (2.8673)	-2.2934 (-1.4107)
size			0.1848 *** (3.5425)	-0.0078 (-0.0540)
experi			0.0248 ** (2.1001)	-0.0019 (-0.0508)

续表

变量	(1) 高知识产权保护	(2) 低知识产权保护	(3) 高知识产权保护	(4) 低知识产权保护
group			0.6455*** (2.5777)	0.8064 (1.2193)
export			0.0021 (0.5186)	0.0087 (0.9273)
compe			-0.1227 (-0.5979)	0.5211 (0.8658)
finance			0.3815*** (3.6816)	0.0273 (0.0873)
law			-0.1163 (-0.8484)	0.2784 (0.8038)
age			-0.0117 (-1.1372)	0.0060 (0.1778)
train			1.5686*** (4.8539)	1.4122** (2.1361)
state			-0.0142*** (-3.5437)	0.0137 (0.6348)
_cons	-1.8996* (-1.8041)	1.1095 (0.8988)	-6.8377*** (-4.4847)	-0.4202 (-0.1581)
城市固定效应	√	√	√	√
行业固定效应	√	√	√	√
N	1032.0000	204.0000	1032.0000	204.0000
r2_p	0.1859	0.3312	0.2606	0.3695
ll	-568.3578	-93.0860	-516.2111	-87.7515

可以看出：在高知识产权保护环境下，科技服务业集聚对企业创新发展的推动作用比较显著；在低知识产权保护环境下，科技服务业

集聚对企业创新发展的促进作用不明显，甚至还具有阻碍制造业企业创新发展迹象。可见，健全的知识产权制度有利于保护制造业企业核心技术与商业机密免遭泄露，有利于规范科技服务业职业操守和行业信誉，优化制造业企业服务外包环境。

（2）融资约束影响。

技术创新离不开金融支持。融资约束是企业生产经营中常见现象，特别是在金融资源匮乏的发展中国家，融资约束对企业生产率和创新竞争力影响深远。根据世界银行2012年中国企业调查数据，采用企业金融资源获取面临的障碍程度予以衡量，对应选择有“无障碍”“微小障碍”“中等障碍”“严重障碍”“非常严重障碍”，如果企业回答“无障碍”则为无融资约束企业，反之则为融资约束企业，以此考察在不同金融发展环境下科技服务业集聚对企业创新竞争力的影响，实证结果见表5-21。

表5-21　　融资约束分样本回归

变量	(1) 无融资约束	(2) 融资约束	(3) 无融资约束	(4) 融资约束
stagg	2.7072*** (3.8394)	1.6696** (2.1860)	3.0088*** (3.8377)	1.8659** (2.2758)
size			0.1092 (1.4773)	0.2036*** (2.8698)
experi			0.0210 (1.2885)	0.0089 (0.5729)
group			0.9005** (2.5210)	0.8830*** (2.6357)
export			-0.0015 (-0.2676)	0.0050 (0.9557)

续表

变量	(1) 无融资约束	(2) 融资约束	(3) 无融资约束	(4) 融资约束
compe			-0. 4808 (-1. 6211)	-0. 0159 (-0. 0591)
finance			0. 0000 (.)	-0. 2439 (-1. 5079)
law			-0. 1326 (-0. 7148)	-0. 0514 (-0. 3077)
age			-0. 0153 (-1. 0478)	0. 0040 (0. 2690)
train			1. 4010 *** (2. 7821)	1. 3146 *** (3. 8557)
state			-0. 0205 *** (-3. 6407)	0. 0096 (1. 0339)
_cons	-3. 2325 *** (-3. 6381)	-1. 5762 (-1. 4169)	-6. 3279 *** (-3. 6100)	-5. 9242 *** (-3. 3612)
城市固定效应	√	√	√	√
行业固定效应	√	√	√	√
N	522. 0000	720. 0000	522. 0000	720. 0000
r2_p	0. 1929	0. 2322	0. 2565	0. 2932
ll	-267. 0453	-382. 1491	-245. 9943	-351. 7728

容易看出，在无融资约束企业，科技服务业集聚更容易对制造业企业创新绩效产生提升作用。换言之，金融业发展水平较高地区能够进一步增强科技服务业集聚的创新红利，对科技服务业与企业创新发展之间起到积极的调节作用。

(3) 法治环境的影响。

法治环境是实现资源高效配置的法制保障和长期保障。健全的法治环境能够有效处理科技服务企业与制造业企业产生的利益纠纷和契约执行问题，为企业发展提供优越的商业规制，明确交易双方权利义务关系，降低不完全契约问题，减轻机会主义行为、敲竹杆行为和专用性资产投资沉没风险，减少交易成本，促进双方市场合作和垂直专业化分工，保护企业合法权益和提供安全的契约实施环境，稳定企业创新活动预期收益和研发动机。

科技服务属于合约密集产品、契约密集型服务和创新生产要素，高度依赖和敏感于所在地区的法治环境，急需优越制度环境支持。创新作用发挥需要适宜性法治环境和创新氛围，一旦法治环境质量欠缺，科技服务业集聚的创新功能势必受到很大限制，因此，法治环境对科技服务业集聚与企业创新关系很可能存在影响。根据世界银行2012年中国企业调查数据，将企业对法治环境是公正无偏的回答选项中选择“强烈不同意”或者“不同意”视为低法治环境；选择“同意”或者“非常同意”视为高法治环境，以此考察科技服务业集聚创新影响的差异性，实证结果见表5-22。

表5-22　法治环境分样本回归

变量	(1) 低法治环境	(2) 高法治环境	(3) 低法治环境	(4) 高法治环境
stagg	-0.2401 (-0.1938)	2.8237*** (3.4911)	-0.2073 (-0.1550)	2.8886*** (3.4051)
size			0.1128 (1.3174)	0.2025*** (3.1329)
experi			0.0478** (2.3345)	0.0113 (0.8145)

续表

变量	(1) 低法治环境	(2) 高法治环境	(3) 低法治环境	(4) 高法治环境
group			0.8730* (1.9514)	0.6137** (2.1880)
export			0.0067 (1.0980)	-0.0017 (-0.3549)
compe			0.0647 (0.1850)	-0.2810 (-1.1195)
finance			0.4242** (2.4316)	0.2521** (1.9871)
law			-0.2187 (-0.4946)	0.4988 (1.5090)
age			-0.0385* (-1.7336)	-0.0005 (-0.0459)
train			1.2591*** (3.0189)	1.4575*** (3.7202)
state			-0.0262*** (-3.4673)	-0.0084 (-1.3756)
_cons	0.7829 (0.4636)	-3.3927*** (-2.8989)	-2.8826 (-1.1296)	-9.8541*** (-4.8952)
城市固定效应	√	√	√	√
行业固定效应	√	√	√	√
N	513.0000	729.0000	513.0000	729.0000
r2_p	0.2834	0.2275	0.3715	0.2785
ll	-245.8077	-389.9715	-215.5976	-364.2061

不难看出，只有在高法治环境下，科技服务业集聚才能促进制造企业创新竞争力提升，健全的法治环境是科技服务业集聚创新效应释放的基础要件和环境支撑。高法治环境能够增强市场在资源配置中的

决定性作用，弱化企业寻租动机和降低政府官员设租空间。为此，需要持续不断提高法制化、国际化、便利化的营商环境，增强投资与贸易的便利性，努力降低制度性交易成本。

（4）非正规部门竞争的影响。

非正规部门是转型经济体国家和地区常见的一种经济现象。非正规部门通过凭借政府监管真空、逃避社保缴纳、躲避税收征缴等方式取得扭曲和不公平的低成本竞争优势，损害正常市场秩序，生产出来的产品很多是正规企业和品牌企业的复制品和模仿品，产品抄袭和技术剽窃司空见惯，产品质量和售后服务较差，存在较为严重的资源配置低效率问题，挤占正规企业经济资源与创新资源获取，导致正规部门要素投入不足，负面影响全行业产品信任度和声誉，严重挫伤正规部门企业生产和创新积极性。非正规部门的灰色竞争给正常经营企业创新绩效带来了消极影响（Pisani，2015；张峰等，2016）。根据世界银行2012年中国企业调查数据，采用企业面临非正规或者未注册企业竞争运营受阻程度予以衡量。如果企业回答未受到阻碍，则定义为无非正规部门竞争；如果企业回答轻微受到阻碍或者中等程度阻碍或者较大程度阻碍或者非常严重阻碍，则定为有非正规部门竞争。以此为基础，考察处于不同非正规部门竞争环境下科技服务业集聚创新绩效差异化影响，实证结果见表5－23。

表5－23　　　　非正规部门竞争分样本回归

变量	(1) 无非正规部门竞争	(2) 有非正规部门竞争	(3) 无非正规部门竞争	(4) 有正规部门竞争
stagg	1.9062** (2.2661)	−0.6795 (−0.7508)	2.0444** (2.2674)	−0.6786 (−0.6689)

续表

变量	(1) 无非正规部门竞争	(2) 有非正规部门竞争	(3) 无非正规部门竞争	(4) 有正规部门竞争
size			0.1063 (1.4030)	0.2291 *** (3.2093)
experi			-0.0181 (-1.0451)	0.0477 *** (3.1148)
group			0.6626 ** (2.0290)	1.0645 *** (2.9013)
export			0.0007 (0.1263)	0.0058 (1.0986)
compe			-0.4926 * (-1.6593)	0.3254 (1.1524)
finance			0.0699 (0.4701)	0.2008 (1.4703)
law			-0.2691 (-1.3385)	-0.0621 (-0.3850)
age			0.0005 (0.0385)	-0.0155 (-1.0526)
train			1.6685 *** (3.1075)	1.3043 *** (3.9215)
state			-0.0191 *** (-3.2482)	-0.0053 (-0.7649)
_cons	-1.0462 (-0.8814)	1.3555 (1.0322)	-3.2423 (-1.6349)	-4.2903 ** (-2.2482)
城市固定效应	√	√	√	√
行业固定效应	√	√	√	√
N	510.0000	727.0000	510.0000	727.0000
r2_p	0.2489	0.2164	0.3047	0.2910
ll	-247.7788	-394.6847	-229.3760	-357.1008

可以看到，科技服务业集聚的创新效果更容易在无非正规部门竞争环境下产生，非正规部门可能在短期内能够带来就业和产出增长，但长期会给正规部门带来合法利益侵蚀和创新资源恶性争夺，最终不利于企业技术创新能力提升。因此，政府应该积极化堵为疏，给予非正规部门企业转正机会，减少对市场经济过多干预，简政放权，减轻企业税收、社保缴费、政府性收费、经营性服务收费等负担，加强对非正规部门活动的识别和监管，将部分符合经济社会发展要求的非正规部门“合法化”和身份“转正”，稳妥推动隐性经济“显性化”，坚决取缔非法非正规部门活动，优化政府责任清单和权力清单，适度放松管制，完善制度体系，尽可能减少非正规部门在经济中的比重和规模。

6　科技服务业集聚对制造业技术创新影响的实证研究：产业层面

第 5 章从制造业企业层面证实了科技服务业集聚汇聚的异质性资源直接助推制造业企业创新活力和创新强度。那么在制造业细分产业层面，科技服务业集聚能否基于产业关联的中间品供需效应对制造业技术创新产生积极作用？

第 3 章理论分析表明：在产业层面，科技服务业集聚能够基于前后向产业关联下的中间品供需效应推动制造业技术创新。因此，本章拟使用制造业细分行业面板数据作为样本，从行业层面实证研究科技服务业集聚对制造业细分行业技术创新的影响，以此验证科技服务业集聚促进制造业技术创新的产业层面影响机理。

6.1　模型构建、变量确定与数据来源

6.1.1　模型构建

格瑞利奇（Griliches，1979）和杰菲（Jaffe，1986）知识生产函

数是研究创新投入—创新产出常用模型，它认为创新产出是创新资源投入的函数，即 $R\&D_{output} = f(R\&D_{input})$，类似 Cobb – Douglas 生产函数形式：

$$Y = A \times RDK^{\alpha_1} \times RDL^{\alpha_2} \tag{6-1}$$

公式（6 – 1）中，Y 表示技术创新产出，RDK 代表研发资本投入，RDL 代表研发人员投入，α_1 与 α_2 分别为两者弹性系数，A 为常数，对公式（6 – 1）两边取对数得到：

$$\ln Y_{it} = \alpha_0 + \alpha_1 \ln RDK_{it} + \alpha_2 \ln RDL_{it} + \nu_i + \mu_{it} \tag{6-2}$$

公式（6 – 2）中，i 为制造业各细分行业，t 代表时间，ν_i 为行业固定效应，μ_{it}为随机干扰项，ln 表示取对数。创新产出不仅取决于自身创新努力，还包括外部知识技术获取，例如溢出、技术交流、合作创新等。

根据第 3 章科技服务业集聚促进制造业技术创新的产业层面影响机理分析，科技服务业和制造业属于上下游产业关系，中间品供需作用把科技服务业集聚与制造业技术创新直接有机联结在一起。

鉴于此，科技服务业集聚是制造业技术创新能力提升不可或缺的重要组成部分，故在格瑞利奇（1979）和杰菲（1986）知识生产函数基础上，利用制造业细分行业数据将科技服务业集聚 stagg2 引入知识生产函数，形成“科技服务业集聚 + 内部研发”的创新生产分析框架，一来可以反映科技服务业集聚的创新影响，二来可以对比科技服务业集聚与制造业内部研发之间的创新贡献差异，引入科技服务业集聚后的模型变为：

$$\ln Y_{it} = \alpha_0 + \alpha_1 \ln RDK_{it} + \alpha_2 \ln RDL_{it} + \alpha_3 stagg2_t + \nu_i + \mu_{it} \tag{6-3}$$

当然，创新产出不仅受到创新投入和科技服务业集聚影响，还会受到制度、产业组织等因素作用，将企业规模（scale）、政府干预

（gover）、利润绩效（perfor）等控制变量纳入模型，得到扩展的创新生产回归方程：

$$\ln Y_{it} = \alpha_0 + \alpha_1 \ln RDK_{it} + \alpha_2 \ln RDL_{it} + \alpha_3 stagg2_t + \gamma_1 scale_{it} + \gamma_2 gover_{it} + \gamma_3 perfor_{it} + \nu_i + \mu_{it} \quad (6-4)$$

本模型设计的特色之处在于：

第一，既有模型普遍在宏观区域层面研究科技服务业集聚的创新效应，在产业中观层面研究科技服务业集聚对制造业技术创新的模型甚为鲜见。本模型将科技服务业集聚指标同制造业细分行业数据进行匹配，以产业关联理论的中间品供需效应为基础，实证分析科技服务业集聚对制造业各行业技术创新的影响，检验科技服务业集聚影响制造业技术创新的产业层面机理。

第二，既有模型未能将科技服务业集聚与制造业内部研发纳入统一分析框架，孤立分析科技服务业单一途径下的创新作用，无法与制造业内部研发对比创新贡献，并判断内源创新与外源创新孰强孰弱。本模型以知识生产函数为基础构建创新生产函数，将科技服务业集聚与制造业内部研发资本投入、研发人员投入等一并纳入模型，不仅考察科技服务业集聚对制造业细分行业技术创新的影响，还与制造业内部研发对比创新贡献，一定程度上解决了内源创新与外源创新下不同途径的创新影响差异问题。

6.1.2 变量确定

（1）被解释变量（Y）——制造业技术创新产出。

在制造业细分行业层面，衡量技术创新产出指标主要有专利（patent）和新产品销售收入（newproduct），专利具有审核标准严格、数据易获取、通用性、一致性等优点，但难以体现创新产出的经济价值和市场接受程度。新产品销售收入能够反映技术创造的市场价值，体现企业技术研发的产业化、商业化和市场化接受程度，但定义相对模糊和难以精确度量，新产品“新”在哪里难以现实体现（蒋殿春等，2019）。为取长补短和全面考虑，本章同时采纳两者作为技术创新产出的衡量变量，其中将新产品销售收入用于稳健性检验。

（2）核心解释变量——研发资本投入（RDK）、研发人员投入（RDL）和科技服务业集聚（stagg2）。

第一，研发资本投入（RDK）。体现研发努力程度，鉴于技术创新是建立在知识存量而非流量基础上，本章采用永续盘存法估算研发资本存量来反映创新资本投入，以衡量研发经费内部支出的长期累积效应对创新产出的影响，具体计算公式如下：

$$RDK_{it} = N_{it} + (1-d) * RDK_{it-1} \tag{6-5}$$

$$RDK_0 = N_0/(g+d) \tag{6-6}$$

公式（6-5）中，d 表示研发资本折旧率，大部分学者将其设定为 15%（刘焕鹏等，2014），本章也采用这一通常做法，N 表示研发经费支出。公式（6-6）N_0 表示起始年份的研发经费内部支出，这里为 2011 年，采用工业品出厂价格指数对研发经费内部支出进行价格平减化处理，基期为 2011 年，RDK_0 表示起始年份研发资本投入，g 表示在样本期内研发经费内部支出的年均增速。

第二，研发人员投入（RDL）。一般有研发人员和研发人员全时当量两种衡量方式，前者仅仅反映研发人员数量，后者还包括研发人员投入时间，这里采用既考虑人员数量和工作时间的研发人员全时当量来反映创新人力资本投入。

第三，科技服务业集聚（stagg2）。采用空间基尼系数予以衡量科技服务业集聚，鉴于空间基尼系数值很小，将其进行百分化处理，也即乘以百分之百，这既不会影响实际值，也不影响统计推断。之所以采用空间基尼系数衡量科技服务业集聚，主要因为本章样本为制造业细分行业数据而不是区域数据，反映的是制造业各行业在每年的经济和创新活动指标，故需要能反映科技服务业整体集聚程度的测度指标。空间基尼系数公式和结果取自第 4 章科技服务业集聚测度。

（3）控制变量——企业规模（scale）、政府干预（gover）、利润绩效（perfor）。

第一，企业规模（scale）。采用行业年末资产与企业数量之比进行衡量，使用工业品出厂价格指数进行消胀处理，基期为 2011 年。大企业相比小企业具有较多的创新经费支出、更为完善的配套设施，能承受较高的创新失败风险，故一般来说大企业具有更强的创新能力（高康等，2020）。

第二，政府干预（gover）。采用国有及国有控股企业资产占规模以上工业企业资产比例予以表征（谢臻等，2020）。市场并非尽善尽美，往往存在市场失灵问题，需要政府干预予以弥补市场失灵。

第三，利润绩效（perfor）。根据融资次序理论，在融资环境欠佳背景下，企业创新资金主要依靠内源融资，高利润企业相对低利润企业容易获取较多的创新资源，有利于为企业风险投资和研发创新提供坚实物质基础和经济实力。因此，利润绩效对企业创新产出具有重要影响，采用利润与主营业务收入占比加以衡量（李后建等，2015）。

6.1.3 数据来源

制造业科技活动指标和其他经济指标来自《中国科技统计年鉴》

《中国统计年鉴》、中经网数据库，统计口径为规模以上工业企业（仅包括制造业）。因为《中国科技统计年鉴》公布工业企业创新信息口径发生变化，在 2000～2010 年公布的是大中型工业企业创新活动信息，从 2011 年开始公布的是规模以上工业企业创新活动信息。为使样本数据贴近现实，本章采用规模以上工业企业创新数据用于实证研究，个别缺失值数据采用插值法进行填补。

在制造业细分行业方面，统一制造业行业口径，将 2011 年橡胶制品业与塑料制品业这两大行业合并成一个行业（橡胶与塑料制品业），将 2012 年至 2017 年汽车制造业、铁路船舶航空航天以及其他运输设备制造业这三大行业合并成一个行业（交通运输设备制造业），工艺品其他制造业、废品废料等制造部门因统计口径频繁调整、产值在制造业中所占比重很小等原因将其去掉，这样一共得到 27 个制造业细分行业连续 7 年共计 189 个样本，主要变量描述性统计见表 6－1。

表 6－1　　主要变量描述性统计

变量	观测值	均值	标准差	最小值	最大值
lnpatent	189	9.2871	1.1750	6.9613	11.8866
lnnewproduct	189	7.9174	1.1852	5.3374	10.6925
lnRDL	189	10.7389	1.1925	8.1556	13.0345
lnRDK	189	6.3772	1.3777	2.8709	9.0482
stagg2	7	0.4977	0.0539	0.4357	0.5857
scale	189	5.0445	12.2244	0.4635	84.0929
gover	189	0.2160	0.2151	0.0077	0.9930
perfor	189	0.0673	0.0241	0.0019	0.1474

6.2 估计结果分析及稳健性检验

6.2.1 估计结果分析

本章研究样本是由 27 个制造业细分行业和 7 个年份组成的短面板数据，一般有 POOL OLS、随机效应（RE）和固定效应（FE）三种估计方法，经过 F 检验发现 FE 优于 POOL OLS，BP－LM 检验表明 RE 优于 POOL OLS，检验结果支持 FE 优于 RE，故对模型（6－4）采用 FE 估计。作为对比，将随机效应（RE）和 POOL OLS 估计结果一并列入，具体结果见表 6－2。

表 6－2　科技服务业集聚的创新效应

变量	(1) FE	(2) FE	(3) FE	(4) FE	(5) beta	(6) RE	(7) POOL OLS
lnRDL	0.2785** (2.2844)		0.3301*** (2.6860)	0.4911*** (3.7696)	0.4983 (3.7696)	0.8695*** (10.2716)	1.5361*** (21.4294)
lnRDK	0.4396*** (7.1269)		0.3673*** (5.2732)	0.2421*** (3.3758)	0.2839 (3.3758)	0.0845 (1.4498)	−0.4713*** (−7.2704)
stagg2		3.0342*** (9.4023)	0.5859** (2.1502)	0.4650* (1.8773)	0.2131 (1.8773)	0.4633* (1.7832)	1.7844*** (3.8510)
scale				0.0200*** (5.3286)	0.2080 (5.3286)	0.0258*** (7.1109)	0.0350*** (9.1848)
gover				−2.5052*** (−3.1615)	−0.4585 (−3.1615)	−1.6059*** (−5.7033)	−0.9682*** (−4.3233)

续表

变量	(1) FE	(2) FE	(3) FE	(4) FE	(5) beta	(6) RE	(7) POOL OLS
profit				-1.1671 (-0.7271)	-0.0240 (-0.7271)	1.8047 (1.3454)	0.0617 (0.0583)
_cons	3.4930 *** (3.5962)	7.7771 *** (48.1430)	3.1076 *** (3.1806)	2.7570 *** (2.6132)		-0.7251 (-1.0831)	-5.0632 *** (-9.9270)
F 检验				29.38 (p=0.0000)			
LM 检验						189.94 (p=0.0000)	
Hausman 检验				14.01 (p=0.0510)			
固定效应	√	√	√	√		√	√
N	189	189	189	189		189	189
F 统计量	220.4595	88.4027	151.8426	102.9690			436.7457
R^2	0.6871	0.2462	0.6941	0.7570			0.9329

注：* p<0.1，** p<0.05，*** p<0.01，括号内为 t 值，F 检验、LM 检验、Hausman 检验括号内是 p 值，下同。

表6-2中，回归方程（1）、（2）、（3）、（4）采用FE估计，方程（1）是在仅引入研发资本投入和研发人员投入的估计结果，方程（2）是在仅引入科技服务业集聚的估计结果，方程（3）是在仅引入研发资本投入、研发人员投入和科技服务业集聚后的估计结果，方程（4）是将研发资本投入、研发人员投入、科技服务业集聚以及控制变量全部引入的估计结果，作为对比一并列出 RE 和 POOL OLS 估计结果，分别呈现在表6-2列式（6）和列式（7）中。

可以看到，不管采用哪种估计方法，科技服务业集聚均显著促进制造业技术创新能力提升。以完整回归结果方程（4）作为分析基准，科技服务业集聚的估计系数显著为正，进一步在制造业细分行业层面证实科技服务业集聚能够通过前后向产业关联下的中间品供需效应直接推动制造业创新绩效改善，证实第3章科技服务业集聚促进制造业技术创新的产业层面影响机理。

改革开放以来，中国凭借要素成本优势、大量财政税收优惠措施和较低环境规制标准低端嵌入全球价值链分工体系，迅速成为全球制造大国，但这种粗放式增长方式无法实现制造强国。经济效率不仅仅取决于生产活动本身的效率程度，更取决于不同生产活动间构建起来的关联属性，故制造业竞争力很大程度上取决于相关性和支持性行业发展水平，而科技服务业是制造业价值创造和创新潜能释放的重要源泉。集聚既符合科技服务业产业特征，也能很好推动科技服务业快速发展，故科技服务业集聚能够支撑制造业技术创新能力提升，服务中国产业转型升级和创新驱动发展战略。

就制造业内部研发而言，研发资本与研发人员的回归系数均显著为正，两者均推动了制造业创新发展，其中研发人员的弹性系数要大于研发资本的弹性系数，说明相比创新物质资本，创新人力资本的技术创新贡献更大，充分体现人才是第一资源和第一要素，未来中国需要进一步激活创新人才的工作积极性，更好激励和发挥其创新才智。而研发资本的创新作用较小，可能与我国研发资本投入不足和使用效率不高有关。

那么作为制造业内部研发与外部科技服务业集聚，究竟哪个因素对制造业技术创新贡献大，单凭变量间系数对比不具有可比性，因为研发人员投入与研发资本投入的系数反映的是弹性系数，科技服务业集聚的估计系数并非弹性系数，故直接对比不能分出孰高孰低。

为此，采用 beta 回归法（标准化系数），见表 6 – 2 列式（5），容易得出 lnRDL 的标准化系数为 0.4983，lnRDK 的标准化系数为 0.2839，stagg2 的标准化系数为 0.2131。此时对比内部研发，科技服务业集聚标准化系数值较低，外部创新资源影响力小于以内部研发为代表的内部能力影响力。这一方面说明我国科技服务业集聚强度不够，对制造业创新提升还具有较大空间；另外一方面说明内部研发和自主创新是一国技术进步与经济增长的主要途径，研发资本投入和研发人员投入是制造业创新能力提升的关键影响因子，内因高于外因。因此，科技服务业集聚并不能取代内部研发在制造业创新生产中的主导地位。

控制变量的系数符号同样具有比较丰富内涵。企业规模（scale）的系数符号显著为正，说明大企业相比小企业具有更强的创新实力和更广泛的资源整合能力，能够承担创新失败风险，在技术生命周期缩短和创新迭代加速时代背景下，大企业的创新优势愈发明显，从而佐证了熊彼特的观点。

政府干预（gover）的系数符号显著为负，原因可能在于政府干预方式不完善，从而导致短期内影响制造业创新升级。利润（perfor）的系数符号不显著，重要原因在于我国实体经济尤其是制造业投资回报率低，实体经济利润微薄，未能为企业创新生产和研发投资提供足够支撑和保障。

6.2.2 内生性与稳健性检验

内生性问题可能给研究结论带来干扰影响，本章采用较多文献的惯常做法，进一步将关键解释变量 stagg2 取滞后一期（L1stagg2）重新进行回归（戴魁早和刘友金，2016），实证结果见表 6－3。

表 6－3　　　内生性问题处理结果

变量	(1)
lnRDL	0.4282*** (2.7194)
lnRDK	0.2331*** (3.2372)
L1stagg2	0.6182** (2.3348)
scale	0.0170*** (3.6544)
gover	－1.7135* (－1.9689)
profit	0.3719 (0.2161)
固定效应	√
_cons	3.1867** (2.2841)
N	162
F	45.6713

由表 6－3 容易看出，将关键解释变量 stagg2 取滞后一期重新回归后，结果显示：考虑内生性问题后，在产业层面科技服务业集聚依然显著促进了制造业技术创新，研究结论可靠。

为验证科技服务业集聚对制造业行业技术创新积极作用的研究结论，采用其他方法进行稳健性检验。考虑到样本可能存在组间异方差与组内自相关问题，采用考虑异方差和自相关的固定效应方法（xtscc）进行回归分析，结果见表 6－4 列式（1）。考虑到行业面板数据还可能存在组间同期相关等问题，采用广义最小二乘法（FGLS）进行估计，结果见表6－4列式（2）。

技术创新不仅可以用专利来度量，新产品销售收入（newproduct）和发明专利（invention）也可以度量技术创新，故将被解释变量专利分别替换为新产品销售收入和发明专利，采用FE方法进行估计，用于解决模型可能存在的衡量性偏误和测量误差等问题，详细结果见表6－4列式（3）和列式（4）。

表6－4　　　　多种方法估计下的稳健性检验

变量	（1）	（2）	（3）	（4）
lnRDL	0.4911*** （7.2037）	1.2443*** （19.2995）	0.1886** （2.0249）	0.2935** （2.1373）
lnRDK	0.2421*** （5.1240）	－0.1547*** （－2.6303）	0.5445*** （10.6173）	0.5057*** （6.6899）
stagg2	0.4650* （1.9887）	0.7798*** （3.5881）	0.3294* （1.8597）	0.5284** （2.0240）
scale	0.0200*** （8.4527）	0.0325*** （7.6783）	0.0010 （0.3759）	0.0202*** （5.1002）
gover	－2.5052*** （－4.2261）	－1.2579*** （－6.4360）	－2.2175*** （－3.9134）	－0.3421 （－0.4096）
profit	－1.1671 （－1.0556）	2.5236** （2.3865）	0.9245 （0.8054）	－6.2160*** （－3.6742）
_cons	2.7570*** （6.2554）	－3.5716*** （－8.8123）	2.6671*** （3.5354）	1.8590* （1.6718）
固定效应	√	√	√	√
N	189	189	189	189
F	2.7e+03		270.5920	151.5854

表6－4列式（1）和（2）经过考虑异方差与自相关的固定效应

方法和广义最小二乘法，结果均表明科技服务业集聚对制造业技术创新具有积极促进作用；表6－4列式（3）和列式（4）将被解释变量替换为新产品销售收入和发明专利，结果仍然表明科技服务业集聚的创新效应为正，对新产品销售收入具有正向影响还说明科技服务业集聚有利于推动科技成果商业化应用和实际转化，使得技术创新实现市场价值和跨越科技创新“死亡之谷”。经过更换回归方法和指标替换方法均表明科技服务业集聚促进中国制造业各行业创新绩效改善，印证本章研究结论的可靠性与稳健性。

6.3　异质性分析

6.3.1　要素密集度分析

制造业门类众多，行业异质性较强，有必要考虑科技服务业集聚对不同要素密集度制造业技术创新的差异化创新影响。为此，借鉴谢建国（2003）的分类方法，将制造业划分为劳动密集型、资本密集型与技术密集型，分别考察科技服务业集聚对不同要素密集度制造业技术创新的异质性影响，实证结果见表6－5。

表6－5　　不同要素密集度下科技服务业集聚的异质性创新效应

变量	(1) 劳动密集型	(2) 资本密集型	(3) 技术密集型	(4) 劳动密集型	(5) 资本密集型	(6) 技术密集型
lnRDL	0.4676** (2.3532)	0.6533** (2.5806)	1.1322*** (5.3397)	0.4686** (2.3425)	0.7058*** (2.7761)	1.0335*** (4.0539)

续表

变量	(1) 劳动密集型	(2) 资本密集型	(3) 技术密集型	(4) 劳动密集型	(5) 资本密集型	(6) 技术密集型
lnRDK	0.3039 *** (2.6963)	0.3586 *** (3.0987)	0.1839 * (1.9381)	0.2395 ** (2.0148)	0.2205 * (1.8293)	0.3579 (1.6299)
stagg2	-0.3013 (-0.7124)	1.0509 ** (2.0843)	1.1371 *** (3.6411)	-0.3844 (-0.9279)	0.8685 * (1.8578)	1.1928 *** (3.6385)
scale				0.1686 (0.6876)	0.0182 *** (4.6339)	-0.0752 (-0.9275)
gover				-3.7032 * (-1.9811)	-1.5644 (-1.2814)	0.4979 (0.3229)
profit				-3.9223 (-0.7826)	-0.7761 (-0.3854)	-1.7625 (-0.5380)
_cons	2.6127 * (1.7780)	-0.9195 (-0.4052)	-5.0076 ** (-2.4476)	3.3624 ** (2.0319)	-0.0275 (-0.0119)	-4.9437 * (-1.8861)
固定效应	√	√	√	√	√	√
N	84.0000	63.0000	42.0000	84.0000	63.0000	42.0000
F	89.9780	32.4771	109.3906	49.1687	28.4507	52.6931
R^2	0.7964	0.6564	0.9086	0.8172	0.7805	0.9133

未引入控制变量下，表6-5列式（1）、（2）、（3）分别在劳动密集型、资本密集型以及技术密集型制造业样本中就制造业技术创新对内部研发和科技服务业集聚进行回归；引入控制变量下，表6-6列式（4）、（5）、（6）分别在劳动密集型、资本密集型以及技术密集型制造业样本中就制造业技术创新对内部研发和科技服务业集聚进行回归。

从表6-5完整的列式（4）、（5）、（6）回归结果中容易看出，在行业要素密集度上，科技服务业集聚对劳动密集型制造业创新影响较小，对资本密集型制造业创新影响次之，对技术密集型制造业创新促进作用最大，由此可见科技服务业集聚的创新效应主要体现在技术水平较高的资本密集型与技术密集型制造业。

资本密集型与技术密集型制造业专业化水平较高，分工更细，生产过程复杂，产品内分工程度高，产业链条长，企业创新意识较强、创新频率较高，经济关联度较大，生产迂回程度较深。高技术含量的产业特征使得对科技服务等高技术服务和知识密集型服务需求量较大，科技服务能够在资本密集型和技术密集型制造业等高技术产业平台得到适宜匹配和创新潜能释放。

相比之下，劳动密集型制造业技术含量较低，产品内分工较低，生产过程简单，专业化水平和分工程度较低，产业链条短，生产迂回程度较浅，对科技服务需求较少，与科技服务等高技术高知识生产性服务尚未深入融合。因此，科技服务业集聚更多促进技术密集型和资本密集型制造业创新发展。随着中国传统产业转型升级和技术改造步伐加快，科技服务业集聚对劳动密集型制造业的技术创新存在较大的提升空间和上升潜力。

6.3.2 科技服务功能分析

根据科技服务业功能划分，可以分为科技研发服务业和科技扩散服务业。科技研发服务业主要从事创新生产活动的科技成果研发，侧重创新链的前端活动，以研发与设计服务（R&D）活动为主，创造生产技术或者改进生产技术的创新知识源，是技术创新的主要承担者和创新生产者之一。科技扩散服务业主要从事科技成果产业化、市场化、商品化服务，以科技成果转化服务、科技中介服务、专业技术服务、技术转让交易服务为代表，是技术扩散与技术推广的主要组织者和实施者之一，能够促进技术成果向现实生产力转化。作为技术推广者和传播者的科技扩散服务业是连接创新供需双方的桥梁和中介，为制造业技术研发成果提供市场化服务和经济效益实现服务，能够破解产业技术创新成果转化难等市场瓶颈问题（王鹏等，2018）。

因此，科技研发服务业和科技扩散服务业的创新功能侧重点不同，有必要考察它们对制造业技术创新的差异化影响。根据《中国劳动统计年鉴》，科技服务业就业人数被细化为研究与试验发展、专业技术服务业、科技交流和推广服务业，将研究与试验发展服务业视为科技研发服务业，将专业技术服务业、科技交流和推广服务业视为科技扩散服务业，考察科技研发服务业集聚（rdagg）和科技扩散服务业集聚（diffagg）对制造业技术创新的影响，实证结果见表6-6。

表6-6　　　不同功能下科技服务业集聚的创新影响

变量	(1)	(2)	(3)	(4)
lnRDL	0.2677** (2.1923)	0.4035*** (3.4311)	0.4598*** (3.5184)	0.5302*** (4.1388)
lnRDK	0.4356*** (7.0592)	0.1889** (2.3995)	0.2939*** (4.4093)	0.1402* (1.7592)
rdagg	-1.8288 (-1.1740)		-0.6412 (-0.4471)	
diffagg		2.3556*** (4.7083)		1.5871*** (3.3033)
scale			0.0212*** (5.6575)	0.0177*** (4.7079)
gover			-2.3339*** (-2.8960)	-2.2605*** (-2.9242)

续表

变量	(1)	(2)	(3)	(4)
profit			-0.7839 (-0.4769)	-0.6289 (-0.4016)
_cons	3.7363*** (3.7662)	3.1221*** (3.4076)	2.9615*** (2.7784)	2.7171*** (2.6388)
固定效应	√	√	√	√
N	189.0000	189.0000	189.0000	189.0000
F	147.7798	173.8067	100.2813	108.9413
R^2	0.7360	0.7663	0.7941	0.8073

表6-6列式（1）和（2）是在未引入控制变量的回归结果，在列式（1）中科技研发服务业集聚对制造业技术创新的影响不显著，在列式（2）中科技扩散服务业集聚对制造业技术创新的影响非常显著，且在1%水平下通过检验。在列式（3）和列式（4）引入控制变量后，科技研发服务业集聚、科技扩散服务业集聚的显著性水平未发生改变，这说明现阶段科技扩散服务业集聚促进中国制造业技术创新能力提高，科技研发服务业集聚的创新促进作用尚未显现。

以2017年为例，中国科技研发服务业从业人员约为84万人，科技扩散服务业从业人员约为337万人，科技扩散服务业发展水平明显优于科技研发服务业。科技研发服务业集聚的创新促进作用未能显现，原因可能在于研发活动还大量内置于制造业企业内部，不健全的知识产权制度阻止了研发活动外部化进程，故科技研发服务业集聚水平不高，一定程度上限制科技研发服务业的创新推动作用。在政府政策层面，多侧重于技术转移、知识产权服务等领域，对研发服务、工业设计等科技研发服务业关注不足，政策措施组合单调，政策覆盖面不均衡。

同时，科技扩散服务业集聚显著而科技研发服务业集聚不显著，还说明我国现阶段尚未形成覆盖制造业从源头创新、成果转化至规模化产业发展“产前、产中和产后”的全产业链条科技服务业体系，这将难以满足企业创新需求。

未来我国需要协同推进科技研发服务业与科技扩散服务业发展。科技研发服务业为科技扩散服务业提供技术产品，科技扩散服务业为科技研发服务业提供市场和需求，并反馈科技研发服务业科技创新生产，两者具有服务互补性，满足制造业高品质、多样化、个性化的服务需求。科技服务业发展不可偏重其一，需要协同推进具有不同服务功能科技服务业共同发展，形成科技研发服务业与科技扩散服务业相互促进、相互配合、优势互补、良性循环、多边合作与互利共赢的协同创新局面，带来 1 加 1 大于 2 和正向累积因果循环作用效果。

6.4 吸收能力的调节作用

以集聚方式发展的科技服务业为制造业创新生产提供服务型中间品，具有一定的技术含量和技术复杂度，它是自然而发促进制造业技术创新吗？对制造业吸收能力有什么要求？这些问题值得深入思考。

吸收能力是识别、消化和应用外部环境中知识和技术的能力，它能扩大知识基础和整合创新资源，是获取战略性资产到技术创新绩效提升的关键阶段（Cohen et al.，1990）。这一点已经在 FDI 技术溢出效应中得到证实，鉴于吸收能力差异，流入发达国家 FDI 的技术溢出效应相比流入发展中国家 FDI 的技术溢出效应更大。一些具有高开放度的服务业，由于自身管理能力和技术吸收水平低下，导致无法受益国际先进知识溢出。

吸收能力在经济主体将外部资源和外部知识溢出应用于创新过程中发挥着重要角色，也是经济主体在动态环境中培育竞争优势的关键。吸收能力差异可能改变生产性服务业集聚与企业创新能力关系的方向和强度（Wang & Han，2011）。吸收能力甚至超过产业集聚因素，与创新产出密切相关，是引致创新能力差异的重要所在（Smit et al.，2015）。科技服务业集聚的创新效应发挥既依赖合理的集聚规模和集聚结构，也需要集聚环境中经济主体具有一定的获取、吸收和消化能力，才能将以科技服务为代表的先进中间品蕴含的先进技术和核心技术转化为个体自身成长所需。

在吸收能力较弱的制造业行业，科技服务业集聚带来的先进中间品难以被这些制造业行业进行有效的消化吸收再利用，制造业行业从科技服务业集聚环境中识别、消化、吸收和利用的知识也是极为有限的，导致可能无法实现预期的科技创新与技术进步。具备较强吸收能力的制造业可以很好地利用科技服务业集聚的先进中间品以及在集聚区筛选、搜寻和联结到与自身技术创新活动相适宜的科技服务供应商，快速精准搜寻外部异质性知识元素和先进技术，识别出对自身最有价值的知识和有用信息，抓住外部环境存在的机会，有效规避资源冗余带来的负面创新影响，为技术创新和科技进步提供广阔空间，提高自身技术积累和研发基础。

科技服务业集聚产生的先进中间品具有一定的技术复杂度，其蕴含的先进技术和前沿知识需要吸收能力这把钥匙解码开锁。所以，科技服务业集聚正向影响制造业行业创新绩效改善，很可能需要制造业具备一定的吸收能力为前提，才能更好地将外部中间品转化成新颖可行的技术方案，此时科技服务业集聚的创新功能更大。

吸收能力是制造业在技术创新过程中以“干中学”形式逐步形成和积累，不断提高制造业知识基础和技能资源，它与制造业内部研发力度正相关（Coe et al.，1995；Jones et al.，2001），故以制造业研发资本和研发人员作为吸收能力的代理变量，分别引入与科技服务业集聚的交乘项，估计结果见表6－7。

表6－7　　吸收能力调节影响下科技服务业集聚创新效应估计

变量	(1)	(2)	(3)	(4)
lnRDL	0.9234*** (8.0364)	1.1348*** (15.9716)	1.0005*** (8.9428)	1.2810*** (20.6711)
lnRDK	0.1407** (2.3974)	0.3386*** (3.5463)	0.1895*** (3.3329)	0.4154*** (4.1009)
stagg2	−3.7487* (−1.8517)	−1.7689* (−1.6661)	−5.3704** (−2.5057)	−2.2264* (−1.9019)
lnRDL × stagg2	0.4221** (2.3317)		0.5644*** (2.9400)	
lnRDK × stagg2		0.3959*** (2.6065)		0.4528*** (2.7329)
scale			0.0345*** (9.9700)	0.0340*** (9.2777)
gover			−1.2543*** (−6.8125)	−1.2368*** (−6.6461)
profit			−0.9214 (−0.5898)	−1.3871 (−0.9007)
_cons	−0.1678 (−0.1534)	−1.1645* (−1.7259)	−0.6881 (−0.6182)	−2.2350*** (−3.3016)
固定效应	√	√	√	√

续表

变量	(1)	(2)	(3)	(4)
N	189	189	189	189
F	113.9146	116.0382	84.0826	86.1219
R^2	0.7425	0.7460	0.8137	0.8173

表6－7列式（1）和列式（2）是未引入控制变量后的估计结果，列式（3）和列式（4）是在引入控制变量后的估计结果。

表6－7完整的列式（3）和列式（4）回归结果均显示lnRDL×stagg2和lnRDK×stagg2的系数符号显著为正，说明科技服务业集聚对制造业技术创新影响要受到制造吸收能力影响和制约。相比而言，制造业内部研发人员相对研发资本投入的吸收作用更强。在研发人力资源或研发物资资本较为充裕的制造业行业，对服务型中间品的非物化技术转移更有优势，科技服务业集聚的创新功效更大。

科技服务业集聚发展势头再好，如果制造业缺乏“勤练内功”，不具备一定吸收能力，不一定就能真正获取科技服务业集聚的高级中间投入品和筛选到物美价廉的科技服务供应商从而引致技术创新能力提升，很难将外部高级中间投入品转化为制造业内部技术和真正属于自己的知识资源。根植于科技服务业集聚的外部先进中间产品并非免费午餐，吸收能力对制造业获取集聚外部性和解码隐藏在中间品里的知识与技术起到十分重要的作用，也是制造业自主创新能力建设的核心环节。这可以较好解释处于同一科技服务业集聚环境中的不同制造业行业，会对同样的外部信号和外部价值资源产生差异化的反应和产出差异化的结果。

因此，表6－7表明科技服务业集聚的创新促进作用要受到以制造业研发资本投入和研发人员投入为代表的吸收能力制约和调节，需要进一步打通科技服务业集聚作用制造业创新发展的通道，最终实现科技服务业与制造业内部研发有机结合，达到内部研发与外部创新主体合作协同的技术进步路线。

6.5 影响机制检验

中介效应模型是检验一个变量作用另一个变量进而影响最终变量的有力工具，常用于影响机制分析（Baron and Kenny，1986；温忠麟等，2004）。该模型反映了核心解释变量 X 变化引起中介变量 M 变化，中介变量 M 变化引起被解释变量 Y 变化，总体思路是核心解释变量 X→中介变量 M→被解释变量 Y。中介效应模型的作用原理如图 6－1 所示。

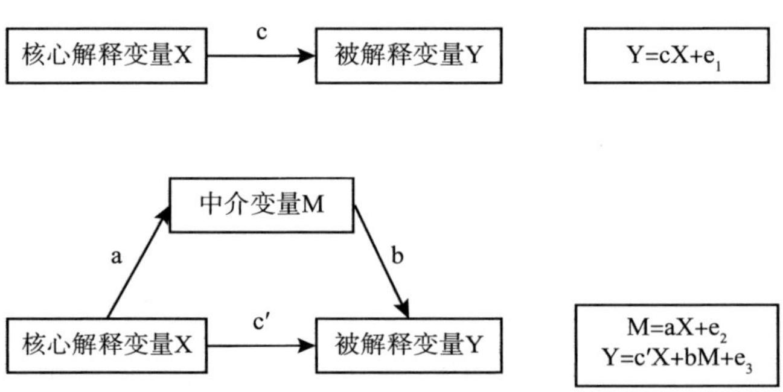

图 6－1　中介效应模型作用原理

X 代表核心解释变量，M 代表中介变量，Y 代表被解释变量，c 表示核心解释变量 X 对被解释变量 Y 的总效应，a ∗ b 表示通过中介变量所产生的中介效应（也即间接效应），c′表示核心解释变量 X 对被解释变量 Y 的直接效应，$c \approx c' + a * b$，这样总效应可以分解成直接效应与中介效应（间接效应）之和。

根据中介效应模型，按照以下程序进行检验：

第一步，构造 X 与 Y 回归方程。将被解释变量 Y 对核心解释变量 X 进行回归，检验 X 系数是否显著，若不显著则不存在中介效应，分析即可停止，若显著则进行下一步。

第二步，构造 X 与 M 的回归方程。将中介变量 M 对核心解释变量 X 进行回归，如果 X 的系数通过显著性水平检验，则进行下一步。

第三步，构造 X、M 与 Y 的回归方程。将被解释变量 Y 对核心解释变量 X 和中介变量 M 进行回归，如果核心解释变量 X 系数显著且中介变量 M 系数也显著，说明 X 对 Y 的影响部分通过 M 这个中介渠道实现，另外一部分是 X 对 Y 的直接影响，此时总效应可以分解成直接效应和中介效应之和，也即核心解释变量 X 对被解释变量 Y 的影响同时存在直接影响机制和间接影响机制。如果核心解释变量 X 系数不显著但中介变量 M 系数显著，说明 X 对 Y 影响存在基于中介变量 M 的完全中介效应。换言之，核心解释变量 X 对被解释变量 Y 的影响只存在间接影响机制，直接影响机制不存在。

当然，如果第二步 X 与 M 回归方程中 X 系数显著，第三步 X、M 与 Y 的回归方程中 X 系数不显著，中介变量 M 系数也不显著，此时需要采用 Sobel 统计量进行检验。如果 Sobel 统计量通过显著性检验，则说明中介效应显著；如果 Sobel 统计量未通过显著性检验，则说明中介效应不存在和不显著。此时核心解释变量 X 对被解释变量 Y 的影响只存在间接影响机制，直接影响机制不存在。

结合中介效应模型原理，以及第 3 章在产业层面科技服务业集聚通过中间品供给和中间品需求进而作用于制造业技术创新，于是构造如下三个回归方程：

$$\ln Y_{it} = \alpha_0 + \alpha_1 \ln RDK_{it} + \alpha_2 \ln RDL_{it} + \alpha_3 stagg2_t + \gamma_1 scale_{it} + \gamma_2 gover_{it} + \gamma_3 perfor_{it} + \nu_i + \mu_{it} \quad (6-7)$$

$$M_{it} = \beta_0 + \beta_1 \ln RDK_{it} + \beta_2 \ln RDL_{it} + \beta_3 stagg2_t + \chi_1 scale_{it} + \chi_2 gover_{it} + \chi_3 perfor_{it} + \kappa_i + \varepsilon_{it} \quad (6-8)$$

$$\ln Y_{it} = \pi_0 + \pi_1 \ln RDK_{it} + \pi_2 \ln RDL_{it} + \pi_3 stagg2_t + \pi_4 M_{it} + \theta_1 scale_{it} + \theta_2 gover_{it} + \theta_3 perfor_{it} + \vartheta_i + \varphi_{it} \quad (6-9)$$

i 代表制造业各细分行业，t 代表年份，变量 lnY、RDK、RDL、stagg2、scale、gover、perfor 等选取和界定已经在前面详细叙述，在此不再赘述。M 代表中介变量，ν_i、κ_i、ϑ_i 分别为回归方程（6－7）、（6－8）、（6－9）的行业固定效应，μ_{it}、ε_{it}、φ_{it}分别为回归方程（6－7）、（6－8）、（6－9）的随机扰动项。

回归方程（6－7）是本章基准回归模型——公式（6－4），回归方程（6－8）和回归方程（6－9）是考察科技服务业集聚是否通过中介变量 M 作用于制造业技术创新，也即对“科技服务业集聚—中间品供给—制造业技术创新”“科技服务业集聚—中间品需求—制造业技术创新”的作用机制进行检验，这将体现在回归方程（6－8）和（6－9）中的参数 β_3、π_3 和 π_4 的显著性和强度。

6.5.1 基于中间品供给的机制检验

第 3 章的理论分析表明：在产业层面，科技服务业集聚通过推动中间品供给进而促进制造业技术创新，也就是说科技服务业集聚通过影响中间品供给这个中介变量 M 继而作用于制造业技术创新，为此适用中介效应模型进行机制检验。

对于中间品供给的衡量和测度，此时科技服务业是以上游行业身份出现，向下游制造业提供科技服务型中间品。通过借鉴 Arnold 等（2016）和陈明等的（2018）分析思路，将科技服务业增加值与制造业对科技服务业的完全消耗系数相乘得到制造业细分行业对科技服务业消耗度和使用程度，也即制造业各行业的科技服务使用程度，或者称为科技服务业中间品供给程度（针对制造业）。该方法本质上属于上下游投入产出方法，体现创新要素嵌入生产功能和科技服务业对制造业的渗透力和支撑力，数值越大表明制造业对科技服务依赖程度越深。具体而言：

第一步，计算制造业各细分行业对科技服务业完全消耗系数：

$$service_{im} = \alpha_{im} + \sum_{k=1}^{n} \alpha_{ik} * \alpha_{km} + \sum_{s=1}^{n} \sum_{k=1}^{n} \alpha_{is} * \alpha_{sk} * \alpha_{km} + \cdots \tag{6-10}$$

公式（6－10）中，i 表示制造业各细分行业，m 表示科技服务业，$service_{im}$代表制造业部门 i 每生产或者每提供一个单位最终产品（产出）需要使用和消耗科技服务数量。公式（6－10）右边第一项代表首轮消耗和使用，也即直接消耗；第二项代表第二轮消耗和使用，也即第一轮间接消耗；第三项代表第二轮间接消耗。按此类推得到完全消耗系数。

第二步，再将制造业各细分行业 i 对科技服务业的完全消耗系数与科技服务业增加值相乘得到制造业各行业 i 的科技服务使用指数，也即科技服务业的中间品供给（supply）。具体计算公式如下：

$$supply_{it} = service_{im} * stvalue_{t} \tag{6-11}$$

$supply_{it}$代表科技服务业的中间品供给，$service_{im}$为制造业各细分行业 i 对科技服务业的完全消耗系数。中国投入产出表每逢年份尾数为 2 和 7 公布基本型投入产出表，借鉴“均等化”做法（陈启斐等，2014），本章样本数据年限范围为 2011 年至 2017 年，制造业对科技服务业的完全消耗系数采用 2017 年投入产出表计算而得，$stvalue_t$ 代表科技服务业在 t 年的增加值。科技服务业增加值数据来源于《中国统计年鉴》，制造业对科技服务业的完全消耗系数来自中国投入产出表，该表有 42 部门和超过 120 个部门的两种版本，为提高研究实践价值和扩大样本容量，使用中国 2017 年 149 × 149 部门投入产出表，得到制造业 27 个细分行业对科技服务业的完全消耗系数。

表 6 - 8 报告了以科技服务业中间品供给（supply）为中介变量的机制检验结果。其中：列式（1）反映了制造业技术创新作为被解释变量对科技服务业集聚和控制变量进行回归的结果；列式（2）是使用科技服务业中间品供给作为被解释变量对科技服务业集聚和控制变量进行回归的结果，检验科技服务业集聚是否影响了中介变量；列式（3）是使用制造业技术创新作为被解释变量对科技服务业集聚、中介变量科技服务业中间品供给和控制变量进行回归的结果，以此检验中间品供给效应的中介作用。基于科技服务业中间品供给的中介机制检验结果见表 6 - 8。

表 6 - 8　　基于中间品供给的中介机制检验

变量	(1)	(2)	(3)
stagg2	0.4650* (1.8773)	0.6229*** (3.0458)	0.2331 (0.9577)
supply			0.3723*** (4.0221)

续表

变量	(1)	(2)	(3)
lnRDL	0.4911 *** (3.7696)	-0.2338 ** (-2.1735)	0.5781 *** (4.5798)
lnRDK	0.2421 *** (3.3758)	0.6143 *** (10.3740)	0.0134 (0.1504)
scale	0.0200 *** (5.3286)	0.0131 *** (4.2252)	0.0151 *** (3.9986)
gover	-2.5052 *** (-3.1615)	-2.3432 *** (-3.5813)	-1.6328 ** (-2.0748)
profit	-1.1671 (-0.7271)	-4.6087 *** (-3.4775)	0.5489 (0.3451)
_cons	2.7570 *** (2.6132)	4.2034 *** (4.8256)	1.1919 (1.1039)
固定效应	√	√	√
N	189	189	189
F	102.9690	178.1332	99.1569

表6－8给出科技服务业集聚通过中间品供给效应影响制造业技术创新的回归结果。列式（1）表明科技服务业集聚对制造业技术创新产生了积极影响，列式（2）回归结果表明科技服务业集聚有利于提高科技服务型中间品供给能力，列式（3）supply系数显著为正，且列式（3）中科技服务业集聚的系数值小于列式（1）中科技服务业集聚的系数值。由此证实科技服务业集聚能够通过中间品供给方式惠及制造业技术创新发展，也即科技服务业集聚↑→中间品供给↑→制造业技术创新↑的逻辑链条得以成立，从而验证科技服务业集聚确实能够通过中间品供给这一渠道间接推动制造业创新能力提升。

由此可见，中介效应模型检验结果支持了“科技服务业集聚—中间品供给—制造业技术创新”的具体作用路径。据此可以判断，科技服务业集聚发展有利于提高中间品供给，进而促进制造业技术创新。

6.5.2 基于中间品需求的机制检验

第3章理论分析表明：在产业层面，科技服务业集聚通过推动中间品需求进而促进制造业技术创新，也就是说科技服务业集聚通过影响中间品需求这个中介变量M继而作用于制造业技术创新，为此适用中介效应模型进行机制检验。

对于中间品需求的衡量和测度，此时科技服务业是以下游行业身份出现，基于生产经营需要消耗上游制造业的产品，由此产生中间品需求。通过借鉴阿诺德等（Arnold et al.，2016）和陈明等（2018）的分析思路，将制造业各细分行业产值与科技服务业对制造业各细分行业的完全消耗系数相乘，得到科技服务业对制造业各细分行业的消耗度和使用程度，称为科技服务业中间品需求程度（针对制造业）。该方法本质上属于上下游投入产出方法，体现制造业对科技服务业的渗透力和支撑力，数值越大表明科技服务业对制造业依赖程度越深。具体而言：

第一步，计算科技服务业对制造业各细分行业i的完全消耗系数（$manuf_{ei}$）：

$$manuf_{ei} = \alpha_{ei} + \sum_{k=1}^{n} \alpha_{ek} * \alpha_{ki} + \sum_{s=1}^{n} \sum_{k=1}^{n} \alpha_{es} * \alpha_{sk} * \alpha_{ki} + \cdots \tag{6-12}$$

公式（6-12）中，下标i表示制造业各细分行业，e表示科技服务业，$manuf_{ei}$代表科技服务业每生产或者每提供一个单位最终产品（产出）需要使用和消耗制造业细分行业 i 数量。公式（6－12）中右边第一项代表首轮消耗和使用，也即直接消耗；第二项代表第二轮消耗和使用，也即第一轮间接消耗；第三项代表第二轮间接消耗，按此类推得到完全消耗系数。

第二步，再将科技服务业对制造业各细分行业 i 的完全消耗系数与制造业各细分行业产值相乘，得到科技服务业对制造业各细分行业使用指数，也即科技服务业的中间品需求（$demand_{it}$），具体计算公式如下：

$$demand_{it} = manuf_{ei} * manuf_{it} \qquad (6-13)$$

$manuf_{ei}$为科技服务业对制造业各细分行业 i 的完全消耗系数，中国投入产出表每逢年份尾数为 2 和 7 公布基本型投入产出表。借鉴“均等化”做法（陈启斐等，2014），本章样本数据年限范围为 2011 年至 2017 年，科技服务业对制造业各细分行业完全消耗系数采用 2017 年投入产出表计算而得，$manuf_{it}$代表制造业各细分行业 i 在 t 年的产值。

科技服务业对制造业的完全消耗系数来自中国投入产出表，同样使用中国 2017 年 149×149 部门投入产出表，得到科技服务业对制造业 27 个细分行业的完全消耗系数。制造业各细分行业 i 在 t 年的产值采用销售产值予以近似表征，这是因为《中国工业统计年鉴》自 2008 年不再发布制造业各细分行业增加值，自 2012 年不再发布制造业各细分行业总产值，只公布制造业细分行业的销售产值，通过计算 2005～2011 年销售产值与总产值的比例，发现两者比例平均高达 98% 以上，且方差很小，说明在制造业细分行业产值数据缺失背景下采用销售产值近似衡量总产值是可行的，而且这种做法得到一些学者应用（孙早和许薛璐，2017）。

表6－9报告了以科技服务业中间品需求（demand）为中介变量的机制检验结果。其中：列式（1）反映了制造业技术创新作为被解释变量对科技服务业集聚和控制变量进行回归的结果；列式（2）是使用科技服务业中间品需求作为被解释变量对科技服务业集聚和控制变量进行回归的结果，检验科技服务业集聚是否影响了中介变量；列式（3）是使用制造业技术创新作为被解释变量对科技服务业集聚、中介变量科技服务业中间品需求和控制变量进行回归的结果，以此检验中间品需求效应的中介作用。基于中间品需求的中介机制检验结果见表6－9。

表6－9　基于中间品需求的中介机制检验

变量	(1)	(2)	(3)
stagg2	0.4650 * (1.8773)	0.1054 (0.5402)	0.4393 * (1.7998)
demand			0.2436 ** (2.4354)
lnRDL	0.4911 *** (3.7696)	0.3435 *** (3.3464)	0.4074 *** (3.0680)
lnRDK	0.2421 *** (3.3758)	0.2424 *** (4.2904)	0.1830 ** (2.4515)
scale	0.0200 *** (5.3286)	−0.0025 (−0.8513)	0.0206 *** (5.5653)
gover	−2.5052 *** (−3.1615)	−0.4164 (−0.6669)	−2.4038 *** (−3.0766)
profit	−1.1671 (−0.7271)	−0.9662 (−0.7639)	−0.9317 (−0.5884)

续表

变量	(1)	(2)	(3)
_cons	2.7570 *** (2.6132)	0.9023 (1.0855)	2.5371 ** (2.4334)
固定效应	√	√	√
N	189	189	189
F	102.9690	83.3660	91.8963

表6－9给出科技服务业集聚通过中间品需求效应影响制造业技术创新的回归结果。列式（1）表明科技服务业集聚对制造业技术创新产生了积极影响，列式（2）回归结果表明科技服务业集聚具有提升中间品需求能力的迹象，列式（3）demand系数显著为正，且列式（3）中科技服务业集聚的系数值显著性小于列式（1）中科技服务业集聚的系数值。由此基本证实科技服务业集聚能够通过中间品需求渠道惠及制造业技术创新发展，也即科技服务业集聚↑→中间品需求↑→制造业技术创新↑的逻辑链条得以成立，从而验证科技服务业集聚确实能够通过中间品需求这一渠道间接推动制造业创新能力提升。

由此可见，中介效应模型检验结果支持了“科技服务业集聚—中间品需求—制造业技术创新”的具体作用路径。据此可以判断，科技服务业集聚发展有利于提升中间品需求，进而促进制造业技术创新。

7　科技服务业集聚对制造业技术创新影响的实证研究：区域层面

第 5 章和第 6 章分别在企业层面和行业层面验证了科技服务业集聚对制造业技术创新的影响机理。那么在区域层面，科技服务业集聚能否促进制造业技术创新？

本章选择区域作为实证样本，以城市代表区域，在第 3 章科技服务业集聚影响制造业技术创新的区域层面影响机理和第 4 章科技服务业集聚测度基础上，从区域层面实证检验科技服务业集聚对制造业技术创新的影响。

7.1　模型设定、变量界定与数据来源

7.1.1　模型设定

集聚对创新的重要作用早在马歇尔（1890）就被充分关注到，他认为产业集聚区拥有彼此信任的文化氛围，分摊基础设施运行成本，共享劳动力市场，获取知识外溢，产生外部规模经济，提高企业生产

率和创新效率。而后有学者深入集聚外部性探讨对创新的影响，格莱泽等（Glaeser et al.，1992）学者认为专业化集聚有利于创新，但亨德森等（Henderson et al.，1995）学者认为多样化集聚更有利于创新。

因为早期产业集聚主要发生在制造业领域，所以集聚与创新之间关系研究也就集中在制造业集聚与制造业创新，模型设定主要以反映制造业集聚的衡量指标作为解释变量，以反映制造业创新的衡量指标作为被解释变量来进行计量模型设定，样本主要以微观企业数据为主（Baptista et al.，1998；Feldman et al.，1999；黄小勇等，2020），以此探讨制造业集聚对制造业创新的影响。

随着区域创新体系建设的紧迫性和重要性，有学者将产业集聚与创新之间关系延伸至区域创新领域，模型设定主要以反映制造业集聚的衡量指标作为解释变量，以反映区域创新的衡量指标作为被解释变量来进行计量模型设定（Andersson et al.，2005；彭向等，2011），以此探讨制造业集聚对区域创新的影响。

20 世纪 70 年代以来，随着生产性服务业集聚的快速发展，有学者将产业集聚与创新之间关系延伸至具体生产性服务业领域，例如科技服务业集聚，模型设定主要以反映科技服务业集聚的衡量指标作为解释变量，以反映区域创新衡量指标作为被解释变量来进行计量模型设定，样本以省级区域数据为主（李晓龙等，2017；朱文涛等，2017；秦松松等，2019；吴芹等，2020）。

根据前人研究基础，以及第 3 章科技服务业集聚促进制造业技术创新的区域层面影响机理，基准计量模型设计如下：

$$innov_{it} = \alpha_0 + \alpha_1 stagg3_{it} + \beta_1 regulate_{it} + \beta_2 finance_{it} + \beta_3 science_{it} + \beta_4 enterprise_{it} + \beta_5 structure_{it} + \lambda_i + \upsilon_t + \varepsilon_{it} \tag{7-1}$$

公式（7－1）中，i 代表城市，t 代表年份，λ_i 代表无法观测城市固定效应，υ_t 代表无法观测时间固定效应，ε 代表随机扰动项。innov 表示制造业技术创新，stagg3 表示科技服务业集聚，regulate 表示环境规制，finance 表示金融业发展水平，science 表示政府创新资助，enterprise 代表创业活力，structure 表示产业结构，具体衡量见变量界定部分。α_1 反映出区域科技服务业集聚对区域制造业技术创新的影响系数，为本章重点关注的系数。

本模型设计的特色之处在于：

第一，在研究对象方面，现有文献就科技服务业集聚对区域制造业技术创新影响的研究甚为鲜见。本模型将被解释变量界定为区域制造业技术创新，将关键解释变量界定为区域科技服务业集聚，考察区域科技服务业集聚对区域制造业技术创新的影响，而非考察区域科技服务业集聚对区域创新的影响，一定程度上弥补科技服务业集聚对区域制造业技术创新研究的缺乏，拓展了科技服务业集聚的研究领域。

第二，在样本选择方面，现有文献关于科技服务业集聚与区域创新关系的研究主要集中在省域层面，相对而言空间尺度偏大。城市是区域社会政治经济文化的中心，是制造业和科技服务业发展的基本空间载体。本章选择以城市代表区域，可以在更精细化的地理空间反映区域科技服务业集聚水平，以及它对区域制造业技术创新的影响。以此基准计量模型为基础，还可以更好测度出第 8 章科技服务业集聚对制造业技术创新的空间溢出效应。

7.1.2 变量界定

（1）被解释变量——制造业技术创新（innov）。

根据既有文献，在区域层面衡量技术创新水平主要从投入、产出等角度进行度量，创新投入端可能因为业务外包、财务信息舞弊、披露口径非规范等因素导致信息扭曲，而且创新投入高效转化为创新产出存在一定难度，如果采用投入端衡量技术创新能力很可能存在高估问题。相比之下，创新产出端更能综合反映创新活动成果，同时根据城市层面数据可获得性，最终采用产出端反映技术创新水平。

《中国城市统计年鉴》及其相关年鉴未能公布城市层面制造业创新活动指标，鉴于数据可获取性，现有研究城市层面技术创新的文献偏少，重要原因在于城市层面技术创新数据缺乏。有些学者通过手工收集城市专利申请数或者授权量来研究城市层面创新活动（赵玉林等，2009；高翔，2015），但存在专利质量难以衡量和专利价值异质性问题，而且城市专利数据也只能衡量城市创新能力，未能反映城市产业技术创新能力，例如制造业。

《工业企业科技活动年鉴》《中国科技统计年鉴》发布了省域层面创新活动相关指标，但缺乏城市层面创新活动数据。幸运的是，由复旦大学、第一财经研究院发布的《中国城市和产业创新力报告》公布了2001～2016年中国城市、产业等层面创新指数，通过运用专利更新模型测算出相应的创新指数，能够较好反映近年来制造业技术创新的新态势。该指数已经在城市层面创新活动研究中得到较为广泛应用（杨思莹等，2019；王如玉等，2019）。

《中国城市和产业创新力报告》不仅公布了城市创新指数，还公布了三位码行业的创新指数，城市创新指数等于所在城市内细分行业创新指数的加总。借鉴这一思路，结合中国制造业二位码行业分类标准，将《中国城市和产业创新力报告》中三位码相应制造业部门创新指数予以加总，得到中国各城市二位码制造业创新指数，再将中国各城市二位码制造业创新指数予以加总即得到各城市制造业创新指数。

另外，为避免因城市规模和产业门类不同造成的不可比因素，将制造业创新指数除以制造业就业人数，以此精确衡量每个城市制造业技术创新水平，消除了某些城市因为制造业规模大或者产业门类众多而导致制造业创新水平错估的问题。

（2）核心解释变量——科技服务业集聚（stagg3）。

采用区位熵予以测度，结果取自第4章计算出来的中国区域科技服务业区位熵，在此不再赘述。

（3）金融业发展水平（finance）。

资金是企业创新活动开展的必要条件，融资约束与资金供给是影响企业创新活动的重要因素。创新具有高风险、高投入、投资回报期限长和充满不确定性的特点，急需发达的融资体系支持。从创新产品概念设计、研发试验、试生产、规模化市场推广、现实生产力转化等创新周期的每个阶段都需要大量持续性的资金投入，否则会制约创新活动的可持续进行。金融革命是产业革命的前提和基础，是技术创新的重要保证条件。任何企业不可能完全依靠自身利润积累等内源性融资支撑，以银行为代表的外源性融资显得必不可少。哪怕是发达国家，企业也同样面临融资约束问题。

金融业发展水平决定企业创新活动的外源性融资易获取性，反映金融资源的供给能力。发达的金融体系能够为企业研发创新活动提供丰富多样的金融产品、金融工具和较低的融资成本，开辟更多的融资渠道，构建创新资本知识化的运行机制。较高的金融业发展水平下，金融机构专业化水平较高和信息甄别能力较强，能够有效缓解信息不对称下的融资约束，提高企业获取外部资金的可能性和经济性，进而为制造业创新活动提供融资支持。金融业发展采用各城市金融机构贷款余额占 GDP 的比重表示（庄毓敏等，2020）。

（4）环境规制（regulate）。

环境规制对创新活动存在促进和抑制两种可能：一方面，环境规制可以通过补偿效应抵消环境规制成本上升，从而激励企业创新水平提升，带来创新发展与环境保护的双赢格局；另外一方面，环境规制也可以通过成本遵循效应，也即增加企业环境成本费用、挤占研发投资，从而抑制企业创新活动开展和弱化企业创新能力。

对于环境规制，现有研究较多采用污染治理投资额予以表示，但是污染治理投资额只能从治理视角反映环境规制水平，不能反映环境规制效果。将城市实际 GDP 与能源消费总量之比值反映环境规制，城市能源消费总量采用电力消耗量予以代表。该指标越大说明单位 GDP 的绿色发展能力越高，从而环境规制力度越强（韩先锋，2018）。

（5）政府创新资助（science）。

创新收益的溢出性是创新活动的基本特征之一，导致私人部门创新投资无法取得全部的创新回报，出现私人边际收益小于社会边际收益以及私人边际成本高于社会边际成本的现象，创新模仿者能够以较低成本获取创新主体收益，削弱了经济主体创新投入积极性，增加创新搭便车现象，造成研发创新负激励，从而不利于研发活动持续健康发展。为此，必要的政府创新资助和公共科技支持显得尤为必要，它可以较好弥补制造业企业创新投资收益缺口，通过资源属性和信号发送属性增强企业吸收能力和改善企业创新绩效，缓解技术创新市场的失灵问题。政府创新资助采用财政科技支出额的自然对数值予以表征（鲁元平等，2018）。

（6）创业活力（enterprise）。

创业是创新的基础和前提之一，社会创业水平提高和创业活力增强将会有助于培育创业精神和企业家精神，提升创新活跃程度，促进大量创新型和科技型企业蓬勃发展，从而带动区域创新和产业创新水平提升。限于城市层面数据可获得性，创业活力采用私营和个体从业人员的自然对数值予以表示（王叶军，2019）。

（7）产业结构（structure）。

经济发展和人均收入提高，产业结构逐渐由“一、二、三”转向“二、三、一”与“三、二、一”，生产要素逐渐从低效率或低效率增长部门流向高效率或高效率增长部门，从而促进生产效率提高和创新能力提升，这一现象又被称为“结构红利”。一般而言，经济结构由第二产业主导型转向第三产业主导型是产业结构升级的直观体现。限于城市层面数据可获得性，产业结构采用第三产业增加值与第二产业增加值之比予以表示（干春晖，2011）。

7.1.3 数据来源

样本数据取自《中国城市统计年鉴》《城市建设统计年鉴》《中国统计年鉴》《中国城市和产业创新力报告》及各省统计年鉴，城市层面数据为全市层面，其中，科技服务业区位熵（stagg3）数据来自第 4 章计算出来的中国区域科技服务业区位熵测度。这里剔除巢湖、三沙、毕节、铜仁、拉萨、海东等城市数据不全或行政区划调整后的 281 个城市作为样本，部分缺失值采用插值法处理，所有名义价值型变量都经过所在省份 GDP 价格指数平减，基期为 2003 年，主要变量描述性统计见表 7－1。

表 7－1　　主要变量描述性统计

变量	均值	标准差	最小值	最大值	样本量
innov	0. 2206	0. 4028	0. 0000	10. 0868	3934
stagg3	0. 7264	0. 5462	0. 0506	4. 5677	3934
regulate	3. 0649	0. 7087	0. 9333	7. 1404	3934
finance	0. 8199	0. 5079	0. 0753	7. 4502	3934
science	9. 0089	1. 8669	0. 0000	15. 2106	3934
enterprise	3. 2832	0. 9249	0. 5748	7. 9081	3934
structure	0. 8375	0. 4739	0. 0943	13. 4774	3934

7.2　实证结果及分析

7.2.1　基准回归结果

本章研究样本属于短面板数据，主要存在三种估计方法：POOL OLS、随机效应（RE）和固定效应（FE）。经过 F 检验发现 FE 优于 POOL OLS，BP－LM 检验表明 RE 优于 POOL OLS，检验结果支持 FE 优于 RE。考虑到时间效应可能对其存在影响，最终对模型（7－1）采用控制城市固定效应和时间固定效应的双向固定效应进行估计，结果见表 7－2。

表 7－2　　基准回归

变量	(1)	(2)	(3)	(4)	(5)	(6)
stagg3	0. 2685 *** (24. 5118)	0. 1727 *** (5. 4824)	0. 1499 *** (5. 9394)	0. 1343 *** (13. 1786)	0. 1791 *** (6. 7851)	0. 1578 *** (6. 3650)

续表

变量	(1)	(2)	(3)	(4)	(5)	(6)
regulate				-0.0087 (-1.1933)	0.1053*** (6.6435)	0.0562*** (3.7566)
finance				0.0836*** (6.9364)	0.1421*** (7.8644)	0.0007 (0.0355)
science				0.0860*** (23.0367)	0.0662*** (16.9966)	0.0322*** (3.5802)
enterprise				0.0160** (2.0684)	0.1102*** (8.8993)	0.0244** (2.0001)
structure				0.2087*** (18.2997)	0.2286*** (15.3906)	0.1628*** (11.4654)
_cons	0.0256** (2.5680)	0.0952*** (4.0523)	-0.0730*** (-3.0652)	-0.9213*** (-27.9773)	-1.4983*** (-26.3420)	-0.6705*** (-7.7638)
城市固定效应	×	√	√	×	√	√
时间固定效应	×	×	√	×	×	√
N	3934	3934	3934	3934	3934	3934
F	600.8270	30.0564	156.4247	448.3880	268.9132	129.0143

注：括号内为t值，显著性水平：* $p<0.1$，** $p<0.05$，*** $p<0.01$，√代表控制，×代表未控制，下同。

表7-2中，列式（1）是未引入控制变量、未控制城市固定效应和时间固定效应的估计结果，列式（2）是未引入控制变量但仅仅控制城市固定效应的估计结果，列式（3）是未引入控制变量但同时控制城市固定效应和时间固定效应的估计结果，列式（4）是在引入控制变量但未控制城市固定效应和时间固定效应的估计结果，列式（5）是在引入控制变量、控制城市固定效应但未控制时间固定效应的估计结果，列式（6）是引入控制变量后的双向固定效应估计结果。容易

看出科技服务业集聚回归系数显著为正，它对制造业技术创新具有积极的促进作用，即使是引入控制变量和控制相关固定效应，也未实质性改变实证分析结果。

从表 7－2 列式（6）完整的回归结果可以得出，科技服务业集聚对制造业创新发展和创新驱动具有正面影响，科技服务业区位熵每增加 1 个单位，制造业技术创新指数将会提高 0.1578 个单位。在整个样本期内，科技服务业区位熵每上升 1 个单位标准差，制造业技术创新指数将会增加 0.2141 个标准差。

科技服务业集聚可以推动制造业创新发展与技术升级。当前，中国制造业大而不强，资源能源消耗较大，产品附加值较低，技术创新能力薄弱，面临产业升级和创新驱动转型的巨大压力。科技服务业集聚是驱动制造业实现质量变革、效率变革和动力变革的关键发力点之一，它能够有效释放科技服务业的创新潜能，通过知识、技术和智力等创新要素提高资源使用效率，缓解资本劳动等传统要素报酬递减和土地等自然资源稀缺制约，为财富创造和创新稳定增长提供现实可能性。

从控制变量回归结果来看，环境规制（regulate）的回归系数显著为正，说明加大环保督察和环境规制能够倒逼制造业企业改善生产工艺、加强科学管理和激励技术创新，由此形成的先动优势能够补偿环境规制成本损失，带动企业绩效提升，从而验证波特假说在中国的存在。金融业发展水平（finance）的回归系数为正但不显著，说明我国金融业对技术创新和实体经济支持不够，很多金融资本存在自我循环和脱离实体交易的过度虚拟膨胀，存在金融资源错配，大量金融资本并未进入技术创新和实体经济领域，金融服务民营企业和中小企业存在价格歧视，金融业的创新促进功能受到抑制（王希元，2019）。

政府创新资助（science）的回归系数显著为正，说明我国政府对企业技术创新的财政补贴、税收优惠、研发费用加计扣除等措施增强了企业创新投资信心，发挥了创新引导作用，弥补了创新私人收益与社会收益之间的缺口，激励了企业技术创新活动深入开展和持续进行。创业活力（enterprise）的回归系数显著为正，说明社会创业水平提高有利于促进产业创新和区域创新，符合理论预期。产业结构（structure）的回归系数显著为正，说明推行经济结构调整和产业升级有利于引导资源从低效率部门流向高效率部门，进而释放产业结构调整的创新红利。

7.2.2 内生性问题

为更好证明在区域层面科技服务业集聚对制造业技术创新的促进效应，采用工具变量进行进一步验证和缓解可能出现的内生性问题，采用城市所属省域科技服务业集聚均值作为各城市科技服务业集聚的工具变量进行2sls回归分析（Fisman et al.，2007）。一方面，各省份科技服务业集聚发展水平与其所辖城市科技服务业集聚发展水平正相关，满足工具变量相关性要求；另一方面，单个市级层面变量较难影响省级层面变量，一定程度上满足工具变量外生型要求，估计结果见表7－3。

表7－3　以城市所属省份科技服务业集聚均值作为工具变量的估计结果

变量	(1)
stagg3	0.6086*** (11.6127)

续表

变量	(1)
regulate	0.0502 *** (3.3416)
finance	0.0147 (0.7835)
science	0.0434 *** (4.7736)
enterprise	0.0273 ** (2.2298)
structure	0.1648 *** (11.5594)
_cons	-0.4818 ** (-2.0003)
N	3934

对科技服务业集聚是否是内生变量进行豪斯曼检验，检验结果 chi2（1）=96.29，p=0.0000，可见科技服务业集聚确实存在一定的内生性，需要通过工具变量对研究结论进行进一步验证。采用城市所属省份科技服务业集聚均值作为各城市科技服务业集聚的工具变量进行 2sls 回归分析：Anderson canon. corr. LM 统计量为 886.883，说明拒绝工具变量识别不足的原假设；Cragg - Donald Wald F 统计量为 1057.699，说明拒绝工具变量弱识别的原假设；Anderson - Rubin Wald F 统计量为 139.58（p=0.0000），说明工具变量非弱工具变量，满足工具变量相关性要求。基于工具变量的 2sls 回归结果，依然显示科技服务业集聚是制造业技术创新的驱动力。

对比表 7 - 3 和表 7 - 2 列式（6）可知，考虑科技服务业集聚存在内生性问题后，科技服务业集聚的影响系数无论是显著性水平还是系数值大小均未发生实质性改变，与不采用工具变量的回归结果相差不大，意味着在区域层面科技服务业集聚确实对制造业技术创新发挥了推动作用。

7.2.3 稳健性检验

为检验科技服务业集聚的创新效应稳健性，采用以下方法进行稳健性检验：

第一，采用工具变量法进行固定效应分析，以科技服务业集聚的滞后一期作为工具变量进行回归，实证结果见表 7 - 4 列式（1）。

第二，考虑到样本可能存在异方差与序列相关问题，采用考虑异方差和序列相关的固定效应方法进行回归分析，实证结果见表 7 - 4 列式（2）。

第三，替换被解释变量制造业技术创新，将其更换为城市创新，因为制造业是实体经济之本，制造业创新与城市创新存在极为密切关系，实证结果见表 7 - 4 列式（3）。

第四，将关键解释变量科技服务业集聚测度指标由区位熵替换为科技服务业相对经济活动密度（re_density），测度结果取自第 4 章科技服务业集聚测度，实证结果见表 7 - 4 列式（4）。

第五，将关键解释变量科技服务业集聚测度指标由区位熵替换为科技服务业绝对经济活动密度（density），测度结果取自第 4 章科技服务业集聚测度，实证结果见表 7 - 4 列式（5）。

表 7－4 稳健性检验

变量	(1)	(2)	(3)	(4)	(5)
stagg3	0.2507*** (5.9166)	0.1791*** (6.2757)	0.0109*** (2.6070)		
re_density				0.0106** (2.5171)	
density					0.0990*** (28.5872)
regulate	0.0491*** (3.0549)	0.1053*** (4.7759)	0.0058** (2.3169)	0.0580*** (3.8600)	0.0405*** (2.9757)
finance	0.0287 (1.4493)	0.1421** (2.6747)	－0.0012 (－0.3859)	－0.0041 (－0.2172)	0.0049 (0.2919)
science	0.0330*** (3.3212)	0.0662*** (4.5792)	0.0071*** (4.7166)	0.0273*** (3.0282)	0.0162** (1.9793)
enterprise	0.0152 (1.1520)	0.1102*** (10.4181)	0.0033 (1.5902)	0.0233* (1.8982)	0.0158 (1.4268)
structure	0.1494*** (10.0782)	0.2286 (1.5952)	0.0200*** (8.3744)	0.1600*** (11.1963)	0.1003*** (7.6695)
_cons	－0.6989*** (－7.1196)	－1.4983*** (－4.6555)	－0.0968*** (－6.6594)	－0.5381*** (－6.4098)	－0.4019*** (－5.2888)
城市固定效应	√	√	√	√	√
时间固定效应	√	√	√	√	√
N	3653	3934	3934	3934	3934
F		244.4212	21.7695	126.0353	196.7142

由表 7－4 可见，经过使用工具变量法、考虑异方差和序列相关问题的固定效应回归法、被解释变量替换法、关键解释变量测度指标替换法，从回归结果可以看出科技服务业集聚系数方向、显著性水平未发生较大变化，结果依然显示科技服务业集聚有利于制造业技术创新，进一步证实科技服务业集聚确实利于产业创新发展。上述研究结

论高度稳健，与基准回归结果一致，该结论真实可靠。

7.3 异质性分析

中国地域广阔，区域间经济发展不平衡，各个城市因为制度环境、地理区位、资源禀赋、城市规模等特征差异较大，这很可能会影响到科技服务业集聚对制造业技术创新的影响效果，有必要进行异质性分析。

7.3.1 城市规模异质性分析

样本中城市数量众多，规模差异较为明显，有必要考虑城市规模异质性带来的影响。借鉴国务院颁布的城市规模划分标准，以人口规模为依据，将城市市辖区人口规模大于等于100万视为大城市，市辖区人口规模大于等于50万且小于100万视为中等城市，城市市辖区人口规模小于50万视为小城市，分别经验考察科技服务业集聚对不同规模城市制造业技术创新的差异化影响，使用双向固定效应法的实证结果见表7-5。

表7-5　　科技服务业集聚的城市规模异质性创新影响

变量	(1) 大城市	(2) 中等城市	(3) 小城市	(4) 大城市	(5) 中等城市	(6) 小城市
stagg3	0.2844*** (5.9785)	0.0654*** (2.8832)	0.0833*** (2.9211)	0.2075*** (4.6942)	0.0682*** (3.0088)	0.0880*** (3.0098)

续表

变量	(1) 大城市	(2) 中等城市	(3) 小城市	(4) 大城市	(5) 中等城市	(6) 小城市
regulate				0.2732 *** (6.7588)	0.0148 (1.3005)	-0.0044 (-0.3440)
finance				0.0527 (1.4767)	0.0265 * (1.7299)	0.0072 (0.4279)
science				0.0751 *** (10.1151)	0.0113 * (1.8103)	-0.0049 (-0.3798)
enterprise				0.1016 *** (4.4412)	0.0099 (1.0807)	0.0132 (0.8820)
structure				1.0649 *** (24.2695)	-0.0043 (-0.2347)	0.0105 (1.2579)
_cons	-0.2471 *** (-4.5960)	-0.0132 (-0.7487)	-0.0194 (-0.8732)	-2.7497 *** (-23.2085)	-0.1742 *** (-2.7978)	-0.0228 (-0.2327)
城市固定效应	√	√	√	√	√	√
时间固定效应	√	√	√	√	√	√
N	1757	1466	711	1757	1466	711
F	80.5752	106.7643	37.7617	261.8339	79.4136	27.8856

表7-5列式（1）、（2）、（3）是未引入控制变量但同时控制城市固定效应和时间固定效应下，分别在大城市、中等城市、小城市样本下就制造业技术创新对科技服务业集聚进行回归的结果；列式（4）、（5）、（6）是引入控制变量而且同时控制城市固定效应和时间固定效应下，分别在大城市、中等城市、小城市样本下就制造业技术创新对科技服务业集聚进行回归的结果。

由表7-5列式（4）、（5）、（6）完整的回归结果可知，科技服务业集聚对制造业技术创新的影响存在明显的城市规模异质性特征。

在大城市科技服务业集聚对制造业创新发展表现为积极促进作用，而在中等城市和小城市科技服务业集聚对制造业创新的积极影响较小。

原因可能在于大城市人口规模大，市场空间和需求潜力较大，产业多样化水平较高，大城市具有科技服务业发展所需的高素质人力资源，产业结构升级效果明显，产业升级对科技服务等高技术服务业产生强烈和可持续的市场需求。而在中等城市和小城市，经济总量低，产业结构相对单一，制造业多以生产代工、加工组装等传统制造业为主，高端制造业和先进制造业发展滞后，且科技服务业发展缺乏高素质人力资源和技术资源支持，科技服务业集聚发展水平不高。因此，科技服务业集聚的创新红利在大城市具有更加优越表现。

7.3.2 城市行政等级异质性分析

中国城市具有浓厚的行政等级身份，科技服务业集聚创新效应是否因城市行政等级地位不同而存在差异？有必要考虑不同行政等级城市科技服务业集聚对制造业技术创新的异质性影响，将直辖市、省会城市和计划单列市归为高行政等级城市，其他地级市归为低行政等级城市，使用双向固定效应法的实证结果见表7－6。

表7－6　科技服务业集聚的城市行政等级异质性创新影响

变量	(1) 高行政等级城市	(2) 低行政等级城市	(3) 高行政等级城市	(4) 低行政等级城市
stagg3	0.5839 *** (6.6015)	0.0986 *** (4.1624)	0.2442 ** (2.5364)	0.0754 *** (3.9121)
regulate			0.4383 *** (3.5582)	0.0480 *** (4.7123)

续表

变量	(1) 高行政等级城市	(2) 低行政等级城市	(3) 高行政等级城市	(4) 低行政等级城市
finance			0.0411 (0.5288)	0.1405 *** (11.3587)
science			0.0710 *** (3.0995)	0.0531 *** (20.6543)
enterprise			0.2851 *** (3.4382)	0.0721 *** (8.9959)
structure			1.3960 *** (13.1666)	0.0839 *** (8.6429)
_cons	-0.8568 *** (-5.2332)	0.1037 *** (6.8882)	-4.7091 *** (-13.3110)	-0.8847 *** (-23.7236)
城市固定效应	√	√	√	√
时间固定效应	√	√	√	√
N	476	3458	476	3458
F	50.2927	17.3257	114.1781	281.0367

表7-6列式（1）和列式（2）是未引入控制变量而且同时控制城市固定效应和时间固定效应后，分别在高行政等级城市和低行政等级城市样本下的估计结果；列式（3）和列式（4）是引入控制变量而且同时控制城市固定效应和时间固定效应后，分别在高行政等级城市和低行政等级城市样本下的估计结果。

由表7-6列式（3）和列式（4）完整的回归结果可知，科技服务业集聚对制造业技术创新的积极影响主要发生在高行政等级城市，相比之下，低行政等级城市科技服务业集聚的积极创新效应较弱。原因可能在于高行政等级城市在政策资源倾斜、官员晋升激励、公共资源配置和经济政策自主权赋予等领域具有先天优势和天然优越禀赋。这些城市市场规模较大，产业结构较为合理，创新基础牢固，经济转型升级效果较好，在人才储备、市场容量、交通基础设施完善、财政自主权、政策资源获取、创新资源使用效率、营商环境等方面具有领先地位，因而科技服务业集聚在高行政等级城市的创新促进作用表现更为明显。

7.3.3 非线性关系检验

对于科技服务业集聚与制造业技术创新是否存在非线性关系，产业集聚理论表明集聚可能需要超过一定规模才能发挥生产率和创新促进效果，为此在模型（1）中添加科技服务业集聚平方项（sqstagg3），考察科技服务业集聚的非线性创新影响，使用双向固定效应法的实证结果见表7－7。

表7－7　　　　科技服务业集聚的非线性创新影响

变量	(1)	(2)	(3)	(4)	(5)	(6)
stagg3	-0.2203*** (-4.5181)	-0.2229*** (-4.5782)	-0.2241*** (-4.6032)	-0.2192*** (-4.5089)	-0.2204*** (-4.5353)	-0.1722*** (-3.5836)
sqstagg3	0.1485*** (8.8372)	0.1486*** (8.8622)	0.1496*** (8.9152)	0.1503*** (8.9663)	0.1510*** (9.0168)	0.1325*** (7.9891)
regulate		0.0582*** (3.8658)	0.0595*** (3.9451)	0.0578*** (3.8348)	0.0578*** (3.8407)	0.0568*** (3.8339)
finance			0.0244 (1.3018)	0.0239 (1.2763)	0.0258 (1.3756)	0.0091 (0.4916)

续表

变量	(1)	(2)	(3)	(4)	(5)	(6)
science				0.0329*** (3.6458)	0.0308*** (3.3987)	0.0326*** (3.6584)
enterprise					0.0291** (2.3707)	0.0265** (2.1897)
structure						0.1510*** (10.6644)
_cons	0.0726** (2.5241)	-0.0993* (-1.8773)	-0.1271** (-2.2277)	-0.3438*** (-4.1763)	-0.4133*** (-4.7322)	-0.5495*** (-6.3196)
城市固定效应	√	√	√	√	√	√
时间固定效应	√	√	√	√	√	√
N	3934	3934	3934	3934	3934	3934
F	154.2959	146.1409	137.6703	131.1999	124.7485	127.8737

表7-7列式（1）、（2）、（3）、（4）、（5）、（6）分别对控制变量采用逐步添加回归法，可见科技服务业集聚一次项系数和二次项系数的显著性水平、符号方向未发生明显改变。

表7-7列式（1）、（2）、（3）、（4）、（5）、（6）验证了科技服务业集聚与制造业技术创新存在“U”型关系。当科技服务业集聚未达到一定程度时，科技服务业集聚对制造业技术创新呈现抑制效应，只有当集聚程度超过一定界限，科技服务业集聚的创新红利才会凸显。可以说，科技服务业集聚创新效应呈现“小而无当”特征。列式（6）对 stagg3 求偏导，得到$\frac{\partial innov}{\partial stagg3} = -0.1722 + 0.1325 \times 2 \times stagg3 = 0$，由此计算可得科技服务业集聚的拐点值为0.6498。

根据国务院最新城市规模划分标准，超大城市科技服务业集聚均值为1.9258，特大城市科技服务业集聚均值为1.5980，大城市科技服务业集聚均值为0.7454，中等城市科技服务业集聚均值为0.5966，小城市科技服务业集聚均值为0.6079，可知大城市、特大城市、超大城市科技服务业集聚程度均超过了拐点值，但在大部分中小城市科技服务业集聚程度仍显不足。

大城市经济实力雄厚，资源集聚能力强，有很多城市位于拐点值以上，而中小城市经济体量小，资源聚集能力差，优质资源与先进要素大量流失，面临大城市较强虹吸压力和资源抽走挑战。故中小城市中很多城市科技服务业集聚尚未达到拐点值，这也是造成在中小城市科技服务业集聚创新红利发挥较弱的重要原因。

7.3.4 金融危机冲击前后分析

2008年以美国次贷危机为导火索引发的国际金融危机给各国经济带来了巨大冲击，这会不会影响我国经济发展？故以2008年为界，考察科技服务业集聚的创新效应在危机爆发前和危机爆发后的差异化影响，使用双向FE得到的具体结果见表7－8。

表7－8　　金融危机爆发前后的差异分析

变量	(1) 2008年之前	(2) 2008年之前	(3) 2008年之后	(4) 2008年之后
stagg3	0.0528 *** (6.9692)	0.0475 *** (6.5119)	0.1481 *** (3.8725)	0.1420 *** (3.8100)
regulate		0.0090 ** (2.4852)		0.0707 *** (2.8948)

续表

变量	(1) 2008年之前	(2) 2008年之前	(3) 2008年之后	(4) 2008年之后
finance		-0.0734*** (-9.9631)		-0.0393* (-1.6750)
science		0.0057*** (2.8036)		0.0436** (2.5389)
enterprise		0.0106*** (3.3334)		-0.0026 (-0.1378)
structure		0.0069*** (3.0037)		0.5341*** (10.6148)
_cons	-0.0040 (-0.7024)	-0.0292 (-1.3085)	0.0250 (0.7931)	-0.9923*** (-4.9122)
城市固定效应	√	√	√	√
时间固定效应	√	√	√	√
N	1686	1686	2248	2248
F	125.0748	89.8823	131.0726	94.2721

由表7-8可知，在2008年国际金融危机爆发以前科技服务业集聚的创新影响系数为0.0475，危机爆发后科技服务业集聚的创新影响系数变为0.1420。对比之下，危机爆发后科技服务业集聚的创新促进作用更为明显。原因在于国际金融危机爆发引起产业结构调整和技术升级，倒逼企业重视内涵式发展和集约型增长，更好地发挥了科技服务业集聚促进制造业技术创新的作用。危机爆发后，我国高度重视科技服务业发展和制造业技术创新服务需求，这直接促使国际金融危机后我国科技服务业集聚在技术创新主战场上发挥着越来越重要的作用。

此外，还以2006年为分界点衡量2003～2006年和2007～2016年两个不同时间段下科技服务业集聚的差异化影响，原因在于：第一，自2006年开始，中央政府首次要求将“加快发展服务业”纳入各级政府年度工作报告，政府层面高度重视现代服务业发展；第二，2006年中国颁布《国家中长期科学和技术发展规划纲要（2006—2020年)》，明确提出建设创新型国家的战略目标，以及制定比较详细的考核指标，这会对我国产业创新发展产生极其深远的影响。使用双向FE的回归结果见表7-9。

表7-9　　2006年前后的差异化分析

变量	(1) 2006年以前	(2) 2006年以前	(3) 2006年以后	(4) 2006年以后
stagg3	0.0308*** (4.5325)	0.0272*** (4.2540)	0.1429*** (4.2983)	0.1361*** (4.2114)
regulate		0.0032 (1.1212)		0.0667*** (3.2080)
finance		-0.0649*** (-10.2790)		-0.0177 (-0.7928)
science		-0.0015 (-0.7894)		0.0332** (2.2483)
enterprise		0.0045* (1.6517)		0.0056 (0.3489)
structure		0.0009 (0.5878)		0.4655*** (12.4245)
_cons	0.0116** (2.3263)	0.0643*** (3.1418)	-0.0244 (-0.8379)	-0.8902*** (-5.4096)
城市固定效应	√	√	√	√
时间固定效应	√	√	√	√
N	1124	1124	2810	2810
F	103.2874	67.0615	142.6307	111.7252

从表 7－9 列式（2）和列式（4）中容易看出，2003～2006 年科技服务业集聚对制造业技术创新的回归系数显著为 0.0272，2007～2016 年科技服务业集聚对制造业技术创新的回归系数显著为 0.1361，后者明显大于前者，说明在现代服务业发展和创新驱动发展备受重视下，与之对应的产业政策和创新政策出台后，科技服务业集聚对制造业技术创新产生了更大的促进作用。

7.3.5 时间效应分析

创新是一个厚积薄发的过程。集聚从孕育、发展至成熟需要一个累积与变迁的过程。作为科技服务业发展的重要空间组织形式——科技服务业集聚，从集聚孕育至集聚发展成熟需要持续时间积累，随着科技服务业集聚成熟和集聚质量不断优化，创新效果可能存在持续性和累积性影响。另外，集聚的科技服务转化为现实生产力可能需要时间积累，对于制造业企业来说也需要花费一定时间对外部资源进行整合和配置，这些都会影响科技服务使用的当期效果。

鉴于此，分别将科技服务业集聚滞后一期、滞后两期、滞后三期、滞后四期、滞后五期和滞后六期纳入模型进行回归，得到科技服务业集聚的持续性创新影响效果，使用双向固定效应法的实证结果见表 7－10。

表 7－10　　科技服务业集聚的持续性创新影响

变量	(1) 滞后一期	(2) 滞后二期	(3) 滞后三期	(4) 滞后四期	(5) 滞后五期	(6) 滞后六期
L1. stagg3	0.1564*** (5.9186)					

续表

变量	(1) 滞后一期	(2) 滞后二期	(3) 滞后三期	(4) 滞后四期	(5) 滞后五期	(6) 滞后六期
L2. stagg3		0.1449 *** (5.1488)				
L3. stagg3			0.1338 *** (4.4007)			
L4. stagg3				0.1205 *** (3.4583)		
L5. stagg3					0.1552 *** (3.9083)	
L6. stagg3						0.1092 ** (2.4733)
regulate	0.0509 *** (3.1651)	0.0483 *** (2.6952)	0.0702 *** (3.6257)	0.0707 *** (3.3940)	0.0721 *** (3.2488)	0.0719 *** (2.9380)
finance	0.0252 (1.2757)	0.0263 (1.2690)	-0.0120 (-0.5573)	-0.0207 (-0.9249)	-0.0329 (-1.4355)	-0.0429 * (-1.8258)
science	0.0314 *** (3.1728)	0.0278 *** (2.5997)	0.0340 *** (2.8890)	0.0323 ** (2.1883)	0.0370 ** (2.3172)	0.0424 ** (2.4633)
enterprise	0.0139 (1.0541)	0.0138 (0.9801)	0.0104 (0.6943)	0.0057 (0.3539)	0.0009 (0.0524)	-0.0018 (-0.0946)
structure	0.1502 *** (10.1322)	0.2397 *** (11.0093)	0.4467 *** (13.7035)	0.4665 *** (12.4366)	0.4958 *** (11.4969)	0.5328 *** (10.5626)
_cons	0.0509 *** (3.1651)	0.0483 *** (2.6952)	0.0702 *** (3.6257)	0.0707 *** (3.3940)	0.0721 *** (3.2488)	0.0719 *** (2.9380)
城市固定效应	√	√	√	√	√	√
时间固定效应	√	√	√	√	√	√
N	3653	3372	3091	2810	2529	2248
F	121.7312	119.3026	120.6136	111.0879	103.1761	93.2286

注：L. 代表滞后期，L1. 代表滞后一期，依次类推。

由表7－10容易看出，科技服务业集聚各滞后期大部分在1%统计性水平下显著为正，说明科技服务业集聚不仅在当期给中国制造业带来创新红利，而且这一红利将至少持续六年，具有动态累积强化效果。随着时间累积和创新延续，科技服务业集聚长期创新影响效果较为平稳。由此可见，科技服务业集聚无论在短期还是在长期均会积极影响中国制造业创新成长，且长期性和持续性创新红利同样突出，这将有利于企业连续增加对科技服务使用的信心、决心和恒心，从而保障和支持制造业企业与科技服务企业构建稳定、长期的战略合作伙伴关系和技术联盟。

未来我国应该将科技服务业集聚发展视为长期性工作努力方向，持续不懈地推动科技服务业集聚式发展，确保科技服务业集聚制度和相关政策法规在时间上和空间上具有稳定性和连续性，增强政府行为可预测性，避免因为政策不确定性而提高投资成本和投资风险，进而抑制科技服务业投资规模和投资力度。

为此，需要不断增强各地各城市科技服务业集聚长期发展信心，相关政策和配套法规切不可朝令夕改，更加稳定科技服务业集聚发展预期，尤其在政府官员变更期间降低因政策不确定性预期风险及政策环境频繁变更带来的创新损失和创新水平下降，减少政策不确定性对经济行为的不利冲击。唯有这样，才能全面、持久地释放科技服务业集聚的创新红利。

8　区域层面影响机制检验

前述第 7 章区域层面研究已经证实科技服务业集聚可以成为中国各区域制造业技术创新的重要动能，在区域层面研究的是科技服务业集聚对制造业技术创新的影响效果。那么，科技服务业集聚如何促进区域制造业技术创新能力提升，具体的作用机制如何?

第 3 章理论分析部分总结出：在区域层面科技服务业集聚通过促进专业化分工、推动知识溢出、吸引外资和释放空间溢出效应等渠道间接作用于制造业技术创新。

本章拟使用中介效应模型和空间计量模型进行详细的影响机制验证，其中，对专业化分工效应、知识溢出效应和吸引外资效应采用中介效应模型进行检验，对空间溢出效应采用空间杜宾模型进行验证。

8.1　中介效应模型

有关中介效应模型原理已经在第 6 章 6.5 部分予以详细阐述，在此不再赘述。第 3 章理论分析表明：在区域层面，科技服务业集聚通过促进专业化分工、推动知识溢出、吸引外资等渠道间接作用于制造业技术创新，为此拟采用中介效应模型进行验证。

结合第7章基准回归模型（7－1）和中介效应模型原理，构造如下回归方程：

$$innov_{it} = \alpha_0 + \alpha_1 stagg3_{it} + \beta_1 regulate_{it} + \beta_2 finance_{it} + \beta_3 science_{it} + \beta_4 enterprise_{it} + \beta_5 structure_{it} + \lambda_i + \upsilon_t + \varepsilon_{it} \quad (8-1)$$

$$M_{it} = \phi_0 + \rho stagg3_{it} + \phi_1 regulate_{it} + \phi_2 finance_{it} + \phi_3 science_{it} + \phi_4 enterprise_{it} + \phi_5 structure + \gamma_i + \eta_t + \mu_{it} \quad (8-2)$$

$$innov_{it} = \omega_0 + c' stagg3_{it} + bM_{it} + \omega_1 regulate_{it} + \omega_2 finance_{it} + \omega_3 science_{it} + \omega_4 enterprise_{it} + \omega_5 structure_{it} + \pi_i + \theta_t + \xi_{it} \quad (8-3)$$

式（8－1）至式（8－3）中，i代表城市，t代表时间，M代表中介变量，λ_i、γ_i、π_i和υ_t、η_t、θ_t分别为回归方程（8－1）、（8－2）和（8－3）的地区固定效应和时间固定效应，反映了确实对被解释变量产生影响但又无法度量的地区因素和时间因素，ε_{it}、δ_{it}和ξ_{it}分别为三个回归方程的随机扰动项。

在数据来源方面，变量innov、stagg3、regulate、financc、science、enterprise、structure等选取和界定已经在第7章详细叙述，在此不再赘述。数据来源和处理与第7章做法一致。

回归方程（8－1）本身就是第7章基准回归模型（7－1），回归方程（8－2）和回归方程（8－3）是考察科技服务业集聚是否通过中介变量M作用于制造业技术创新。也即对“科技服务业集聚—专业化分工—制造业技术创新”“科技服务业集聚—知识溢出—制造业技术创新”“科技服务业集聚—吸引外资—制造业技术创新”的作用机制进行检验，这将体现在回归方程（8－2）和（8－3）中的参数ρ、c′和b的显著性和强度。

8.1.1 基于专业化分工效应的机制检验

第3章的理论分析表明：在区域层面，科技服务业集聚通过推动专业化分工进而促进制造业技术创新，也就是说科技服务业集聚通过影响专业化分工这个中介变量M继而作用于制造业技术创新，为此适用中介效应模型进行机制检验。

对于专业化分工的衡量和测度，1928年英国经济学家杨格在《报酬递增与经济进步》一书中提出分工受限于市场规模，市场规模决定分工精细化程度和专业化生产水平。为此，本章采用市场规模来反映专业化分工程度和水平。鉴于区域经济一体化进程加快，异地市场规模对本地专业化分工也会产生重要影响，故最终采用市场潜能MP来计算市场规模（Harris，1954），基期为2003年，其公式如下：

$$MP_{it} = \frac{Dem_{it}}{Dist_i} + \sum_{j \neq i}^{n} \frac{Dem_{jt}}{Dist_{ji}^{1.5}} \tag{8-4}$$

$$Dist_i = \left(\frac{2}{3}\right)\sqrt{\frac{Area}{\pi}} \tag{8-5}$$

Dem_{it}表示i城市第t年人均实际GDP，Area代表城市面积，$Dist_{ji}$代表j城市与i城市之间的地理距离，具体通过经纬度球面半正矢距离得到。

表8-1报告了以专业化分工为中介变量的机制检验结果。其中：列式（1）反映了制造业技术创新作为被解释变量对科技服务业集聚和控制变量进行回归的结果；列式（2）是使用专业化分工作为被解释变量对科技服务业集聚和控制变量进行回归的结果，检验科技服务业集聚是否影响了中介变量；列式（3）是使用制造业技术创新作为

被解释变量对科技服务业集聚、中介变量专业化分工和控制变量进行回归的结果，以此检验专业化分工效应的中介作用。基于专业化分工的中介机制检验结果见表 8 - 1。

表 8 - 1　　　　基于专业化分工的中介机制检验

变量	(1)	(2)	(3)
stagg3	0. 1578 *** (6. 3650)	0. 1072 *** (3. 9599)	0. 1471 *** (6. 0915)
lnMP			0. 0990 *** (12. 5867)
regulate	0. 0562 *** (3. 7566)	0. 1232 *** (7. 5785)	0. 0808 *** (5. 1654)
finance	0. 0007 (0. 0355)	0. 1954 *** (10. 5482)	0. 1032 *** (5. 7469)
science	0. 0322 *** (3. 5802)	0. 3270 *** (81. 8598)	0. 0011 (0. 1771)
enterprise	0. 0244 ** (2. 0001)	0. 2177 *** (17. 1459)	0. 0669 *** (5. 3060)
structure	0. 1628 *** (11. 4654)	0. 0846 *** (5. 5572)	0. 2117 *** (14. 4998)
_cons	- 0. 6705 *** (- 7. 7638)	11. 4057 *** (195. 5510)	- 3. 7680 *** (- 19. 9650)
城市固定效应	√	√	√
时间固定效应	√	√	√
N	3934	3934	3934
F	129. 0143	2. 7e + 03	263. 0785

表8－1给出了科技服务业集聚通过专业化分工效应影响制造业技术创新的回归结果。列式（1）表明科技服务业集聚对制造业技术创新产生了显著积极影响，列式（2）回归结果表明科技服务业集聚有利于促进社会专业化分工，列式（3）专业化分工的系数显著为正，且列式（3）中科技服务业集聚的系数值显著性小于列式（1）中科技服务业集聚的系数值。由此证实科技服务业集聚能够通过促进社会专业化分工水平提高，进而助推制造业技术创新发展，也即科技服务业集聚↑→专业化分工↑→制造业技术创新↑的逻辑链条得以成立，从而验证科技服务业集聚确实能够通过专业化分工这一渠道间接推动制造业创新能力提升。

正如第3章理论部分所述，科技服务业集聚提高自身专业化分工水平，以及制造业专业化分工水平，带动全社会专业化水平上升，进而积极作用于制造业创新绩效改善。

由此可见，中介效应模型检验结果支持"科技服务业集聚—专业化分工—制造业技术创新"的具体作用路径。据此可以得出，科技服务业集聚发展有利于提升社会专业化分工，进而促进制造业技术创新。

8.1.2 基于知识溢出效应的机制检验

根据第3章区域层面科技服务业集聚影响制造业技术创新的作用机理分析，科技服务业集聚可以通过提高知识溢出效应进而对制造业技术创新产生影响，也就是说科技服务业集聚通过影响知识溢出这个中介变量M继而作用于制造业技术创新，采用中介效应模型进行检验较为适宜。

对于知识溢出的衡量和测度，根据内生增长理论采用人力资本作为知识溢出的衡量指标，毕竟人力资本是知识溢出和技术吸收利用的载体，更是知识技术传播的载体（Almeida et al.，1999）。结合城市层面数据特征，人力资本采用平均受教育年限进行计算，其公式为：

$$human = col \times year_{col} + jun \times year_{jun} + pri \times year_{pri} \quad (8-6)$$

公式（8-6）中，col 表示高等学校在校学生数占总就业人数的比例，$year_{col}$代表高等教育受教育年限，设定为 16 年，jun 表示中学在校学生数占总就业人数的比例，$year_{jun}$代表中学教育受教育年限，设定为 10.5 年，pri 表示小学在校学生数占总就业人数的比例，$year_{pri}$代表小学受教育年限，设定为 6 年。基于知识溢出效应的中介机制检验结果见表 8-2。

表 8-2　　基于知识溢出效应的中介机制检验

变量	(1)	(2)	(3)
stagg3	0.1578*** (6.3650)	0.2229** (2.0878)	0.1443*** (6.4560)
human			0.0581*** (2.5933)
regulate	0.0562*** (3.7566)	-0.0701** (-1.9731)	0.0549*** (3.6727)
finance	0.0007 (0.0355)	-0.0870** (-1.9623)	-0.0009 (-0.0489)
science	0.0322*** (3.5802)	-0.0136 (-0.6377)	0.0320*** (3.5554)
enterprise	0.0244** (2.0001)	0.0567* (1.9564)	0.0254** (2.0847)

续表

变量	(1)	(2)	(3)
structure	0.1628 *** (11.4654)	-0.0807 ** (-2.3937)	0.1614 *** (11.3625)
_cons	-0.6705 *** (-7.7638)	15.6880 *** (76.4950)	-0.3865 *** (-2.7725)
城市固定效应	√	√	√
时间固定效应	√	√	√
N	3934	3934	3934
F	129.0143	90.4301	123.0929

表8-2列式（1）是使用制造业技术创新作为被解释变量对科技服务业集聚和控制变量进行回归的结果，列式（2）是使用反映知识溢出效应的人力资本作为被解释变量对科技服务业集聚和控制变量进行回归的结果，列式（3）是使用制造业技术创新作为被解释变量对科技服务业集聚、中介变量人力资本和控制变量进行回归的结果。

表8-2给出科技服务业集聚通过知识溢出效应影响制造业技术创新的回归结果。列式（1）表明科技服务业集聚对制造业技术创新产生了积极影响，列式（2）回归结果表明科技服务业集聚有利于促进知识溢出，列式（3）人力资本的系数显著为正，且列式（3）中科技服务业集聚的系数值显著性小于列式（1）中科技服务业集聚的系数值。由此证实科技服务业集聚能够通过知识溢出方式惠及制造业技术创新发展，也即科技服务业集聚↑→知识溢出↑→制造业技术创新↑的逻辑链条得以成立，从而验证科技服务业集聚确实能够通过知识溢出这一渠道间接推动制造业创新能力提升。

由此可见，中介效应模型检验结果支持了“科技服务业集聚—知识溢出—制造业技术创新”的具体作用路径。据此可以判断，科技服务业集聚发展有利于促进知识技术溢出，进而促进制造业技术创新。

8.1.3 基于吸引外资效应的机制检验

第3章科技服务业集聚促进制造业技术创新的区域层面影响机理分析表明，科技服务业集聚可以通过吸引更多外资从而对制造业技术创新产生积极影响，也就是说科技服务业集聚通过影响外资这个中介变量M进而对制造业技术创新产生作用，同样适合中介效应模型进行机制检验。

吸引外资则采用城市实际吸收外商直接投资额占GDP比例予以表征，其中，外商直接投资已经过年平均美元对人民币汇率换算成本币。一般来说，外商直接投资不仅能够弥补发展中国家资本和投资缺口，还可以通过示范模仿、人员流动、产业关联、学习效应、竞争机制、互补机制促进本国企业改善生产技术和提高产品技术含量，进而推动制造业创新能力提升。基于吸引外资效应的中介机制检验结果见表8-3。

表8-3　　基于吸引外资效应的中介机制检验

变量	(1)	(2)	(3)
stagg3	0.1578 *** (6.3650)	9.6453 ** (2.4475)	0.1471 *** (6.3515)
fdi			0.0011 ** (2.3098)
regulate	0.0562 *** (3.7566)	-23.5665 * (-1.8122)	0.0551 *** (3.6877)

续表

变量	(1)	(2)	(3)
finance	0.0007 (0.0355)	26.1352 (1.6105)	0.0018 (0.0972)
science	0.0322 *** (3.5802)	-5.9242 (-0.7575)	0.0319 *** (3.5530)
enterprise	0.0244 ** (2.0001)	-23.4357 ** (-2.2081)	0.0234 * (1.9154)
structure	0.1628 *** (11.4654)	40.1105 *** (3.2481)	0.1646 *** (11.5799)
_cons	-0.6705 *** (-7.7638)	122.0243 (1.6250)	-0.6651 *** (-7.7034)
城市固定效应	√	√	√
时间固定效应	√	√	√
N	3934	3934	3934
F	129.0143	178.74	122.9765

表8－3列式（1）是使用制造业技术创新作为被解释变量对科技服务业集聚和控制变量进行回归的结果，列式（2）是使用反映吸引外资效应的外商直接投资作为被解释变量对科技服务业集聚和控制变量进行回归的结果，列式（3）是使用制造业技术创新作为被解释变量对科技服务业集聚、中介变量外商直接投资和控制变量进行回归的结果。

表8－3给出科技服务业集聚通过吸引外资效应影响制造业技术创新的回归结果。列式（1）表明科技服务业集聚对制造业技术创新产生了积极影响，列式（2）回归结果表明科技服务业集聚有利于吸引外资流入，列式（3）fdi的系数显著为正，且列式（3）中科技服

务业集聚的系数值显著性小于列式（1）中科技服务业集聚的系数值。由此证实科技服务业集聚确实能够吸引外资，进而助推制造业技术创新发展，也即科技服务业集聚↑→吸引外资↑→制造业技术创新↑的逻辑链条得以成立，从而验证科技服务业集聚确实能够通过吸引外资效应这一渠道间接推动制造业创新能力提升。

由此可见，中介效应模型检验结果支持“科技服务业集聚—吸引外资—制造业技术创新”的具体作用路径。据此可以得到，科技服务业集聚发展有利于吸引外商直接投资，进而促进制造业技术创新。

8.2 基于空间溢出效应的机制检验

8.2.1 空间计量模型设定

第3章理论分析表明，科技服务业集聚还具有空间溢出效应进而作用于制造业技术创新。空间计量模型是研究空间溢出效应的有效工具。安瑟林（Anselin，1998）最早将空间计量分析引入面板数据研究，以探寻变量的空间运动特征和规律。空间滞后模型（Spatial Autoregressive Model，SAR）、空间误差模型（Spatial Error Model，SEM）和空间杜宾模型（Spatial Durbin Model，SDM）是空间计量模型的典型代表。

SAR 模型为：

$$y = \alpha + \rho Wy + \beta X + \varepsilon \tag{8-7}$$

SEM 模型为：

$$y = \alpha + \beta X + \mu, \quad \mu = \lambda W\mu + \varepsilon \tag{8-8}$$

SDM 模型为：

$$y = \alpha + \rho Wy + \beta X + \theta WX + \mu \tag{8-9}$$

y 为被解释变量，X 为解释变量，ρ 为空间自回归系数，λ 为空间误差自相关系数，ε、$\mu \sim (0, \delta^2 I_n)$，均为随机干扰项，W 为 $n \times n$ 空间权重矩阵。

空间滞后模型和空间误差模型只能反映被解释变量的空间溢出效应，无法揭示解释变量空间溢出效应或者得出错误的空间溢出效应（Elhorst，2014），而建立在空间滞后模型和空间误差模型基础上的空间杜宾模型能够准确刻画空间溢出效应。空间杜宾模型同时包括被解释变量和解释变量的空间滞后项，考虑问题更为周全和细致，还能够准确计算出空间滞后模型和空间误差模型无法测度解释变量空间溢出效应问题（LeSage et al.，2009）。

勒萨热等（LeSage et al.，2009）通过数据模拟比较了 SAR、SEM 和 SDM 模型，得到唯一无偏估计为 SDM。可以说空间杜宾模型的实际效果得到理论和实践层面较多支持。因此，本章采用空间杜宾模型研究科技服务业集聚的空间溢出问题。

空间杜宾模型一大特色之处在于能够测度因空间交互作用而产生的区域间溢出效应问题，未引入空间自相关，参数表达的是解释变量对被解释变量的均值影响。一旦引入空间自相关性，参数不再表现为解释变量对被解释变量的均值影响，也即解释变量系数不代表解释变量对本地被解释变量的影响效应，解释变量空间滞后项系数不代表解释变量对本地以外其他地区被解释变量的影响效应。如果要得到解释变量对被解释变量的直接效应（本地效应）和间接效应（空间溢出效应），须通过借鉴勒萨热等（2009）方法，将（8-9）式改造为：

$$(1-\rho W)y = a + \beta X + \theta WX + \varepsilon \tag{8-10}$$

在（8-10）式中，对于时间上从地区 1 到地区 N 的第 k 个解释变量 X，对应的被解释变量 y 期望值的偏微分矩阵可化为：

$$\left[\frac{\partial E(y)}{\partial x_{1k}} \cdots \frac{\partial E(y)}{\partial x_{Nk}}\right] = (1-\rho W)^{-1}\begin{bmatrix} \beta_k & w_{12}\theta_k & \cdots & w_{1N}\theta_k \\ w_{21}\theta_k & \beta_k & \cdots & w_{2N}\theta_k \\ \vdots & \vdots & \vdots & \vdots \\ w_{N1}\theta_k & w_{N2}\theta_k & \cdots & \beta_k \end{bmatrix} \tag{8-11}$$

w_{ij}为空间权重矩阵元素，勒萨热等（2009）将直接效应视为（8-11）式矩阵对角元素均值，间接效应为矩阵非对角元素的均值（行和均值或者列和均值），直接效应（本地效应）反映区域内解释变量对本区域内被解释变量的均值影响，而间接效应也即空间溢出效应反映一个区域解释变量变化对非自身区域被解释变量的均值影响，这样总效应可以分为本地效应和空间溢出效应之和。另外，参数 β 和 θ 不再是直接效应和间接效应（空间溢出效应）的表征和衡量。

为精确考察科技服务业集聚的空间溢出效应，故采用空间杜宾模型进行分析，在第 7 章基准回归模型（7-1）的基础上引入空间因素，设定如下：

$$\begin{aligned} innov_{it} = {} & \alpha_0 + \rho Winnov_{it} + \alpha_1 stagg3_{it} + \beta_1 regulate_{it} + \beta_2 finance_{it} \\ & + \beta_3 science_{it} + \beta_4 enterprise_{it} + \beta_5 structure_{it} + \chi_1 Wstagg3_{it} \\ & + \gamma_1 Wregulate_{it} + \gamma_2 Wfinance_{it} + \gamma_3 Wscience_{it} \\ & + \gamma_4 Wenterprise_{it} + \gamma_5 Wstructure_{it} + \alpha_i + \nu_t + \mu_{it} \end{aligned} \tag{8-12}$$

公式（8-12）中，i 代表城市，t 代表时间，innov 代表制造业技术创新，已经在第 7 章详细介绍过，在此不再赘述，α_i 代表无法观测但确实对被解释变量产生影响的城市固定效应，ν_t 代表无法观测但确实对被解释变量产生影响的时间固定效应，stagg3 代表科技服务业集聚，测度方法已经在第 7 章介绍过。W 为空间权重矩阵，采用反地理距离空间权重矩阵，Winnov 代表空间滞后被解释变量，Wstagg3 代表空间滞后科技服务业集聚，Wregulate、Wfinance、Wscience、Wenterprise、Wstructure 分别代表空间滞后环境规制、空间滞后金融业发展水平、空间滞后政府创新资助、空间滞后创业活力、空间滞后产业结构等，这些变量的具体内涵、衡量方法及其数据来源在第 7 章已经详细叙述过，此处不再介绍。对于空间计量模型，若采用普通面板回归将会导致估计有偏非一致性，本章采用极大似然估计法进行研究。

8.2.2 全局空间自相关

全局空间自相关主要反映整体空间平均关联强度、空间分布特征及显著性，一般采用全局莫兰指数（Moran I）衡量，公式为：

$$I = \frac{\sum_{i=1}^{n}\sum_{j=1}^{n} w_{ij}(x_i - \bar{x})(x_j - \bar{x})}{S^2 \sum_{i=1}^{n}\sum_{j=1}^{n} w_{ij}} \tag{8-13}$$

公式（8－13）中，$\{x_i\}_{i=1}^{n}$ 为空间序列，x_i 是 i 地区的观测值，$S^2 = \frac{\sum_{i=1}^{n}(x_i - \bar{x})^2}{n}$ 代表样本方差，$\bar{x}$ 是样本均值，w_{ij} 是空间权重矩阵的元素，反映区域 i 与 j 之间的距离，一般将其设为邻接矩阵，但其无法反映与非相邻区域空间关联情况，本章将空间权重矩阵设置为反地理距离空间权重矩阵，公式为：

$$w_{ij}=\begin{cases}\dfrac{1}{d_{ij}}, & i\neq j\\ 0, & i=j\end{cases} \tag{8-14}$$

w_{ij}为反距离空间权重矩阵，城市间地理距离为两个地级市中心城区地表距离，具体通过经纬度球面半正矢距离得到。如果将空间权重矩阵行标准化，则全局莫兰指数 I 为：

$$I=\frac{\sum_{i=1}^{n}\sum_{j=1}^{n}w_{ij}(x_i-\bar{x})(x_j-\bar{x})}{\sum_{i=1}^{n}(x_i-\bar{x})^2} \tag{8-15}$$

全局莫兰指数 I 一般处于 -1 至 1 之间，如果 I 接近于 1，表明区域之间具有正的空间自相关性，区域之间经济联系紧密和性质相似，相邻区域具有溢出效应、涓滴效应和合作关系。如果 I 接近于 -1，表明区域之间具有负的空间自相关性，区域间空间特征差异较大，性质非相似性特征突出，相邻区域具有极化效应和竞争关系。如果 I 接近于 0，表明区域之间不存在空间自相关性，相邻地区空间关联性较弱，变量分布具有空间随机性，研究对象的空间属性值为 0。使用全局莫兰指数计算关键变量科技服务业集聚和制造业技术创新的结果见表 8 -4。

表 8 -4　　中国科技服务业集聚和制造业技术创新全局莫兰指数

年份	科技服务业集聚			制造业技术创新		
	莫兰指数	Z 值	p 值	莫兰指数	Z 值	p 值
2003	0.007	1.618	0.106	0.013 ***	2.641	0.004
2004	0.010 **	2.081	0.037	0.008 **	1.807	0.035
2005	0.011 **	2.207	0.027	0.007 *	1.599	0.055

续表

年份	科技服务业集聚			制造业技术创新		
	莫兰指数	Z值	p值	莫兰指数	Z值	p值
2006	0.012**	2.436	0.015	0.005*	1.437	0.075
2007	0.012**	2.427	0.015	0.003	1.008	0.157
2008	0.015***	2.844	0.004	0.001	0.727	0.234
2009	0.017***	3.155	0.002	0.000	0.668	0.252
2010	0.015***	2.834	0.005	0.003	1.149	0.125
2011	0.018***	3.302	0.001	0.001	0.755	0.225
2012	0.027***	4.702	0.000	0.005*	1.406	0.080
2013	0.022***	3.972	0.000	0.005*	1.439	0.075
2014	0.021***	3.807	0.000	0.007**	1.729	0.042
2015	0.021***	3.782	0.000	0.014***	3.036	0.001
2016	0.021***	3.844	0.000	0.021***	4.223	0.000

由表8-4可知，大部分年份科技服务业集聚与制造业技术创新莫兰指数均显著为正，表明科技服务业集聚和制造业技术创新具有显著的空间正相关关系和较强的空间依赖性。高科技服务业集聚城市一般与周边高科技服务业集聚城市毗邻而居，低科技服务业集聚城市一般与周边低科技服务业集聚城市毗邻而居，高制造业技术创新城市一般与周边高制造业技术创新城市毗邻而居，低制造业技术创新城市一般与周边低制造业技术创新城市毗邻而居，其涓滴效应可以带动周边地区制造业创新发展，体现出空间相近行为相似特征，符合“地理学第一定律”。

从动态变迁来看，科技服务业集聚和制造业技术创新莫兰指数均呈现出缓慢上升趋势，表明中国科技服务业集聚和制造业技术创新空间依赖性愈发显著，其空间交互性日益明显。中国科技服务业集聚和制造业技术创新在空间分布上具有明显的相关性，并不是随机分布的，这将进一步促进创新的区域扩散和创新外溢。科技服务业集聚和制造业技术创新的空间莫兰指数显著为正，为研究科技服务业集聚空间溢出效应提供逻辑支持和统计支撑。

8.2.3 空间溢出效果分析

作为对比分析，一并列出空间滞后模型、空间误差模型和空间杜宾模型的估计结果，具体见表 8－5。一般而言，AIC 越小、log－L 越大、$sigma^2$ 越小，模型的拟合效果越好、解释力越强。比较 SAR、SEM 与 SDM，容易看出空间杜宾模型 SDM 的 logL 最大且 $sigma^2$（随机扰动项方差估计值平方）最小，使用 LR 检验发现 SDM 不能退化成 SAR 和 SEM，说明选择 SDM 模型分析科技服务业集聚的空间溢出效应比较合适。

观察 SDM 分析结果，发现科技服务业集聚空间滞后系数显著为正，在 1% 显著性水平下通过检验，说明一个城市制造业技术创新不仅受到本地科技服务业集聚积极影响，还会受到来自邻近城市科技服务业集聚积极影响，科技服务业存在跨区作业和跨区服务现象。

表 8－5　　空间计量模型估计结果

变量	(1) SAR	(2) SEM	(4) SDM
stagg3	0.1476*** (6.31)	0.1500*** (6.33)	0.1472*** (5.98)
regulate	0.0628*** (4.45)	0.0638*** (4.47)	0.0649*** (4.38)

续表

变量	(1) SAR	(2) SEM	(4) SDM
finance	0.0101 (0.61)	0.0030 (0.17)	-0.0048 (-0.26)
science	0.0135*** (3.46)	0.0295*** (3.25)	0.0246** (2.57)
enterprise	0.0245** (2.16)	0.0222* (1.90)	0.0198 (1.64)
structure	0.1630*** (12.22)	0.1621*** (11.84)	0.1578*** (11.05)
Wstagg3			0.1097*** (3.62)
Wregulate			-0.3473** (-2.48)
Wfinance			0.1114* (1.71)
Wscience			-0.0257* (-1.69)
Wenterprise			0.1760** (2.48)
Wstructure			0.0087 (0.10)
λ/ρ	0.7881*** (28.64)	0.8964*** (45.50)	0.7162*** (12.69)
城市固定效应	√	√	√
时间固定效应	√	√	√
$sigma^2$	0.0599*** (44.30)	0.0599*** (44.26)	0.0598*** (44.24)
logL	-64.3665	-73.8170	-57.0552
N	3653	3653	3653

那么，科技服务业集聚的空间溢出效应究竟是多少？科技服务业集聚系数和空间滞后项系数虽然显著为正，只能概况反映科技服务业集聚的本地效应和异地效应，能够证实科技服务业集聚的空间溢出特征，但无法准确反映科技服务业集聚空间溢出效应大小和强弱。进一步将 SDM 模型解释变量对被解释变量影响分解为直接效应、空间溢出效应和总效应，因为重点关注科技服务业集聚的空间溢出效果，故仅列出变量 stagg3 的分解结果，其他解释变量分解结果省略，具体见表 8－6。

表 8－6　科技服务业集聚的直接效应、空间溢出效应和总效应

变量	直接效应		空间溢出效应		总效应	
	系数	t 值	系数	t 值	系数	t 值
stagg3	0.1505***	6.46	0.8015**	2.28	0.9520**	2.43

表 8－6 表明，科技服务业集聚的直接效应、空间溢出效应和总效应均显著为正，而且其空间溢出效应超过直接效应，说明科技服务业集聚的空间溢出效应不容忽视。科技服务业集聚不仅对本地制造业技术创新产生积极促进作用，还会对周边城市和邻近城市制造业技术创新产生积极促进作用，邻近城市和周边城市可以分享异地科技服务业集聚的创新红利。

现阶段，科技服务业大多集聚在大城市、特大城市和超大城市，中小城市大力发展科技服务业面临要素资源约束和市场瓶颈双重掣肘，科技服务业集聚空间溢出效应的存在为中小城市利用高技术服务业提供了一条路径。因此中小城市和小城镇可以积极利用和吸收来自大城市科技服务业集聚的空间溢出效应，学会“空间借力”和“拿来主义”，以此提高本地区制造业技术创新能力。例如，位于长三角地区的南通、泰州等城市可以利用毗邻上海的地缘优势获取对方科技服务支持。大城市尤其是区域中心城市继续加强科技服务业集聚，实施区域一体化战略，推进都市圈和城市群等城镇形态建设，充分发挥中心城市的空间溢出效应，将中心城市科技服务业引领、辐射作用发挥至最大。

8.2.4 空间溢出效应的有效作用边界

科技服务业集聚虽然存在空间溢出效应，但不可能没有边界的溢出。因此，科技服务业集聚的空间溢出效应存在地理边界受限，地理距离对于科技服务业集聚的空间外溢具有约束作用，原因主要有以下几点：

第一，隐性知识交流与溢出的地域性。新经济地理学认为知识技术溢出具有地理边界和空间约束性。一般来说，知识主要分为显性知识（编码知识）和隐性知识（非编码知识）。显性知识和编码知识能够以报纸、网络、广播等手段进行远距离、低成本传输，受到时空约束较少。而隐性知识和非编码知识难以通过传统手段传播，随着地理距离增加，信息损耗和衰减逐渐加重，甚至很有可能产生歧义和误读。

根据地理学第一定律，信息传递和技术交流随着地理距离的增加而衰减。对于隐性知识这一非标准化信息需要通过言传身教、面对面交流、频繁密切接触等方式才能有效传播，具有“只可意会不可言传”特点，对时空条件提出很高要求，具有很强的地域特征和空间根植性。因此，隐性知识传播成本较高、难度较大。虽然信息化水平能够促进缄默知识的传播效率，但只能缓解而不能完全消除隐性知识溢出的空间局限性与地方根植性。知识传播具有明显的地域局限性，空间距离延长将会削弱隐性知识溢出效果和传递效率。

作为经济活动的重要组成部分，科技服务同样可以分为标准化科技服务和非标准化科技服务，前者可以依赖信息技术进行远距离服务提供，以互联网、大数据、人工智能为代表的信息技术快速发展与广泛应用，信息基础设施的日臻完善，这些大大提高了标准化科技服务的服务距离和服务效率。后者需要依靠言传身教等面对面交流才能完成，科技服务提供质量与空间距离密切相关。所以，科技服务业集聚的创新空间溢出效应不可能完全摆脱时空约束，高技术并不能使得距离影响产业活动空间布局消失，而是存在一定的地理边界和空间距离。

第二，市场化环境和信用体系制约。中国正处于市场经济体制转轨进程中，健全的市场化环境和良好信用体系尚未完全搭建。服务业尤其是生产性服务业属于契约密集型和信用依赖型，很多服务事前难以检验，事后难以评价，带有典型的信任品特点。作为生产性服务业的高端服务业——科技服务业，更需要复杂的契约安排和制度保障（汪德华等，2007）①。

服务业尤其是高端生产性服务业属于交易成本敏感型，一旦制度质量欠缺和知识产权保护薄弱，将会提高科技服务的交易成本进而限制科技服务半径和科技服务空间距离。如果异地制度质量欠佳，也会限制科技服务业境外投资规模和束缚科技服务业空间溢出

① 汪德华，张再金，白重恩. 政府规模、法治水平与服务业发展［J］. 经济研究，2007（6）：51－64.

效应。

科技服务业的空间效应发挥离不开优越的市场化环境和信用环境。相同条件下，科技服务业具有本地化偏好，更愿意与本地或有过合作经验的制造业企业交流，这在一定程度上限制了科技服务业集聚的空间外溢效应。现阶段中国不完善的市场环境和社会信用体系一定程度上限制了科技服务业集聚的创新空间溢出范围。

第三，科技服务业提供的部分专业服务和技术服务具有定制化、差异化属性，难以引入诸如自动化式流水线生产和完全标准化服务。虽然信息技术延伸了科技服务业空间服务半径和地理作用距离，但仍然具有有限贸易性和一定的本地化倾向，在有限空间范围和地理距离内对制造业技术创新和生产率产生影响，存在一定的空间作用边界。因此，科技服务具有邻接约束，也即存在邻接效应，科技服务的空间衰减效应难以避免。

那么，科技服务业集聚的空间溢出边界何在？作用距离有多远？接下来将采用距离阈值探讨科技服务业集聚空间溢出效应的地理边界问题。距离阈值以 200 千米为起点，每次增加 25 千米进行一次回归，直至 1000 千米。将不同距离阈值下的科技服务业集聚空间溢出系数及其显著性水平记录下来。鉴于距离阈值超过 1000 千米，科技服务业对制造业技术创新的空间溢出系数很可能出现较多噪声和易受极端值干扰，故仅考虑 1000 千米以内的空间回归结果。

距离阈值的含义在于：如果两个城市之间地理距离在其范围内，空间权重矩阵元素取值为逆距离倒数，如果两个城市之间地理距离超过阈值，则其取值为 0。具体结果见图 8－1。

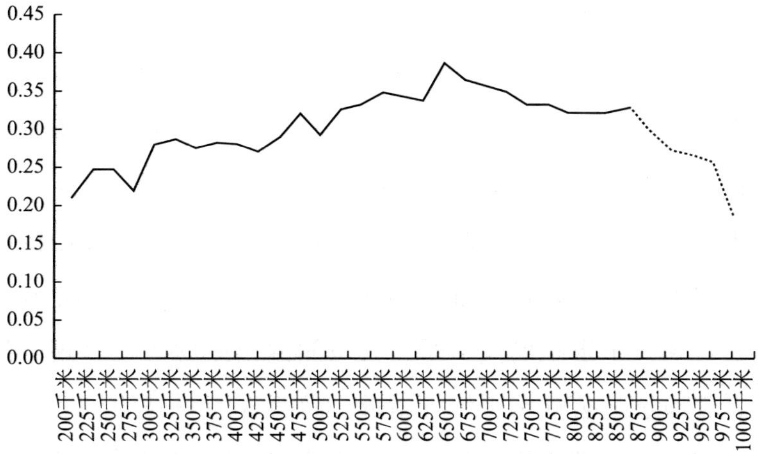

图 8-1　科技服务业集聚对制造业创新的空间溢出系数与地理距离的关系

从图 8-1 可以看出，科技服务业集聚的空间溢出效应与地理距离之间关系可以分为以下三个区段：

第一区段为 200～650 千米，该区间内科技服务业集聚的空间溢出效应随地理距离增大而呈现递增趋势，适宜的地理距离内便于科技服务企业之间交流和合作，增强了企业间信任和相互依赖，也便于科技服务企业了解制造业企业生产经营情况，更能提供有针对性的科技服务。

第二区段为 650～875 千米，这一区间科技服务业集聚的空间溢出效应虽然显著为正，但呈现出整体下降态势，说明随着空间距离增加，由于信息不对称、隐性知识传播属性的地域化等导致科技服务业集聚的空间溢出效应在缩小。

第三区段为 875 千米以外，科技服务业集聚的空间溢出效应未能通过显著性检验，说明其空间外溢影响已经不存在了，随着空间距离进一步增加，科技服务业集聚的空间外部性不复存在。整体来看，科技服务业集聚的空间溢出效应影响基本符合地理学定律。

从图8－1还可以看出，在650千米距离阈值，科技服务业集聚估计系数最大，其空间溢出效应最大，这表明科技服务业集聚对邻近地区制造业创新的空间溢出效应的最强作用距离为650千米，这早已突破城市行政边界，城市群是科技服务业集聚空间溢出效应的最佳作用范围。在875千米距离阈值，科技服务业集聚的空间溢出效应显著，但超过875千米距离阈值时，其空间溢出效应明显呈现不断下降趋势，且未通过显著性水平统计检验，这意味着科技服务业集聚的空间溢出效应存在地理边界，超过875千米时，其空间溢出效应趋于消逝，距离太远难以接受科技服务业集聚辐射。

整体来看，科技服务业集聚的空间溢出效应与地理距离大致呈现出倒“U”型曲线特征，证实科技服务业集聚的空间溢出效应具有随地理距离增加而呈现衰减特征和规律，符合地理学第一定律：世间万事万物都是相互联系的，但是近距离事物比远距离事物联系更紧密。

鉴于此，各城市各地区应该打破各自为政的保守思维，深化区域合作机制，完善空间治理，树立科技服务业发展的全局观念和共赢思维，构建互利共生的科技服务业发展格局。

空间计量研究表明科技服务业集聚的积极创新影响存在空间溢出效应，科技服务业区域合作可以实现互惠双惠，顺应客观经济规律，制定集聚发展政策，积极鼓励有条件的城市和相关地区加强科技服务业集聚。加强中心城市科技服务业对周边城市和中小城市的科技服务支持，充分利用高铁、市郊铁路、城际铁路、地铁，进一步完善城市间交通基础设施，加强信息化建设，进一步联通和便捷各城市信息交流，健全市场一体化机制，不断走向高水平的区域一体化，分享来自中心城市和大城市的科技服务业集聚红利，促进区域资源共享。

因此，空间杜宾模型回归结果支持了“科技服务业集聚—空间溢出效应—制造业技术创新”的具体作用路径。

9　研究结论与政策建议

9.1　研究结论

本书基于科技服务业集聚现实背景和制造业创新驱动转型的客观要求，从理论上阐释了科技服务业集聚对制造业创新能力提升的影响机理。理论分析表明：在企业层面，科技服务业集聚汇聚的异质性资源直接助推制造业技术创新。在产业层面，科技服务业集聚基于上下游产业关联的中间品供给和中间品需求间接助推制造业技术创新能力提升。在区域层面，科技服务业集聚可以通过专业化分工效应、知识溢出效应、吸引外资效应和空间溢出效应等间接渠道积极作用制造业技术创新活动。接着分别利用企业层面、产业层面和区域层面的数据，全方位、立体式实证检验并证实了科技服务业集聚对制造业技术创新的影响效果及其特征，得到如下研究结论：

（1）在企业层面，科技服务业集聚促进了制造业企业创新的“广延边际”和“集约边际”。平均而言，科技服务业区位熵每增加 1 个单位将会促进制造业企业技术创新产出概率上升 22%；科技服务业区位熵每增加 1 个单位将会促进制造业企业技术创新产出强度增加

4.7%。这对吸引企业重视创新活动和激发企业创新积极性的效果是显而易见的，有利于将潜在创新者转变为现实创新者，激发其技术创新意愿和研发创新热情，坚定其创新投资信心，提升企业创新成功可能性，一定程度上完善了企业创新动机理论；同时还可以促进已有从事技术创新活动企业提高技术创新产出和获取可观的技术创新收益。

（2）基于产业层面“科技服务业集聚 + 制造业内部研发”分析框架表明，科技服务业集聚、制造业研发人员投入和研发资本投入均显著促进了制造业技术创新。研发人员投入对制造业创新产出的标准化系数为 0.4983，研发资本投入对制造业创新产出的标准化系数为 0.2839，科技服务业集聚对制造业创新产出的标准化系数为 0.2131，故对比之下以研发人员和研发资本投入为代表的制造业内部能力之创新促进作用高于科技服务业集聚的外部力量之创新促进作用。制造业需要强化有限资源的科学配置，以期多渠道多路径发挥创新合力。

从行业要素密集度来看，科技服务业集聚对技术密集型制造业创新促进作用高于非技术密集型制造业，这说明加快制造业结构升级，通过搭建适宜产业基础和耦合制造业结构，才能充分释放科技服务业集聚的创新潜力和创新能量。

与吸收能力关系分析表明科技服务业集聚创新促进作用发挥需要依赖制造业具备一定的内部研发实力为基础，这说明制造业既需要大量利用科技服务业等先进中间产品为已所用，更需要加强自主研发等自主开发能力提高自身技术吸收能力和转化能力。一方面既需要提高研发经费投入力度，另外一方面也需要加强科技人才队伍建设，在利用科技服务业与自主研发之间形成有机互动关系，协调内部学习和外部学习，才能更好消化吸收再创新科技服务中间品内蕴含的先进技术和高级技术，只有这样才能紧紧抓住科技服务业集聚发展的有利契机。

（3）在区域层面，实证研究结果表明城市科技服务业区位熵每增加 1 个单位，城市制造业技术创新指数将会提高约 0.1578 个单位。科技服务业集聚有效提升中国制造业技术创新绩效，是创新引领制造业转型升级的重要手段，这一结论在考虑内生性问题和稳健性检验后依然成立，证实科技服务业集聚推动制造业创新实力提升，发现科技服务业集聚与制造业技术创新发展相关联的客观事实。

区域层面影响机制检验表明，科技服务业集聚通过专业化分工效应、知识溢出效应、吸引外资效应和空间溢出效应等间接对制造业技术创新产生积极影响。

（4）科技服务业集聚的创新促进作用具有异质性特征。从不同类型城市来看，科技服务业集聚主要对大城市、高行政等级城市制造业创新绩效推动作用较为突出，中小城市、低行政等级城市制造业创新绩效从中受益相对较小，反映出如何让中小城市制造业更多享受科技服务业集聚的创新红利成为深层次难题。

从持续性影响来看，科技服务业集聚的创新促进作用不仅体现在当期，还具有长期性和持续性创新红利特征，科技服务业集聚滞后 1 期至滞后 6 期的作用系数分别为 0.1564、0.1449、0.1338、0.1205、0.1552、0.1092。科技服务业集聚对制造业创新发展具有长效机制，说明既需要重视科技服务业集聚政策在空间和时间上的连续性与稳定性，培育坚定的市场信心和理性的市场预期，给予科技服务企业长期发展的信心。

（5）空间溢出效应分析显示，科技服务业集聚不仅促进本地制造业技术创新，还会对周边地区和邻近地区产生空间溢出效应，但存在一定的地理边界和显著的空间衰减特征，在 650 千米科技服务业集聚的空间溢出效应最大，875 千米是科技服务业集聚空间外溢效应的最远作用边界。空间溢出计量分析结果表明加强空间关联和区域分工，是创新发挥科技服务业集聚创新促进作用的新路径和新时代新形势下践行科技服务业区域协调发展理念的重要创新途径。

9.2 政策建议

9.2.1 扩大科技服务业集聚规模

区域层面实证研究表明：科技服务业集聚每上升 1 个单位标准差，制造业技术创新指数将会增加 0.2141 个标准差；而且科技服务业集聚对制造业技术创新表现为 U 型关系，只有科技服务业集聚规模超过一定临界值，方能对制造业技术创新产生促进作用。纵观现实，我国科技服务业集聚规模仍然不够理想，2019 年以区位熵衡量的科技服务业集聚规模平均为 0.5863，可见科技服务业集聚程度仍然较低。

鉴于科技服务业集聚创新促进作用和集聚规模偏低，故需要继续壮大科技服务业集聚规模，形成可观的产业规模优势和企业集聚优势，释放产业集聚效应。那么，如何扩大科技服务业集聚规模呢？可以从以下几个方面推进科技服务业的集聚规模壮大：

（1）支持和鼓励制造业企业剥离非核心但具有一定竞争优势和规模优势的科技服务环节走向市场化、社会化和专业化，以此壮大科技服务业集聚规模。制造业企业科技服务内置化限制了科技服务业集聚规模壮大。制造业企业剥离科技服务有利于推动其从内生型自我服务转向依靠社会化科技服务机构的“外向型”发展模式转变，提高产业专业化水平，加大制造业功能分离，延长生产链条和提高生产结构复杂度，实现科技服务业集聚发展的微观基础，从而间接实现做大科技服务业产业规模。

为此，应该鼓励制造业企业尤其是国有企业分离非核心的科技服务业务，例如研究开发、工业设计、创新创业孵化服务、检验检测服务等，给予其一定的税收优惠、金融支持等政策，使之具有独立法人资格和自主核算的科技服务机构，自主为行业内企业和行业外企业提供科技服务。对分离后的科技服务企业与原有制造业企业在用水、用电、用气等能源价格一视同仁，完善社会保障体系降低分离可能引发的人员分流、社会安置等问题，努力降低科技服务分离成本，积极开展制造业主辅分离奖励资金申报。

（2）创新对科技服务业集聚发展的政策支持体系。我国已经基本形成了对制造业等工业集聚发展的政策支持体系，但尚未健全对服务业尤其是科技服务业集聚发展的政策支持体系，而健全的政策支持体系将有利于扩大科技服务业集聚规模。

为此，既需要让科技服务业享受制造业同等优惠政策待遇，还需要创新对科技服务业集聚发展的政策支持。不仅需要加大财政补贴、目标规划、法规管制、税收优惠、融资支持、项目奖励等传统支持方式，还可以采用政府购买、贷款贴息、资格认证、用地供给、人力资源培养、服务外包等新型支持手段，从供给侧和需求侧、激励型和约束型等双向加强对科技服务业集聚的政策支持，吸引经济资源向科技服务业集聚。全面深化集聚区体制改革，按照精简高效原则，扩大经济管理权限下放，完善集聚区管理体制，探索市场化管理运营模式和灵活高效人事管理模式，造就科技服务业集聚形成与演化的市场根基。

（3）保持产业政策的连续性和平稳性，注重科技服务业集聚政策红利的长效发力。稳定的产业政策是做大科技服务业集聚规模的前提。区域层面研究表明科技服务业集聚在滞后1期、滞后2期、滞后3期、滞后4期、滞后5期、滞后6期上对制造业技术创新的影响系数分别为0.1564、0.1449、0.1338、0.1205、0.1552、0.1092，均通过显著性水平检验。这说明科技服务业集聚对制造业技术创新的促进作用不仅体现在当期，还具有长期可持续性积极影响。

各级政府需要在尊重市场规律基础上科学规划和制定相关科技服务业集聚区发展政策，避免政策不确定性可能引发的信息非对称和寻租问题，进一步细化政策实施细则并持续贯彻落实，尽可能减少政策不确定产生错误信号的市场秩序过度干扰问题，及时公布相关信息和数据，消除决策者和投资者对科技服务业相关产业政策不确定性的感知和预期，全力保障政策稳定、透明度以及可预期性，提振科技服务业投资信心，保护投资企业合法权益，在稳定中完善相关集聚政策以更好满足制造业创新发展的利益诉求。

（4）以各类开发区建设和升级为突破口，打造创新发展先行区，壮大科技服务业集聚规模。制造业是科技服务业的主要客户和服务对象，做大科技服务业集聚规模需要相应的消费市场。开发区是经济高质量发展的“顶梁柱”和“主引擎”，中国现有各类开发区多达两千六百家，涉及国家级、省级等不同层级开发区，包括经济技术开发区、高新区、保税区、特色产业基地、出口加工区等不同功能开发区，这些开发区大多以制造业等工业作为主导产业。现阶段，各类开发区面临要素价格上涨、政策效应递减等挑战，改革创新和转型升级迫在眉睫，这将为科技服务业集聚发展提供难得契机和宝贵机遇。在这类开发区内或者邻近区域集聚发展研发设计、科技咨询、知识产权服务、科技金融等科技服务业既可以实现做大科技服务业规模，形成若干科技服务业重点增长极，走“科技＋产业”道路，也可以借此推动开发区制造业创新驱动发展，增强开发区创新动能，可谓一举两得。

（5）加快要素市场化改革步伐，推进创新要素市场化配置，消除阻碍科技服务业集聚的要素流动体制性和政策性障碍。生产要素空间集中和高效集聚是产业、人口、要素自由流动尤其是创新要素自由流动的必然结果。经验表明科技、知识、人才在空间上呈现集聚态势，推动生产要素自由流动、市场化配置和向优势地区集中可以促进科技服务业集聚形成和发展，强化科技服务业集聚经济效应发挥，从要素空间优配和集聚中获取科技服务业增长空间和动力。

因此，要加快构建创新要素与创新资源有序自由流动机制，切实消除各类歧视性和隐蔽性区域市场壁垒，解决市场分割、市场封闭等突出矛盾，打破区域行政壁垒和地方保护主义，弱化户籍限制，鼓励人力资本空间迁移与配置，提升区域间基本公共服务业均等化水平，完善社会保障体系，提高创新要素流通速度和空间配置效率，破除区域分割和利益藩篱，形成统一开放、竞争有序的要素市场，确定创新要素价格的市场化形成机制、决定机制与配置机制，矫正要素市场扭曲，发挥市场在创新要素资源分配中的决定性作用，推动人才、资金、信息流向效率高的企业、行业和地区，促进政策、技术、资本等各类要素向科技服务业集聚。

（6）各地可以因地制宜建设各具特色的科技服务业产业园区。科技服务业产业园是发展科技服务业的主战场，科学布局规划，健全相应配套设施，以新发展理念为牵引，实施差异化、精准化发展战略，遵循“一园一策”，完善园区评价体系，从行政进入审批、资本金比例、环境绩效等方面构建自我评价、社会评价和政府评价的综合评价体系，加强目标责任评价考核，赋予产业园区更大的政策创新空间和政策集成创新高地，在稳定前提下赋予产业园区更灵活的改革自主权，对综合效益较差的园区设立退出机制，全面发挥产业园区内企业、人才、技术等协同集聚优势。

9.2.2 提高科技服务业集聚质量

产业层面研究表明科技扩散服务业集聚对制造业技术创新的系数为1.5871，通过1%的显著性水平检验，科技研发服务业集聚对制造业技术创新的系数为－0.6412，且未通过显著性水平检验，这说明我国现阶段尚未形成覆盖制造业从源头创新、成果转化至规模化产业发展的全产业链条的科技服务业体系，较低的科技服务业集聚质量难以满足企业创新需求。那么，如何提高科技服务业集聚质量呢？可以从以下几个方面做到：

（1）塑造核心企业主导—外围企业配套的产业组织模式，加强科技服务业行业内交流和合作。培育一批知名科技服务机构和竞争力强的科技服务龙头企业作为核心科技服务企业，力争成为具有全球竞争力的世界一流科技服务企业。以此为主导，众多外围企业和关联企业为配套，将众多外围企业和中小型企业纳入科技服务业产业链，打造以核心科技服务企业所主导的产业链方向，带动产业链上下游企业协同联动，协同参与科技服务供给，形成大企业和重点企业为中心、外围企业和中小企业有序协同的科技服务业产业协作网，强化集群核心企业与配套企业技术交流和资源共享，达到共享行业知识、共担风险、联合开发增值服务业务以及共同整合价值链，实现科技服务业集聚高质量发展。

（2）推进科技服务业体制机制改革。当前，我国事业单位性质的科技服务机构占比较高，企业单位性质的科技服务机构占比较低，很多科技服务机构处于政府保护和行业垄断经营状态，市场主体发育不健全，体制固化和相当程度上制约了科技服务业集聚活力和集聚质量。

为此，需要推动符合市场要求的科研机构和事业单位企业化转型，打破行政垄断，放松政府管制，不断引入外部竞争，实现多元化投入与多元化经营的行业发展格局，不断释放市场活力，深入推进经营性科技服务事业单位企业化转轨、公益性科技服务事业单位改革和国有科技服务企业公司股份制改造，重点将有经营性性质的科技服务机构推向市场，秉承市场化运作、专业化管理、战略性投资和吸引社会资本参与的原则，构建国有科技服务企业、民营科技服务企业和外资科技服务企业共同参与市场竞争，推动市场化科技服务主体和服务业务大规模生成，以优质的制度供给为科技服务业集聚质量改善保驾护航。

（3）加强产业政策与创新政策的协调与对接，避免政策碎片化。区域层面实证研究表明在现代服务业和科技发展规划重视下，科技服务业集聚对制造业技术创新的回归系数由 0.0272 上升至 0.1361，这说明需要加强产业政策与创新政策的有效对接。

未来既需要从产业政策方面支持科技服务业发展，也要从创新政策方面支持科技服务业创新平台、科技孵化器、众创空间等建设，完善科技服务业与制造业协同创新政策体系，加强政策间协同，部门间协调配合，各司其职、密切配合和形成合力，防止产业政策与创新政策之间的不协调引发的政策冲突，构建政策协同的组织机制，注重政策差异化设计，保持政策工具动态匹配和适当比例关系，提高多种政策工具间的协同性和有效性，厘清政策法律关系，在结构和功能方面合理布局，切实增强产业政策和创新政策的执行效力和搭配合力。

（4）利用“互联网+”战略，创新科技服务业新业态、新组织、新产业、新模式，发挥ICT技术的倍增、放大和叠加作用，从而推动科技服务主体高质量发展和提高科技服务业集聚质量。

为此，需要推动数字经济融合发展和数字产业化提升，推进科技服务业与数字技术融合创新，发挥互联网等信息技术对科技服务业发展的交易平台功能，线上线下齐头并进，尝试应用数字经济、平台经济、共享经济、第三方平台服务等新模式，结合大数据、人工智能、云计算、移动互联网、区块链、5G等新兴技术和新组织形式，大力构建科技服务业众包平台等新型生产组织模式，培育平台型科技服务机构，建设开放式个性化定制平台，推动供应链扁平化，打造线上线下创新生态系统，完善线上线下融合服务体系，创新设计智能服务模式，提高科技服务业触达能力和服务范围。

（5）坚定不移走科技服务业开放发展道路，以全球化思维和国际化思路提高科技服务业集聚质量。根据中国统计年鉴，2018年我国共引入服务业外资8584997万美元，其中科技服务业外资为681298万美元，仅占服务业FDI的7.94%，远远低于房地产和批发零售业吸引外资规模和比例。科技服务业是高技术产业，需要加大国际合作和交流。

为此，需要紧抓新一轮高水平对外开放新机遇，推动科技服务业集聚嵌入全球价值链，推动科技服务业全面提升开放水平，提高科技服务业集聚外向程度，汇聚全球人才与资源持续创新，在开放条件下推动科技服务业集聚发展，鼓励集聚区内科技服务机构加强国际交流与合作，争取将科技服务业集聚区打造成对外开放窗口和示范区域，虹吸全球创新要素，尽快在国内使之形成集聚。

（6）建立适应现代科技服务业要求的人才教育与培训的长效机制。人才是科技服务业的立身之本。为此，需要加大对人才的专业知识教育、实用性专业技能以及人才国际化建设，开展大规模职业技能培训行动和提升计划，提高从业人员创新创业能力，充分发挥高校等教育机构的科技服务业人才培养功能，优化专业设置和课程设置；同时深化产教融合，加强校企合作，推进产教协同育人。

积极发挥企业在科技服务业人才培养中的主体作用，构建市场化的职业技能培训体系，重视技术经纪人、科技咨询师、专利分析师等专业人才培养培训，充分发挥市场在培训资源配置中的决定性作用，畅通人才成长通道，调动市场化培训组织和培训机构的工作积极性，拓展培训内容和提高培训质量，积极培育技能型、技术型、知识型、创新型、创业型科技服务业从业人员。

（7）构建科技服务业市场主体退出机制。优胜劣汰是生产率提升和创新绩效改善的重要驱动力。我国目前“放管服”改革和优化营商环境等措施，相当多部分针对的是完善市场准入制度。要使市场在资源配置中起决定性作用，还需要从退出机制发力。健全的退出机制有利于淘汰低效率、高风险的科技服务企业，提高市场出清的速度和质量，在“创造性破坏”中提升科技服务业供给效率和服务水平。坚决防范和避免政府过多补贴低效率科技服务企业导致长期亏损企业无法退出市场，引致市场优胜劣汰功能丧失。

为此，需要建立覆盖科技服务业营利法人、非营利法人以及非法人组织的便利、有效、有序的退出机制，使用法律、行政、经济等综合手段畅通科技服务业市场主体退出渠道，减少科技服务业市场主体退出成本，降低破产的制度性成本，不断总结破产和退出中存在的共性问题和共性原因，以期为后续资源节约投入和优化政策措施提供方向和指南，为构建有效的科技服务业集聚环境和提高科技服务业集聚质量提供微观主体有活力的支撑条件。

（8）建设科技服务业相关数据库，完善科技服务业统计体系和核算分类体系，为产业发展提供数据支持和统计参考，提高产业政策制定的科学性与精准性，为科技服务业集聚质量提高和评价其创新功能提供数据支持。现有科技服务业数据统计工作严重滞后于理论研究、现实产业发展和科技服务需求，特别是新兴科技服务业态数据尤为缺乏，统计工作滞后制约了学术研究进展。

为此，需要在准确界定科技服务业内涵基础上，明确统计对象和统计内容，完善统计调查方法，建立规范、全面的科技服务业及其细分行业数据统计体系。与时俱进不断将新业态、新模式纳入科技服务业统计体系，建设科技服务信息系统、信息基础数据平台和科技服务业从业人员执业信用档案，加强公共数据中心与云平台建设，及时向社会公布科技服务信息，提高科技服务数据利用效率，完善信用信息共享同用机制，免费向社会提供公益性科技服务，定时公开发布科技服务业相关统计数据。明确统计部门职责，尝试建立科技服务业部门联席会议制度，在统计局尝试成立专门科技服务业统计部门，定期开展服务业调查摸底，加强重点科技服务行业统计工作，不断满足日益增长的科技服务统计数据需求，准确反映我国科技服务业发展水平，不断提高科技服务业统计质量，为科技服务业集聚质量评价和相关学术研究提供数据基础和统计支持。

（9）发挥行业协会和行业社团在科技服务业集聚发展中的作用。行业协会和行业社团是社会化服务体系的重要组成部分，科技服务业专业性强，需要专家指导和行业治理，行业协会和行业社团有利于释放市场在科技服务业集聚建设中的决定性作用，促进社会信任水平提高，树立行业专业权威形象，能够引导企业间分工与合作，从而提高科技服务业集聚质量。

为此，需要全面实施行业协会与行政机关脱钩，推进政府与市场中介组织分开，落实行业协会依法登记、独立运行和发展自主权，剥离行业协会的行政职能。大力利用政府购买公共服务支持科技服务业行业协会自主发展，充分发挥协会的自治、自律、沟通、监督、协调、咨询功能。科技服务行业协会要发挥科技服务标准化建设、行业立法、数据统计、信用评价、违规惩罚、市场秩序、业态监管、公共服务等工作，协助政府制定政策，加强行业协会与各类制造业企业、高校和科研院校的交流与合作，引导行业协会在技术经纪人、科技咨询师、科技评估师等科技服务业职业资质认证与管理体系中的积极作用，加强对科技服务质量监督和行业组织管理，科学指导行业发展，为行业发展搭建专业咨询等服务平台，规划制定行业发展计划和方向。另外，行业协会注重完善信息交流平台，将技术、知识、市场及时反馈给科技服务机构，组织科技服务企业之间交流和学习，为企业间互动提供便利，制定本行业最低收费标准，限制其无序竞争和恶性竞争行为，这些措施将会有助于提高科技服务业集聚质量。

9.2.3 释放科技服务业集聚的空间溢出效应

本书研究表明科技服务业集聚具有较明显的空间自相关性。2003年科技服务业集聚的全局莫兰指数为0.007，至2016年其全局莫兰指数上升至0.021，通过1%显著性水平的检验，年均增长率超过14%，科技服务业集聚的全局莫兰指数呈现稳步上升趋势。基于面板空间杜宾模型（SDM）分析显示科技服务业集聚对异地制造业技术创新的系数为0.8015，对本地制造业技术创新的系数为0.1505，空间溢出效果超过本地作用效果，空间溢出效应非常突出。

所以，需要高度重视科技服务业集聚的空间相关性及其空间溢出作用，防范科技服务业发展片面追求区域自给误区。那么，如何更好释放科技服务业集聚的空间溢出影响呢？可以从以下几个方面做到：

（1）加强以中心城市为引领模式的城市群建设，合理推进城市群扩容添员。本书研究表明科技服务业集聚的最大空间溢出系数大多集中在600千米以内，这一距离往往是城市群囊括的地理空间。作为新型空间组织形式的城市群，是群内中心城市辐射带动范围，是科技服务业集聚空间外溢功能发挥的卓越空间平台。

因此，要有效发挥科技服务业集聚的空间溢出效应关键是做好城市群规划和建设，不断破除行政边界阻隔和自然边界隔阂，重点发挥城市群中心城市科技服务业的辐射带动作用，强化既有科技服务业创新高地中心城市建设，培育城市群中心城市成为科技服务业发展的创新增长极，群内城市应该立足于自身区位和产业优势，从规划、基础设施、资源要素等层面加强与群内其他城市互动衔接，为科技服务业共建共享、优势互补、产业联动作出应有贡献。

（2）创新科技服务业集聚的空间推进策略，优化城市间科技服务业产业分工与合作，实现科技服务业梯度型、差别化集聚式协同发展。区域层面实证研究表明，在大城市、中等城市和小城市科技服务业集聚对制造业技术创新的回归系数分别显著为0.2075、0.0682、0.0880，在高行政等级城市、低行政等级城市科技服务业集聚对制造业技术创新的回归系数分别显著为0.2442、0.0754，这说明不同城市科技服务业集聚推进政策不能“一刀切”，需要因地制宜和因城施策。

为此，需要创新科技服务业集聚的空间推进策略，需要根据城市规模、创新资源分布、本区域经济社会实际情况、资源禀赋基础、劳动力成本差异等因地制宜选择差别化、特色化集聚发展道路，根据区域优势建立特色鲜明的科技服务业集聚区，优化科技服务业区域布局，以充分释放科技服务业集聚的空间外溢创新红利。

中小城市和低行政等级城市应该积极集聚发展专业化、特色化、标准化的科技服务业，走专业化集聚之路，着力提高专业型服务能力，打造符合本地经济发展需求的科技服务业特色基地、科技服务业示范区，支持地方围绕主导产业因地制宜、因时制宜发展科技服务业特色产业，科技服务业发展应该与城市产业结构与产业规模相匹配，方能释放科技服务业专业化集聚效应。

对于大城市以及高行政等级城市，可以集聚发展综合性科技服务业，走多元化集聚发展之路，合理疏解非核心功能，形成综合实力最优、集聚层次最高、产业升级主战场、创新能力最强、对外开放新高地、创新发展先行区、产业融合最佳集聚区，追求规模化、品牌化、高端化，扩大对中小城市的辐射力、影响力和带动力，形成带动周边、辐射周边、联通周边的核心区域，不断做大做强科技服务业综合服务能力。

（3）进一步完善区域内和区域间交通基础设施建设，提高交通可达性水平。本书研究表明科技服务业集聚的创新影响存在空间溢出效应，表明中小城市接受来自大城市科技服务业集聚的辐射带动作用也是一条可行路径。

为此，城市间应该加快交通网络构建与互联互通，通过城铁、高铁、市郊铁路、地铁、高速公路等将各城市紧密相连，打通制约城市间的“断头路”和“瓶颈路”，提升跨域交通基础设施互联互通和不同交通基础设施接驳建设，对外打通大通道对内疏通毛细血管，提高区域内微循环，加快本地交通体系提档升级，提高可达性和便捷性，进一步畅通人才流动渠道，尤其是欠发达城市应该积极主动与科技服务业创新高地中心城市的“无缝”交通对接和基础设施联网，缓解地理距离和地域隔阂对科技服务业集聚空间溢出效应的制约，扩大科技服务业集聚的空间外溢范围和作用距离。

（4）需要在整体层面高度重视科技服务业集聚差异化规划设计与指导，完善顶层设计。空间计量分析表明科技服务业集聚存在正向空间自相关性，且科技服务业集聚具有一定空间辐射范围，一个地区的制造业技术升级要受到邻近地区科技服务业集聚的空间溢出影响，这表明需要加强区域分工和合作统筹解决科技服务业区域专业化分工问题，有效对接发展战略，推进区域科技服务业协调的必要性和重要性。随着服务业占比日益提高，越来越多城市将科技服务业作为主导产业规划发展，为吸引科技服务业投资，地方政府竞争性推出各种财政税收优惠政策，新一轮科技服务业抢资即将或已经打响，“创新锦标赛”已经开启，有些城市甚至不顾自身经济发展基础人为上马“高大上”的研发设计中心服务项目，与此对应是这些园区过高的空置率，造成极大的资源浪费。

为此，国家尤其是中央政府需要考虑城市经济基础和发展阶段差异的前提下，分类引导各级城市根据经济等级、行政等级、要素禀赋优势合理规范科技服务业区域间分工与合作，科学指导不同类型城市科技服务业发展重点和发展方向，尝试构建跨产业链、跨区域的科技服务业战略联盟，各城市需要摒弃“大而全”“小而全”“自我服务”观念，避免城市间科技服务业集聚发展的过度行业同构和恶性竞争引发各类“以邻为壑”的负面效应，有效化解城市间利益冲突，形成科技服务业发展城市联动效应，实现科技服务业在区域内的协调和创新发展。

9.2.4 强化制造业与科技服务业产业关联

产业层面实证研究表明，科技服务业集聚对技术密集型制造业、资本密集型制造业和劳动密集型制造业的影响系数显著为1.1928、0.8685、-0.3844；企业层面实证研究表明，科技服务业区位熵每上升1个单位，制造业企业技术创新概率和技术创新强度分别将会提升22%和4.7%，科技服务业集聚的积极创新影响在微观企业层面得到证实。

可见，打破产业分割，强化制造业与科技服务业产业关联可以更好释放科技服务业集聚的创新促进作用。那么，如何强化制造业与科技服务业产业关联呢？具体可从以下几个方面做到：

（1）做大做强制造业企业。通过做大做强制造业企业有利于提高企业重视科技服务投入，发挥科技服务业集聚对技术创新的促进作用。为此，可通过战略性重组、兼并、收购等方式整合资源做大制造业企业，提高制造业产业集中度，构建跨地区、跨行业、跨部门的产业集团，大力培育行业内龙头制造企业，发挥对其他类型企业的示范、模仿和带动作用。

（2）提高国有制造企业创新激励和外资制造企业本土嵌入水平。经验研究表明国有制造企业的委托代理问题会削弱企业科技服务需求，外资制造企业的高度外向型发展方式会限制与国内科技服务业产业关联。

为此，就国有企业而言，需要加快国有企业混合所有制改革，引入非国有资本，促进公有资本与非公有资本交叉持股，推行落实政企分离，加快国有企业所有权与经营权相互分离的市场化运作模式，强化国有企业预算硬约束，构建现代国有资产管理体制，完善公司治理结构和绩效管理体系，激发国有企业新动能，使国有企业真正成为独立自主、自负盈亏的市场主体，为释放科技服务业集聚对国有制造企业技术创新的正面影响提供保障。

就外资企业而言，不断提高外资企业本土嵌入水平，有序降低加工贸易比例，提高先进制造业和高端制造业外资来华投资比例，提高本土导向型 FDI，提升外资企业本土化嵌入广度和深度，重视立足中国市场和中国本土生产联系的本土关联，鼓励内外资企业以战略联盟、品牌共享、技术合作等多种渠道实现优势互补和协同发展，以期为科技服务业集聚对外资企业技术创新的积极作用发挥提供支撑要件。

（3）注重引导制造业提高自主研发能力和加强自主创新能力建设。行业层面研究表明研发人力资源投入对制造业技术创新的回归系数显著性为 0.4983，研发资本投入对制造业技术创新的回归系数显著性为 0.2839，研发人力资本对科技服务业集聚创新效应的调节系数显著性为 0.5644，研发资本投入对科技服务业集聚创新效应的调节系数显著性为 0.4528。这说明自主研发具有双重属性，一方面既能够促进制造业创新能力提升，另一方面还能够增强自身吸收能力。较低的自主研发能力容易产生较弱的技术吸收能力，从而不利于科技服务业集聚创新作用产生。

为此，需要合理分配企业 R&D 投入资源，巩固制造业企业技术创新主体地位，激活企业创新动力，发展自主可控的战略高新技术和重要领域核心关键技术，注重引导企业自主研发水平提高，不断加大技术改造投资、设备升级换代和无形资产投资，注重科技人员培养，增加企业教育投资和员工知识技能培训投资，组织实施重大科技攻关，聚焦卡脖子技术和布局引领性技术，抢占未来技术制高点和产业制高点。

（4）加快制造业产业结构调整，构建以先进制造业与高端制造业为主导的现代制造业体系，为科技服务业及其集聚构造内在需求动力和广阔市场空间。行业层面实证研究表明科技服务业集聚对技术密集型制造业技术创新的回归系数显著性为1.1928，对资本密集型制造业技术创新的回归系数显著性为0.8685，对劳动密集型制造业技术创新的回归系数显著性为-0.3844，这表明实现科技服务业集聚的创新驱动发展绩效不仅需要科技服务业的引领作用，制造业的基础条件也必不可少。

为此，需要大力发展先进制造业和高端制造业，加快培育战略性新兴产业，加快淘汰落后产能和清理僵尸企业，持续化解落后产能过剩，降低代工生产与加工制造产业比重，逐步改变低端制造业占比过高问题，探索加工贸易企业转型升级，助推资源型产业经济转型，利用高新技术加大对传统制造业实施技术改造和结构升级，推动传统制造业产业转型升级，推动资源要素向实体经济集聚和政策资源向实体经济倾斜，推进制造业由劳动密集型向知识技术密集型方向转变，为科技服务业集聚对制造业创新功能发挥搭建适宜产业基础、可靠产业支撑和更广阔平台。

9.2.5 完善相关配套环境和配套条件

科技服务业集聚的创新促进功能不仅需要提高自身集聚规模和集聚质量，还需要完善相关配套环境和改善相关配套条件。那么，如何完善相关配套环境和配套条件呢？可从以下几个方面做到：

（1）推进金融业供给侧结构性改革，高质量提高金融资源供给水平，引导金融回归实体经济。深入推进金融业供给侧结构性改革，增加金融资源供给总量，发展多层次资本市场，提高直接融资比例，健全多层次多元化融资体系，规范金融新业态、新模式合理发展，加快疏通金融资源向实体经济的传导机制。引导资金脱虚返实和去杠杆，积极推进产融结合，为科技服务企业和制造业企业提供投融资、风险投资、担保等金融业务，提供技术创新贷款，引导金融业加大对中小企业、民营企业、创业企业、创新型企业中长期融资，深化对民营企业小微企业的金融服务综合改革，做好对其金融服务工作，保持流动性合理宽裕，纾解融资困难，积极培育金融新动能，最大化释放金融扶持实体经济功能。

（2）加强对制造业企业和科技服务企业的政府创新资助。区域层面实证研究表明政府创新资助的回归系数显著性为 0. 0322，这表明政府创新资助有利于提高制造业技术创新水平，随着经济全球化步伐加快，技术创新周期缩短、频率加快和风险加剧，技术创新不再仅仅只是制造业的故事。服务业在创新投资领域同样大有可为，也可以成为科技创新的主战场。

因此，政府不仅应该加大对制造业企业技术创新资助，加强制造业产业基础能力建设，也应该重视对科技服务企业创新资助，科技服务业是科技创新的重要引擎和推动力，鼓励科技服务行业领军企业设立研发机构，构建一批科技服务业创新中心与产业技术联盟，合理使用财税政策支持企业创新活动，以研发支出加计扣除、资产折旧、税收减免、研发补贴、创新奖励等多种手段激励中国制造企业和科技服务企业加大 R&D 投资力度、原创性技术研发投入和技改项目投资力度，着力发挥政府资金引导撬动作用，以此提高服务业 R&D 费用在总 R&D 费用比例，适应技术创新逐渐向服务业转移新趋势。

（3）加快新型城镇化建设，提高城镇化水平。城镇是科技服务业集聚发展的重要空间场所，区域层面实证研究显示：在大城市，科技服务业集聚的回归系数显著为0.2075；在中等城市，科技服务业集聚的回归系数显著为0.0682；在小城市，科技服务业集聚的回归系数显著为0.0880，这表明科技服务业集聚对中小城市制造业创新绩效的促进作用相对较弱，重要原因在于城市规模较小，城镇化步伐偏慢。因此扩大城市规模和推进新型城镇化建设可以更好释放科技服务业的创新红利。

为此，可从以下几个方面加快新型城镇化建设：更大力度推进现有户籍改革力度，使得农业转移人口市民化科学有序推动，逐步取消和放宽城市落户限制，持续推动常住人口基本公共服务全覆盖，缩小城市间和区域间在教育、医疗、社会保障、文化等方面公共服务差异，降低要素流动和产业转移成本，加大城市基础设施建设力度，提高城市交通运输、能源等公共物品供给水平，促进城市间公共资源均等化配置。

（4）加大知识产权保护，健全知识产权相关法律法规，细化知识产权法规落地细则，为科技服务业集聚质量提高及其创新效应发挥提供重要信用支撑。政府应该健全知识产权法律法规，优化行政环境、法律环境与金融环境，实现“有法可依”，加大执法力度，规范知识产权纠纷和调解，完善知识产权的司法保护。保障被侵权方的合法权益，提高知识侵权者的违法成本，震慑潜在侵权者，实现“违法必究”与“有法必依”提高违反知识产权成本，引入惩罚性赔偿制度，倡导全社会遵守知识产权氛围。构建完善的创新激励机制，从制度层面激励研发活动与科技创新，解决专用性投资不足问题，为企业间合作交流提供安全保障。

参 考 文 献

[1] 阿林·杨格，贾根良．报酬递增与经济进步［J］．经济社会体制比较，1996（2）：52－57.

[2] 毕克新，黄平，李婉红．产品创新与工艺创新知识流耦合影响因素研究——基于制造业企业的实证分析［J］．科研管理，2012，33（8）：16－24.

[3] 卞元超，白俊红．“为增长而竞争”与“为创新而竞争”——财政分权对技术创新影响的一种新解释［J］．财政研究，2017（10）：43－53.

[4] 蔡永康，梅强，李文远．关于科技服务业内涵和外延的界定［J］．商业时代，2010（6）：111－112.

[5] 曹聪丽，陈宪．服务业集聚与城市技术进步［J］．科学学研究，2017，35（2）：230－239.

[6] 陈菲，周钰玲，刘艳敏．中国生产性服务业对制造业技术效率的溢出效应研究［J］．产经评论，2017，8（2）：20－33.

[7] 陈如洁，张鹏，杨艳君．科技服务业发展水平对制造业升级影响的区域差异——基于劳动生产率的视角［J］．中国科技论坛，2019（7）：96－106.

[8] 陈岩峰，于文静．基于因子分析法的广东科技服务业服务能力研

究 [J]. 科技管理研究, 2009 (9): 4-7.

[9] 陈子真, 雷振丹, 李晶仪. 生产性服务业与制造业协同集聚、空间溢出与区域创新 [J]. 商业研究, 2019 (5): 52-60.

[10] 程梅青, 杨冬梅, 李春成. 天津市科技服务业的现状及发展对策 [J]. 中国科技论坛, 2003 (3): 70-75.

[11] 程中华, 李廉水, 刘军. 生产性服务业集聚对工业效率提升的空间外溢效应 [J]. 科学学研究, 2017, 35 (3): 364-371+378.

[12] 大卫·李嘉图. 政治经济学及其赋税原理 [M]. 郭大力, 王亚南译, 北京: 商务印书馆, 1962.

[13] 冯泰文. 生产性服务业的发展对制造业效率的影响 [J]. 数量经济技术经济研究, 2009 (3): 56-65.

[14] 高舒锐, 孟卫东. 高技术制造业与科技服务业的复合协同系统创新研究 [J]. 中国科技论坛, 2019 (9): 111-120.

[15] 高翔. 城市规模、人力资本与中国城市创新能力 [J]. 社会科学, 2015 (3): 49-58.

[16] 顾乃华, 毕斗斗, 任旺兵. 中国转型期生产性服务业发展与制造业竞争力关系研究 [J]. 中国工业经济, 2006 (9): 14-21.

[17] 韩鲁南, 关峻, 邢李志, 等. 国内外科技服务业行业统计分类对比研究 [J]. 科技进步与对策, 2013, 30 (9): 48-53.

[18] 韩霞. 论我国科技中介服务业的功能定位与发展策略 [J]. 中国软科学, 2008 (5): 21-26.

[19] 韩先锋, 惠宁, 宋文飞. 政府 R&D 资助的非线性创新溢出效应——基于环境规制新视角的再考察 [J]. 产业经济研究, 2018 (3): 40-52.

[20] 何守超，陈斐．生产性服务业集聚与技术创新：理论及实证——基于2003—2015年省级面板数据［J］．经济体制改革，2017（5）：188－194.

[21] 侯建，陈恒．创新驱动发展实现路径的动态异质门槛效应［J］．科技进步与对策，2019，36（16）：58－66.

[22] 胡志坚，苏靖．区域创新系统理论的提出与发展［J］．中国科技论坛，1999（6）：20－23.

[23] 黄鲁成．关于区域创新系统研究内容的探讨［J］．科研管理，2000，21（2）：43－48.

[24] 吉亚辉，杨倩妮．生产性服务业集聚与创新驱动发展［J］．中国科技论坛，2017（4）：69－75＋102.

[25] 蒋殿春，王小霞，李磊．“中国制造”到“中国创造”——基于劳动工资与技术创新的新思考［J］．经济评论，2019（5）：50－62.

[26] 黎日明，周政．生产性服务业集聚一定会提升制造业的生产率吗？［J］．产业经济评论，2017（11）：70－80.

[27] 李福柱，李倩．知识密集型服务业集聚、高技术制造业集聚及二者协同集聚的创新驱动效应［J］．科技进步与对策，2019，36（17）：57－65.

[28] 李建标，汪敏达，任广乾．北京市科技服务业发展研究——基于产业协同和制度谐振的视角［J］．科技进步与对策，2011，28（7）：51－56.

[29] 李世杰，宦梅丽，韦开蕾．公共政策影响中国地区工业集聚了吗？［J］．科学决策，2017（2）：1－25.

[30] 李晓龙，冉光和，郑威．科技服务业空间集聚与企业创新效率

提升——来自中国高技术产业的经验证据［J］. 研究与发展管理，2017（7）：1－10.

［31］李政，杨思莹. 国家级高新区能否提升城市创新水平［J］. 南方经济，2019（12）：49－67.

［32］刘明，李佩燊，许宁. 生产性服务业促进了技术创新效率的提升吗？基于不同的集聚视角［J］. 资源开发与市场，2018，34（12）：1717－1737.

［33］刘胜，李文秀，陈秀英. 生产性服务业与制造业协同集聚对企业创新的影响［J］. 广东财经大学学报，2019（3）：43－53.

［34］刘烨，刘伯凡. 生产性服务业与制造业协同集聚对制造业效率的影响——基于中国城市群面板数据的实证研究［J］. 经济管理，2016，38（6）：16－28.

［35］刘奕，夏杰长，李垚. 生产性服务业集聚与制造业升级［J］. 中国工业经济，2017（7）：24－42.

［36］刘媛，黄斌，姚缘. 我国典型科技服务业集聚区发展模式对江苏的启示［J］. 科技管理研究，2016（2）：189－193.

［37］柳卸林. 企业技术创新管理［M］. 北京：科学技术文献出版社，1997.

［38］吕荣杰，呼静，张义明. 生产性服务业集聚对区域技术转移的作用机制——协同创新与环境规制视角［J］. 科技进步与对策，2019，36（2）：51－58.

［39］孟庆敏，梅强. 开放式创新环境下科技服务业与制造企业的知识转移过程研究——以某校技术转移中心为例［J］. 科技进步与对策，2012，29（23）：137－141.

［40］聂辉华，江艇，杨汝岱. 中国工业企业数据库的使用现状和潜

在问题［J］. 世界经济，2012（5）：142－158.

［41］齐芮，祁明. 科技服务业集聚对工业效率提升的溢出效应研究——基于2003—2015年中国215个地级以上城市的经验证据［J］. 宏观质量研究，2018，6（1）：86－94.

［42］秦松松，董正英. 科技服务业集聚对区域创新产出的空间溢出效应研究——基于本地效益效应和跨区域溢出效应的分析［J］. 管理现代化，2019（3）：40－44.

［43］沈蕾，靳礼伟. 我国科技服务业与制造业技术融合对产业结构升级的影响［J］. 科技进步与对策，2015，32（8）：67－70.

［44］沈能. 局域知识溢出和生产性服务业空间集聚——基于中国城市数据的空间计量分析［J］. 科学学与科学技术管理，2013，34（5）：61－69.

［45］盛朝迅. 推动我国产业链现代化的思路与方略［J］. 改革，2019（10）：45－56.

［46］盛丰. 生产性服务业集聚与制造业升级：机制与检验——来自230个城市数据的空间计量分析［J］. 产业经济研究，2014（2）：32－39.

［47］史安娜，潘志慧. 长江经济带核心城市高技术制造业与知识密集型服务业共生发展研究［J］. 南京社会科学，2018（6）：33－38.

［48］司增绰，张亚男. 科技服务业集聚对制造业发展的影响——基于江苏省13个地级市的面板数据分析［J］. 商业经济研究，2017（7）：190－193.

［49］汪德华，张再金，白重恩. 政府规模、法治水平与服务业发展［J］. 经济研究，2007（6）：51－64.

[50] 王海龙，丁堃，沈喜玲．科技服务业创新驱动效应研究——以辽宁投入产出表为例［J］．科技进步与对策，2016（7）：38－43.

[51] 王缉慈．创新的空间：企业集群与区域发展［M］．北京：北京大学出版社，2001.

[52] 王晶，谭清美，黄西川．科技服务业系统功能分析［J］．科学学与科学技术管理，2006（6）：37－40.

[53] 王鹏，郑靖宇．科技服务效率对产业结构转型升级的影响及其空间外溢效应［J］．研究与发展管理，2018，30（2）：46－60.

[54] 王如玉，王志高，梁琦，等．金融集聚与城市层级［J］．经济研究，2019（11）：165－179.

[55] 王铁山，贾莹，徐玲．生产性服务业集聚对区域创新的影响作用研究［J］．技术与创新管理，2015，36（4）：313－318.

[56] 王希元．创新驱动产业结构升级的制度基础［J］．科技进步与对策，2019（24）：1－9.

[57] 王晓红．典型国家区域创新体系建设特点及值得借鉴的经验［J］．研究与发展管理，2006（12）：122－127.

[58] 王仰东，杨跃程，赵志强．高技术服务业的内涵特征及成因分析［J］．科学学与科学技术管理，2007（11）：10－13.

[59] 王叶军．创业活力促进城市服务业经济增长了吗［J］．当代财经，2019（3）：96－107.

[60] 韦文求，伍晓玲，梁永福，林雄．粤台科技服务业的空间集聚水平及特征［J］．科技管理研究，2016（11）：86－90.

[61] 温忠麟，张雷，侯杰泰，等．中介效应检验程序及其应用［J］．心理学报，2004，36（5）：614－620.

[62] 吴远仁，李淑燕．高端服务业的空间分布、空间溢出及对工业升级的影响［J］．商业研究，2019（3）：53－62.

[63] 吴忠涛，张琅，张裕华．经济转型时期的科技型企业创新效率比较研究［J］．当代经济科学，2018，40（3）：57－65.

[64] 谢建国．外商直接投资与中国的出口竞争力——一个中国的经验研究［J］．世界经济研究，2003（7）：34－39.

[65] 谢臻，卜伟．科技服务业集聚、地区创新能力与经济增长——以北京市为例［J］．北京社会科学，2018（6）：108－118.

[66] 许庆瑞．研究、发展与技术创新［M］．北京：高等教育出版社，2000.

[67] 宣烨，余泳泽．生产性服务业集聚对制造业企业全要素生产率提升研究——来自230个城市微观企业的证据［J］．数量经济技术经济研究，2017（2）：89－104.

[68] 亚当·斯密．国民财富的性质和原因分析［M］．郭大力，王亚南译，北京：商务印书馆，1981.

[69] 杨慧力，汪金月，李静．科技服务业促进制造业效率提升的路径［J］．中国科技论坛，2018（11）：71－76.

[70] 杨仁发，包佳敏．生产性服务业集聚能否有效促进城市创新［J］．现代经济探讨，2019（4）：80－87.

[71] 余东华，张昆．自主研发、地区制度差异与企业创新绩效——来自371家创新型企业的经验证据［J］．科学学研究，2017，35（2）：310－320.

[72] 余泳泽，刘大勇，宣烨．生产性服务业集聚对制造业生产效率的外溢效应及其衰减边界——基于空间计量模型的实证分析［J］．金融研究，2016（2）：23－36.

[73] 余泳泽，张少辉．城市房价、限购政策与技术创新［J］．中国工业经济，2017（6）：98－116.

[74] 原毅军，郭然．生产性服务业集聚、制造业集聚与技术创新——基于省级面板数据的实证研究［J］．经济学家，2018（5）：23－31.

[75] 曾庆均，王纯，张晴云．生产性服务业集聚与区域创新效率的空间效应研究［J］．软科学，2019，33（1）：24－28.

[76] 斋藤优著；王月辉译．技术开发论—日本的技术开发机制与政策［M］．北京：科学技术文献出版社，1996.09

[77] 张萃．高技术服务业空间外溢与工业企业创新——基于负二项模型的实证分析［J］．人文杂志，2016（2）：33－40.

[78] 张峰，王睿．政府管制与双元创新［J］．科学学研究，2016，34（6）：938－949.

[79] 张浩然．生产性服务业集聚与城市经济绩效——基于行业和地区异质性视角的分析［J］．财经研究，2015，41（5）：67－77.

[80] 张琴，赵丙奇，郑旭．科技服务业集聚与制造业升级：机理与实证检验［J］．管理世界，2015（11）：178－179.

[81] 张文锋，李娟，李宇．创新集群中有意识的知识溢出与创新促进机制研究［J］．中国软科学，2019（8）：175－183.

[82] 张文红，张骁，翁智明．制造企业如何获得服务创新的知识［J］．管理世界，2010（10）：122－134.

[83] 张振刚，李云健，陈志明．科技服务业对区域创新能力提升的影响——基于珠三角地区的实证研究［J］．中国科技论坛，2013（12）：45－51.

[84] 赵伟，郑雯雯．生产性服务业－贸易成本与制造业集聚：机理

与实证 [J]. 经济学家，2011，2 (2)：67 -75.

[85] 赵昕东，刘成坤. 人口老龄化对制造业结构升级的作用机制研究——基于中介效应模型的检验 [J]. 中国软科学，2019 (3)：153 -163.

[86] 赵玉林. 创新经济学 [M]. 北京：中国经济出版社，2006.

[87] 郑陶，苏朝晖. 科技服务业对先进制造业效率影响的实证研究 [J]. 哈尔滨商业大学学报，2015 (2)：48 -54.

[88] 周黎安. 晋升博弈中政府官员的激励与合作——兼论我国地方保护主义和重复建设问题长期存在的原因 [J]. 经济研究，2004 (6)：33 -40.

[89] 朱文涛，顾乃华. 科技服务业集聚是否促进了地区创新——本地效应与省际影响 [J]. 中国科技论坛，2017 (11)：83 -92 +98.

[90] Almeida P，Kogut B. Localization of knowledge and the Mobility of engineers in the Regional Networks [J]. Management Science，1999，45 (7)：905 -916.

[91] Amara N，Deste P，Landry R，et al. Impacts of obstacles on innovation patterns in KIBS firms [J]. Journal of Business Research，2016，69 (10)：4065 -4073.

[92] Andersson M. Co-location of Manufacturing and Producer Service：A Simultaneous Equation Approach [R]. Working Paper Series in Economics and Institutions of Innovation，2004.

[93] Anselin L. Spatial Econometrics：Methods and Models [M]. Springer Netherlands，1988.

[94] Antonioli D，Berardino C D，Onesti G. Specialization and KIBS in the Euro area：a vertically integrated sector perspective [J]. Inter-

national Review of Applied Economics, 2020, 34 (2): 267 - 290.

[95] Arrow Kenneth. The Economic Implications of Learning by Doing [J]. Review of Economic Studies, 1962, 29 (3): 155 - 173.

[96] Arrow K J. Economic welfare and the allocation of resources for inventions [A]. in Douglas Needham (ed). Reading in the economics of Industrial Organization [C]. New York: Holt Rinehart and Winston, 1970.

[97] Asheim, Bjørn T, Isaksen Arne. Regional innovation systems: the integration of local 'sticky' and global 'ubiquitous' knowledge [J]. The Journal of Technology Transfer, 2002, 27 (1): 77 - 86.

[98] Asikainen Anna - Leena. Innovation modes and strategies in knowledge intensive business services [J]. Service Business, 2015, 9 (1): 77 - 95.

[99] Aslesen Heidi Wiig, Isaksen Aren. New Perspectives of Knowledge-intensive Services and Innovation [J]. Human Geography, 2007, 89 (1): 45 - 58.

[100] Barney. Firm Resource and Sustained Competitive Advantage [J]. Journal of Management, 1991, 17 (1): 99 - 120.

[101] Baron R M, Kenny D A. The moderator-mediator variable distinction in social psychological research: Conceptual, strategic, and statistical considerations [J]. Journal of Personality and Social Psychology, 1986, 51 (6): 1173.

[102] Barras R. Towards a theory of innovation in services [J]. Research

Policy, 1986, 15 (4): 161 -173.

[103] Bertinelli L, Black D. Urbanization and growth [J]. Journal of Urban Economics, 2004, 56 (1): 80 -96.

[104] Blomström M. Foreign Investment and Productive Efficiency: The Case of Mexico [J]. Journal of Industrial Economics, 1986, 35 (1): 97 -110.

[105] Blomström M, Kokko A. Multinational corporations and spillovers [J]. Journal of Economic Surveys, 1998, 12 (3), 247 -277.

[106] Bocquet R, Brion S, Mothe C, et al. The Role of Cluster Intermediaries for KIBS' Resources and Innovation [J]. Journal of Small Business Management, 2016, 54 (1): 256 -277.

[107] Borck R, Pfluger M. Agglomeration and tax competition [J]. European Economic Review, 2006, 50 (3): 647 -668.

[108] Bowen D E. A framework for analyzing customer service orientations in manufacturing [J]. Academy of Management Review, 1989, 14 (1): 75 -95.

[109] Brandt L, Van Biesebroeck J, Zhang Y. Creative Accounting or Creative Destruction? Firm level Productivity Growth in Chinese Manufacturing [J]. Journal of Development Economics, 2012, 97 (2): 339 -351.

[110] Brunow S, Hammer A, Mccann P, et al. The impact of KIBS' location on their innovation behaviour [J]. Regional Studies, 2019 (9): 1 -15.

[111] Bustinza Oscar F. Product-service innovation and performance: the role of collaborative partnerships and R&D intensity [J]. R&D

Management, 2019, 49 (1): 33 -45.

[112] Caloghirou Y, Kastelli I, Tsakanikas A. Internal capabilities and external knowledge sources: complements or substitutes for innovative performance? [J]. Technovation, 2004, 24 (1): 29 -39.

[113] Card D. Krueger A B. Minimum Wages and Employment: A Case of Study of the Fast-food Industry in New Jersey and Pennsylvania [J]. The American Economic Review, 1994, 84 (4): 772 -793.

[114] Carlino G, Kerr W. Agglomeration and innovation [J]. Handbook of Regional and Urban Economics, 2015 (5): 349 -404.

[115] Castaldi C. The relative weight of manufacturing and services in Europe: an innovation perspective [J]. Technological Forecasting and Social Change, 2009, 76 (6): 709 -722.

[116] Christaller Walter. Central places in southern Germany [M]. Englewood Cliff, NI: Prentice Hall, original German edition, 1933.

[117] Ciriaci D, Montresor S, Palma D. Do KIBS make manufacturing more innovative? An empirical investigation of four European countries [J]. Technological Forecasting and Social Change, 2015, 95 (3): 135 -151.

[118] Ciriaci D, Palma D. Structural change and blurred sectoral boundaries: assessing the extent to which knowledge-intensive business services satisfy manufacturing final demand in Western countries [J]. Economic Systems Research, 2016, 28 (1): 55 -77.

[119] Coase R. The Nature of the Firm [J]. Economica, 1937, 4 (16): 386 -405.

[120] Coe David T, Helpman Elhanan. International R&D spillovers [J].

European Economic Review, 1995, 39 (5): 859 - 887.

[121] Cohen W M, Levinthal D A. Absorptive Capacity: A New Perspective on Learning and Innovation [J]. Administrative Science Quarterly, 1990, 35 (1): 128 - 152.

[122] Cooke P. Regional innovation systems: competitive regulation in the new Europe [J]. Geoforum, 1992, 23 (3): 365 - 382.

[123] Cooke P, Schienstock G. Structural competitiveness and learning regions [J]. Enterprise and Innovation Management Studies, 2000, 1 (3): 265 - 280.

[124] Corrocher N, Cusmano L. The 'KIBS Engine' of Regional Innovation Systems: Empirical Evidence from European Regions [J]. Regional Studies, 2014, 48 (7): 1212 - 1226.

[125] Couture V. Knowledge spillovers in cities: An auction approach [J]. Journal of Economic Theory, 2015, 157 (3): 668 - 698.

[126] Crook T R, Ketchen D J, Combs J G, et al. Strategic Resource and Performance: A Meta - Analysis [J]. Strategic Management Journal, 2008, 29 (11): 1141 - 1154.

[127] Daniel Bell. The coming of post-industrial society [M]. New York: American Educaional Bookled, 1974.

[128] Daniels P W. The locational geography of advanced producer services firms in the United Kingdom [J]. Progress in Planning, 1995, 43 (2 - 3): 123 - 138.

[129] Daria Ciriaci, Sandro Montresor, Daniela Palma. Do KIBS make manufacturing more innovative? An empirical investigation of four European countries [J]. Technological Forecasting and Social

Change, 2015 (95): 135 - 151.

[130] David Paul A. Technical choice innovation and economic growth [M]. Cambridge University Press, 1975.

[131] Davis Lance Edwin, North Douglass C.. Institutional change and American economic growth [M]. Cambridge University Press, 1971.

[132] Debresson C. Innovation activity in the learning economy-a composition of systems in 10 OECD countries [D]. Aalborg: Aalborg University, 1998.

[133] Demsetz H. Information and efficiency: another viewpoint [J]. Journal of Law and Economics, 1969 (12): 1 - 22.

[134] Desmet Klaus, Fafchamps Marcel. Changes in the spatial concentration of employment across US counties: a sectoral analysis 1972 - 2000 [J]. Journal of Economic Geography, 2005, 5 (3): 261 - 284.

[135] Doloreux D. What we should know about regional systems of innovation [J]. Technology in Society, 2002, 24 (3): 243 - 263.

[136] Dosi Giovanni. Technological Paradigms and Technological Trajectories: A Suggested Interpretation of the Determinants and Directions of Technical Change [J]. Research Policy, 1982 (11): 147 - 162.

[137] Drucker P F, Wartzman R. The Drucker lecturers: Essential lessons on management, society, and economy [M]. New York: McGraw - Hill, 2010.

[138] Dunning J H, Buckley P J. International Production and Alternative Models of Trade [J]. The Manchester School, 1977, 45 (4): 12.

[139] Elhorst J P. Spatial econometrics: from cross-sectional data to spatial panels [M]. Heidelberg: Springer, 2014.

[140] Ellison Glenn, Glaeser Edward L, Kerr. William R. What causes industry agglomeration? Evidence from coagglomeration patterns [J]. American Economic Review, 2010, 100 (3): 1195 - 1213.

[141] Enos John L. Invention and innovation in the petroleum refining industry [M]. Princeton University Press, 1962: 299 - 322.

[142] Eswaran M, Kotwal A. The role of service sector in the process of industrialization [J]. Journal of Development Economics, 2002, 68 (2): 401 - 420.

[143] Fenge R, Ehrlich M V, Wrede M. Public input competition and agglomeration [J]. Regional Science & Urban Economics, 2009, 39 (5): 621 - 631.

[144] Forslid R. Tax competition and agglomeration: Main effects and empirical implications [J]. Swedish Economics Policy Review, 2005 (12): 113 - 137.

[145] Francisco Mas - Verdú. Services and innovation systems: European models of Technology Centres [J]. Service Business, 2007, 1 (1): 7 - 23.

[146] Freeman Christopher. The Economics of industrial innovation [M]. Frances Pinter, 1982.

[147] Freeman C. The Economics of Industrial Innovation [M]. Cambridge University Press, 1982.

[148] Freeman L C. Technology Policy and Economic Performance: Les-

sons from Japan [M]. Frances Pinter, London, 1987.

[149] Gershuny J, Mile I. The new service economy: the transformation of employment in industrial societies [M]. London: Printer, 1983.

[150] Glaeser E L. Learning in cities [J]. Journal of Urban Economics, 1999, 46 (2): 254 - 277.

[151] Griliches Z. Issues in Assessing the Contribution of R&D to Productivity Growth [J]. Bell Journal of Economics, 1979 (10): 92 - 116.

[152] Griliches Zvi. Hybrid corn: An exploration in the economics of technological change [J]. Econometrica, 1957, 25 (4): 501 - 522.

[153] Grossman G M, Helpman E. Quality Ladders in the Theory of Growth [J]. The Review of Economic Studies, 1991, 58 (1): 43 - 61.

[154] Haakonsson Stine, Kirkegaard Julia Kirch, Lema Rasmus. The decomposition of innovation in Europe and China's catch-up in wind power technology: the role of KIBS [J]. European Planning Studies, 2020 (1): 1 - 19.

[155] Harris C D. The Market as A Factor on the Localization of Industry in the United States [J]. Annals of the Association of American Geographers, 1954, 44 (4): 315 - 348.

[156] Harrison B. Industrial Districts: Old wine in New Bottles [J]. Regional Studies, 1992 (5): 469 - 483.

[157] Hendriks P. Why Share Knowledge? The Influence of ICT on Motivation for Knowledge Sharing [J]. Knowledge and Process Management, 1999, 6 (2): 91 - 100.

[158] Hershberg Eric, Kaoru Nabeshima, Shahid Yusuf. Opening the ivory tower to business: university-industry linkages and the development of knowledge-intensive clusters in Asian cities [J]. World Development, 2007 (6): 931 -940.

[159] Hoover E M. Location theory and the shoe and leather industries [M]. Cambridge: Harvard University Press, 1937.

[160] Hu Tai - Shan. Developments in interactive relationships and knowledge between KIBS firms and their clients in Taiwan [J]. Knowledge Management Research & Practice Kmrp, 2017, 15 (2): 257 - 271.

[161] Hu T S, Yu C W, Chia P C. Knowledge exchange types and strategies on the innovation interactions between KIBS firms and their clients in Taiwan [J]. Cogent Business&Management, 2018, 5 (1): 1 -23.

[162] Isard Walter. Location and Space Economy [M]. Cambridge, Mass: The MIT Press, 1956.

[163] Jacobs J. The Economy of Cities [M]. New York: Vintage, 1969.

[164] Jaffe A B. Real affects of Academic Research [J]. American Economics Review, 1986 (79): 957 -970.

[165] Jiang Wei, Dan Zhou. The Role of Knowledge - Intensive Business Services in Innovation System: The Case of China [M]. Toivonen M. Springer Japan, 2016: 251 -268.

[166] Joanna Wyszkowska - Kuna. The role of intermediate demand and technology for international competitiveness of the KIBS sector: evidence from European Union countries [J]. Journal of International

Trade & Economic Development, 2017, 26 (7): 777 – 800.

[167] Kamien M I, Schwartz N L. Market Structure and Innovation: A Survey. [J]. Journal of Economic Literature, 1975, 13 (1): 1 – 37.

[168] Kamp B, De Apodaca, IR. Are KIBS beneficial to international business performance Evidence from the Basque Country [J]. Competitiveness Review, 2017, 27 (1): 80 – 95.

[169] Kanbur R, Zhang X. Fifty Years of Regional Inequality in China: A Journey Through Central Planning, Reform and Openness [J]. Working Papers, 2004, 9 (1): 87 – 106.

[170] Klein S. Research, Invention innovation and production: Models and Reality Roseaberg N. Perspectives on Technology [M]. London: Cambridge University Press, 1976.

[171] Kneller R, Pisu M. Industrial Linkages and Export Spillovers from FDI [J]. World Economy, 2007, 30 (1): 105 – 134.

[172] Krugman, Paul. Increasing Returns and Economic Geography [J]. Journal of Political Economy, 1991, 99 (3): 483 – 499.

[173] Lanaspa L, Sanz – Gracia F, Vera – Cabello M. The (strong) interdependence between intermediate producer services' attributes and manufacturing location [J]. Economic Modelling, 2016, 57 (12): 1 – 12.

[174] LeSage J P, Fischer M M. The impact of knowledge capital on regional total factor productivity [J]. SSRN Electronic Journal, 2009, 9 (4): 1 – 30.

[175] LeSage P, and R Pace. Introduction to Spatial Econometrics [M]. Florida: CRC Press, Taylor and Francis Group, 2009.

[176] Losch August. The Economics of Location [M]. Yale University Press, 1954.

[177] Lundvall Bengt. National systems of innovation: towards a theory of innovation and interactive learning [M]. Pinter, London, 1992.

[178] Lu Y, J Wang, L Zhu. Do Place – Based Policies Work? Micro – Level Evidence from China's Economics Zone Program [M]. Social Science Electronic Publishing, 2015.

[179] Mansfield Edwin, et al. Social and private rates of return from industrial innovations [J]. The Quarterly Journal of Economics, 1977, 91 (2): 221 –240.

[180] Mansfield Edwin. The Production and Application of New Industrial Technology [M]. New York: Norton, 1977.

[181] Marshall A. Principles of Economics [M]. London: The Macmillan Press, 1890.

[182] Mas – Verdú F, Wensley A, Alba M, et al. How much does KIBS contribute to the generation and diffusion of innovation? [J]. Service Business, 2011, 5 (3): 195.

[183] Meeus M T H, Oerlemans L A G, Dijck J J J van. Regional systems of innovation from within: An empirical specification of the relation between technological dynamics and interaction between multiple actors in a Dutch region [J]. Theoretical & Mathematical Physics, 1999, 7 (1): 323 –330.

[184] Metcalfe J S, Miles I. Innovation system in the service economy: measurement and case study analysis [M]. New York: Springer Science & Business Media, 2012.

[185] Miles I, Kastrinos N, Flangan K, et al. Knowledge – Intensive Business Services: Their Roles as Users, Carriers and Sources of Innovation [M]. Prest, Manchester, 1994.

[186] Miozzo Marcela, Grimshaw Damian. Modularity and innovation in knowledge-intensive business services: IT outsourcing in Germany and the UK [J]. Research Policy, 2005, 34 (9): 1419 – 1439.

[187] Moffat. Business services and their impact upon client performance: an exploratory interregional analysis [J]. Regional Studies, 1995, 29 (2): 111 – 124.

[188] Mueser Roland. Identifying technical innovations [J]. IEEE Transactions on Engineering Management, 1985 (4): 158 – 176.

[189] Muller E, Doloreux D. What we should know about knowledge-intensive business services [J]. Technology in Society, 2009, 31 (1): 64 – 72.

[190] Myrdal G. Economic Theory and Underdeveloped Regions [M]. London: Duckworth, 1957.

[191] Nelson R R. National Innovation Systems: A Comparative Analysis [M]. Oxford University Press, 1993.

[192] Newman C, Rand J, Talbot T. Technology transfers, foreign investment and productivity spillovers [J]. European Economic Review, 2015, 76 (3): 168 – 187.

[193] Nicoletta C, Lucia C, Andrea M. Modes of innovation in knowledge-intensive business services evidence from Lombardy [J]. Journal of Evolutionary Economics, 2009 (19): 173 – 196.

[194] Obrien R. Global Financial Integration: The End of Geography

[M]. London: Royal Institute of International Affairs, 1992.

[195] Pavitt K. Technological Accumulation and Industrial Growth: Contrasts between Developed and Developing Countries [J]. Industrial and Corporate Change, 1995, 2 (2): 157 - 210.

[196] Peneder M. Industrial structure and aggregate growth [J]. Structural Change & Economic Dynamics, 2003, 14 (4): 427 - 448.

[197] Penrose E T. The Theory of the Growth of the Firm [M]. New York: John Wiley, 1959: 109 - 115.

[198] Perrous F. Note on the Concept of Growth Poles [M]. In: Livingstone I ed. Economic policy for development: selected readings. Harmondsworth: Penguin, 1955.

[199] Peteraf M A. The Cornerstones of Competitive Advantage: A Resource-based Vies [J]. Strategic Management Journal, 1993, 14 (3): 179 - 191.

[200] Porter M E. American green strategy [J]. Scientific American, 1991, 264 (4): 193 - 246.

[201] Porter M E. Competitive advantage: Creating and sustaining superior performance [M]. The Free Press, New York, 1985.

[202] Porter M E, Van der Linde C. Toward a new conception of the environment-competitiveness relationship [J]. Journal of Economic Perspectives, 1995, 9 (4): 97 - 118.

[203] Ren Yangjun, Wang Chuanxu, Xu Lang, et al. Spatial spillover effect of producer services agglomeration on green economic efficiency: empirical research based on spatial econometric model [J]. Journal of Intelligent and Fuzzy Systems, 2019, 37 (5): 6389 - 6402.

[204] Rodriguez M, Camacho J A. Are KIBS more than intermediate inputs? An examination into their R&D diffuser role in Europe [J]. International Journal of Services Technology Management, 2008, 10 (2): 254 – 272.

[205] Romer Paul. Increasing Returns and Long-run Growth [J]. Journal of Political Economy, 1986, 94 (5): 1002 – 1037.

[206] Rosenberg R. Inside the Black Box [M]. London: Cambrideg University Press, 1982.

[207] Rothwell Roy, Zegveld Walter. Reindustrialization and Technology [M]. Longman Group Limited, 1985.

[208] Savic M. What role for knowledge-intensive business services (KIBS) in de-industrialized regions? [J]. Regional Studies, Regional Science, 2016, 3 (1): 445 – 454.

[209] Schmookler J. Invention and Economic Growth [M]. Cambridge: Harvard University Press, 1966.

[210] Schumpeter J A. Business cycles [M]. New York: McGraw – Hill, 1939.

[211] Schumpeter J A. The theory of economic development [M]. Cambridge Mass: Harvard University Press, 1934.

[212] Scott A. The collective order of flexible production agglomeration: lessons for economic development police and strategic choice [J]. Economic Geography, 1992, 68 (3): 219 – 233.

[213] Seclen J P, Barrutia J. KIBS and innovation in machine tool manufacturers. Evidence from the Basque Country [J]. International Journal of Business Environment, 2018, 10 (2): 112 – 131.

[214] Shearmur R, Doloreux D. KIBS as both innovators and knowledge intermediaries in the innovation process: Intermediation as a contingent role [J]. Papers in Regional Science, 2019, 98 (1): 191 - 209.

[215] Shi X, Wu Y, & Zhao D. Knowledge intensive business services and their impact on innovation in China [J]. Service Business, 2014, 8 (4): 479 - 498.

[216] Simmie J, Strambach S. The contribution of KIBS to innovation in cities: An evolutionary and institutional perspective [J]. Journal of Knowledge Management, 2006, 10 (5): 26 - 40.

[217] Smith Jr, Donald F, Florida Richard. Agglomeration and Industrial Location: An Econometric Analysis of Japanese - Affiliated Manufacturing Establishments in Automotive - Related Industries [J]. Journal of Urban Economics, 1994, 36 (1): 23 - 41.

[218] Smit M J, Abreu M A, Groot H L F. Micro-evidence on the determinants of innovation in thc Netherlands: The relative importance of absorptive capacity and agglomeration externalities [J]. Papers in Regional Science, 2015, 94 (2): 249 - 272.

[219] Solo Carolyn Shaw. Innovation in the capitalist process: A critique of the Schumpeterian theory [J]. The Quarterly Journal of Economics, 1951, 65 (3): 417 - 428.

[220] Solow R M. A Contribution to the theory of Economic Growth [J]. Quarterly Journal of Economics, 1956, 70 (2): 65 - 94.

[221] Solow R M. Technical and the aggregate production function [J]. The Review of Economic and Statistics, 1957, 39 (3): 312 - 320.

[222] Storper M. Regional "worlds" of production: Learning and innovation in the technology districts of France, Italy and the USA [J]. Regional Studies, 1993, 27 (5): 433 -455.

[223] Teece D J. Capturing Value from Knowledge Assets: The New Economy, Markets for Know - How, and Intangible Assets [J]. California Management Review, 1998, 40 (3): 55 -79.

[224] Teixeira A A, Santos L. Innovation performance in service companies and KIBS vis-à-vis manufacturing: the relevance of absorptive capacity and openness [J]. Revista Brasileira de Gestão De Negócios, 2016, 18 (59): 43 -66.

[225] Tether B S. Do services innovate differently? Insights from European innovation survey [J]. Industry and Innovation, 2005, 12 (1): 153 -184.

[226] Thunen J H V. The Isolated State in Relation to Agriculture and Political Economy [M]. Palgrave Macmillan, 1826.

[227] Topalova P. Trade Liberalization and Firm Productivity the Case of India [J]. Global Economy Journal, 2014, 93 (3): 955 -1009.

[228] Tsai J F. Agglomeration and Local Public Goods with Spillovers [J]. Academia Economic Papers, 2017, 45 (1): 129 -164.

[229] Vernon R. International investment and international trade in the product cycle [J]. Quarterly Journal of Economics, 1966, 80 (2): 190 -207.

[230] Weber. Theory of the Location of Industries [M]. University of Chicago Press, Chicago, 1909.

[231] Wei J, Zhou D. The Role of Knowledge – Intensive Business Services in Innovation System: The Case of China [M]. Service Innovation. Springer Japan, 2016.

[232] Wernerfelt B. A Resource-based View of the Firm [J]. Strategic Management Journal, 1984, 5 (2): 171 – 180.

[233] Williamson Jeffrey G.. Regional Inequality and the Process of National Development [J]. Economic Development and Cultural Change, 1965, 13 (4): 1 – 84.

[234] Williamson O. Markets and Hierarchies [M]. New York: Free Press, 1975.

[235] Xiaokai Yang, Jeff Borland. A microeconomic mechanism for economic growth [J]. Journal of Political Economy, 1991, 99 (3): 460 – 482.

[236] Xie R, Yao S, Han F, et al. Land Finance, Producer Services Agglomeration and Green Total Factor Productivity [J]. International Regional Science Review, 2019, 42 (5): 550 – 579.

[237] Zhao W, Zheng W. Producers' Service Improvements and Manufacturing Agglomeration When Taking Trade Costs as a Mediator Variable: Mechanism and evidence from China [R]. Research Institute of Economy, Trade and Industry (RIETI), 2012.

[238] Zou J X, Shen G J, Chen Y L, et al. Can producer services boost manufacturing growth? Evidence from China's de-regulation [J]. Economics of Transition, 2019, 27 (3): 823 – 840.